JN121350

改正民事執行法
における
新たな運用と実務

債務者財産の開示・情報取得手続と
子の引渡しの強制執行を中心に

家庭の法と裁判研究会 編

刊行に当たって

　令和元年5月10日，「民事執行法及び国際的な子の奪取の民事上の側面に関する条約の実施に関する法律の一部を改正する法律」（令和元年法律第2号）（以下，「改正法」といいます。）が成立し，同月17日に公布されました。今般の改正は，登記所からの債務者の不動産に関する情報を取得する手続を除き，原則として，令和2年4月1日から施行が予定されているところです。

　小誌特集では，これまでも家庭と法に関する問題を中心に取り上げてまいりました。直近の内容においても，子の引渡しに関する事例研究や養育費，婚姻費用の改定標準算定方式・算定表を取り上げており，家族をめぐる問題において，本改正法が与える影響は極めて大きいものと考えました。そのため，今般の改正について，特に家事事件にもかかる制度─養育費等に関しては第三者からの情報取得手続の新設，債務者の財産開示手続と差押禁止債権をめぐる規律の見直し，子の引渡しに関しては強制執行に関する規律の明確化等─との視点から改正法を捉え，小誌特集号では，改正法を受けてこれまでの運用がどのように変わり，それを受けてどのように実務が変わるのかを中心として，刊行することといたしました。

　小誌特集号が，読者の皆様の実務に役立つものとなれば幸いです。

編集部

凡　　例

本書に掲げる法令・裁判例・文献等については，次の略記等を用いている。

〔法　令〕

法　　　　　→　民事執行法（令和元年法律第2号による改正後のもの）

規　　　則　→　民事執行規則（令和元年最高裁判所規則第5号による改正後のもの）

改　正　法　→　民事執行法及び国際的な子の奪取の民事上の側面に関する条約の実施に関する法律の一部を改正する法律（令和元年法律第2号）

改 正 規 則　→　民事執行規則等の一部を改正する規則（令和元年最高裁判所規則第5号）

家　事　法　→　家事事件手続法

民訴費用法　→　民事訴訟費用等に関する法律

民　訴　法　→　民事訴訟法

刑　訴　法　→　刑事訴訟法

ハーグ条約実施法　→　国際的な子の奪取の民事上の側面に関する条約の実施に関する法律

ハーグ条約実施規則　→　国際的な子の奪取の民事上の側面に関する条約の実施に関する法律による子の返還に関する事件の手続等に関する規則

〔裁判例〕

最三小決平成23年9月20日民集65巻6号2710頁

　→最高裁判所第三小法廷平成23年9月20日決定最高裁判所民事判例集65巻6号2710頁

〔判例集〕

民　集　最高裁判所民事判例集

〔文　献〕

相澤眞木・塚原聡編著『民事執行の実務　債権執行編（上)』（きんざい，第4版，2018)

目　次

第*2* 東京地方裁判所における新たな実務運用について⑵ 債権執行②：差押禁止債権をめぐる規律の見直し

第*3* 債権執行における弁護士実務への影響

第*4*　東京地方裁判所執行官による子の引渡しの強制執行の実務運用について

第**5**　改正民事執行法における子の引渡し
── 弁護士実務の対応を中心に

第6　子の引渡しの強制執行における実務の実情
── FPICでの立会人等の事例を中心に ──

第1

東京地方裁判所における新たな実務運用について(1) 債権執行①：財産開示手続の拡充・第三者からの情報取得手続制度

東京地方裁判所判事 奥 田 大 助

1 はじめに

「民事執行法及び国際的な子の奪取の民事上の側面に関する条約の実施に関する法律の一部を改正する法律」（令和元年法律第2号。以下「改正法」という。）が，令和元年5月10日に成立し，同月17日に公布された。

改正法は，附則中の一部の規定を除いて[1] 令和2年4月1日から施行されることとなった（同法附則第1条，令和元年政令第189号）。また，改正法に対応して「民事執行規則等の一部を改正する規則」（令和元年最高裁判所規則第5号。以下「改正規則」という。）が令和元年11月27日に公布された。

上記改正は，民事執行制度をめぐる最近の情勢に鑑み，債務者の財産状況の調査に関する制度の実効性を向上させ，不動産競売における暴力団員等の買受けを防止し，国内の子の引渡し及び国際的な子の返還の強制執行に関する規律の明確化を図るなどの目的で行われたものである。

本稿では，このうち，子どもの養育費に係る債権者に関心が高いと思われる債務者の財産状況の調査に関する制度の実効性の向上に関し，第1として財産開示手続の拡充，第2として第三者からの情報取得手続

（以下「情報取得手続」という。）の新設に焦点を当てて，各手続についての説明及び東京地方裁判所民事執行センター（以下「センター」という。）において予定している運用について，可能な範囲で触れることとする（ただし，運用については，現時点における検討結果であり，施行後に変更があり得ることをあらかじめお断りしたい。）。

なお，本稿で引用する民事執行法（以下「法」という。）及び民事執行規則（以下「規則」という。）の条文番号は，特に指摘をしない限り，上記改正後の法及びこれに基づく改正規則による改正後のものを指す。

2 財産開示手続の拡充

(1) 改正の必要性

債務者の財産状況の調査に関しては，平成15年の民事執行法改正により，金銭債権について債務名義を有する債権者等の申てにより，執行裁判所が開示義務者（債務者等）を呼び出し，その財産について陳述させるという財産開示手続が導入されたものの，この手続は，これまで必ずしも十分に活用されているとはいえないものであった[2]。

そこで，今回の改正では，財産開示手続

家庭の法と裁判—Family Court Journal　号外 / 2020.2　9

の申立権者の範囲を拡大して，より利用しやすくするとともに，開示義務者（債務者等）の手続違反に対する罰則を強化することにより，実効性の高いものとしている。

⑵　改正の内容等

ア　手続を利用することができる者の範囲の拡大

㋐　財産開示手続の申立権者の拡大

改正前の法197条1項では，財産開示手続の申立権者が限定され，例えば，金銭債権についての強制執行の申立てをするのに必要とされる債務名義のうち，仮執行宣言付判決や，執行証書，確定判決と同一の効力を有する支払督促については，当該債務名義に基づいて財産開示手続の実施を申し立てることは認められていなかったから，例えば，離婚の際に公正証書を作成し，その中で養育費の支払請求権についての条項を定めていても，債権者は，申立権者となることはできなかった。

これに対し，今回の改正により，財産開示手続の申立権者の範囲が拡大され，法197条1項柱書きは，金銭債権についての強制執行の申立てをするのに必要とされる債務名義であれば，いずれの種類のものであっても，これに基づいて財産開示手続の申立てをすることができることとされた。

したがって，今後は，仮執行宣言付判決，執行証書又は仮執行宣言付支払督促に基づく財産開示手続の申立ても可能となる。例えば，上記の公正証書により養育費の支払請求権を定めた債権者は，当該公正証書を債務名義として，財産開示手続の申立てをすることが可能となる。

なお，これらの新たに利用できることとなった債務名義の中には，確定しておらず，財産開示手続の申立てがされた段階においても，その対象とされている権利義務関係に争いがあることがあり得るから，当該債務者の側としてみれば，財産開示手続の進行を阻止するためには，控訴の提起や請求異議の訴えの提起とともに，執行停止の裁判を申し立てる手段も考えられよう（民事訴訟法403条，法36条，39条，203条等）。

㋑　財産開示事件の記録の閲覧等

また，上記のとおり財産開示手続の申立権者の範囲が拡大されたことに伴い，法201条は，金銭債権についての強制執行の申立てに必要とされる債務名義であれば，いずれの種類の債務名義についても，これに基づいて財産開示期日に関する部分についての記録の閲覧等の請求をすることができることとしている。

イ　罰則の強化

改正前の法206条1項は，財産開示手続において，開示義務者（具体的には債務者又はその法定代理人若しくは代表者）が，正当な理由なく，呼出しを受けた財産開示期日に出頭せず，又は財産開示期日において宣誓を拒んだ場合や，宣誓した開示義務者が，正当な理由なく陳述を拒み，又は虚偽の陳述をした場合には，これらの手続違反をした者を30万円以下の過料に処することとしていた。

これに対し，今回の改正では，財産開示手続における開示義務者の手続違反に対する罰則を強化し，法213条1項は，その罰則を，6か月以下の懲役又は50万円以下の罰金としている。

ウ　改正前の民事執行法の規律が維持された事項

これらのほかは，これまでの民事執行法

の規律が維持されている。主なものとしては，①先に実施した強制執行の不奏功等の要件（法197条1項各号），②再実施の制限期間（同条3項）等である。

（3）　センターでの運用について

ア　法197条1項1号

上記⑵ウ①の先に実施した強制執行の不奏功等の要件（法197条1項各号）のうち，まず同1号は，「強制執行又は担保権の実行における配当等の手続（申立ての日より6月以上前に終了したものを除く。）において，申立人が当該金銭債権の完全な弁済を得ることができなかったとき」と定めており，6か月内に実施された配当又は弁済金の交付（以下「配当等」という。）において，申立人が全額の弁済を受けられなかったことが必要である。センターでは，情報取得手続における同号の立証方法と同様であるが，申立人が，配当表写しや弁済金交付計算書写しのほか，不動産競売開始決定写し，債権差押命令写し，配当期日呼出状写し等を提出して上記事実を立証する運用とすることとしている（債務名義の奥書がある場合には，奥書により，債権者及び債務者を確認することができるため，配当表の写しで足りるが，債務名義の奥書がない場合には，上記確認ができないため，配当表の写しのほか，配当期日呼出状写し及び差押命令写しの提出を求めている。）。

一方，動産執行における執行不能や不動産執行における無剰余取消し，滅失・売却困難・売却の見込みなし等の理由による取消し，債権差押えで第三債務者から「該当なし」又は僅かな金額との陳述があった場合や直接取立てを行っている場合には，同号にいう「配当等の手続」には該当しない

とする運用を行っている。

イ　法197条1項2号

上記⑵ウ①の先に実施した強制執行の不奏功等の要件（法197条1項各号）のうち，2号は，「知れている財産に対する強制執行を実施しても，申立人が当該金銭債権の完全な弁済を得られないことの疎明があったとき。」と定めており，申立人が，債権者として通常行うべき調査を行い，その結果判明した財産に対して強制執行等を実施しても，債権の完全な満足を得られないことを主張し，その疎明をする必要がある。自ら実施した強制執行等が不奏功に終わったことは疎明資料の一つであるが，実際に何らかの強制執行等を実施することは要件ではない。

ウ　公示送達による開示義務者への送達

財産開示事件では，これまで開示義務者の所在が不明であっても，公示送達は行わないこととしていたが，今回の改正により，財産開示手続が情報取得手続の前置とされたこともあり，公示送達による開示義務者への送達を認めることとした。この場合，開示義務者の債務名義上の住所に送達をしてそれが不奏功となった後，申立人に対し，開示義務者の所在に関する報告を求め，その結果を踏まえて，公示送達を行う予定である。

エ　提出書類

センターでは，財産開示手続に係る申立書，疎明資料等の提出書類については，裁判所ウェブサイトの「インフォメーション21」[3] に掲載しており，法197条1項2号の要件に関する債務者の財産調査の結果については，今回の改正に合わせて財産調査結

果報告書のひな型の改訂を予定している（後掲21頁【資料1‐1】参照）。また，この財産調査結果報告書は，後記3の情報取得手続における同条項に関する疎明資料としても利用することを予定している。

3　情報取得手続の新設

今回の改正において，債務者の財産に関する情報を債務者以外の第三者から取得する情報取得手続が新設された。

(1)　財産開示手続の現状等

前述のとおり，これまでの財産開示手続の運用状況を見ると，その実効性が必ずしも十分ではないとの指摘がされてきた。また，今回の改正で財産開示手続の実効性を向上させるために手続違反に対する罰則を強化しているが，それでも債務者がこの手続に応じないといったこともあり得るところであり，その場合には，債権者が，財産開示手続のみでは十分に債務者の財産状況を把握できない結果となることもあり得る。

さらに，近時では，金融機関や公的機関における情報の管理体制をめぐる状況が変化し，平成15年当時とは異なり，例えば，ある金融機関の本店に対して照会をすれば，その金融機関は，その全ての支店で取り扱われている債務者の預貯金債権に関する情報を包括的に検索した上で回答することができるようになっているなど，金融機関や公的機関が債務者の財産に関する情報をある程度包括的に回答することができるようになってきているとの指摘もある[4]。

これらを踏まえ，今回の改正では，情報取得手続が新設されることとなったものである。この手続は，債務名義又は先取特権を有する債権者が，当該債務名義等における債務者の有する不動産，給与，預貯金又は振替社債等（以下，預貯金又は振替社債等を併せて「預貯金等」と記載する。）につき，これらに係る情報を保有する第三者から，その保有する情報の提供を受けることができるというものである。

以下，具体的な手続等について説明するとともに，現在センターで予定している運用についても可能な範囲で触れることとする。なお，本稿では，読者の関心や法律の施行日（注1）参照）に鑑み，養育費や離婚に伴う慰謝料請求権等に係る債務名義に基づき，給与債権及び預貯金等に係る情報を取得する手続を中心に論じることとし，不動産に係る情報取得手続については，必要に応じて簡単に触れるにとどめ，先取特権に基づく情報取得手続については触れないこととしたい[5]。

(2)　管　轄

情報取得手続は，第一次的には債務者の普通裁判籍（法20条，民事訴訟法4条）の所在地を管轄する地方裁判所が，当該普通裁判籍がないときは第二次的に情報の提供を命じられるべき者の所在地を管轄する地方裁判所が，執行裁判所として管轄する（法204条，民事訴訟法4条）。この管轄は専属管轄である（法19条）。

(3)　申立て

申立ては書面で行わなければならない（規則1条）。また，手続の性質上，申立ては債務者ごとに行う必要がある。

その際，センターでは，同一の債務者について，対象となる財産の種類ごとに，1通の申立書により申立てを行うことを求めることを予定している。具体的には，不動

産，給与，預貯金及び振替社債等の情報に係る申立てをそれぞれ別個の申立書によって申し立てることを求めるものである[6]。

　なお，仮に，財産開示手続を経ている債権者が，同一債務者の不動産，給与と預貯金の情報を取得しようとして1通の申立書で申し立てた場合，不動産又は給与の情報に係る手続については認容決定（以下「情報提供命令」という。）が債務者に送達されることから（法206条2項，205条3項），預貯金に係る情報が提供される前に債務者に対しては情報取得手続が行われていることが伝わり，債務者が換価性の高い預貯金を引き出して費消したり他の口座に移したりするおそれがある。このような事態を回避するためにも，センターでは，上記の別個の申立書による申立てを求めることとしている。なお，別個の申立書による申立てでも，同時に申し立てた場合には，不動産又は給与の情報提供命令が債務者に送達されるので，密行性を重視する場合には留意が必要である。

　また，センターでは，現在，申立書のひな型をインフォメーション21において公開する準備を進めているところである。養育費支払請求権など，家族関係に関する金銭債権についての債務名義に基づく情報取得手続における申立書のひな型としては，対象となる財産に応じて次のようなものを予定している[7]。なお，不動産に関する情報取得手続に関しては法務省令が定められていないので本稿には記載していない。

・第三者からの情報取得手続申立書（給与）（後掲27頁【資料1-2】）
・第三者からの情報取得手続申立書（債務名義・預貯金）（後掲31頁【資料1-3】）
・第三者からの情報取得手続申立書（債務名義・振替社債等）（後掲35頁【資料1-4】）

　以下，申立書の記載事項に沿って具体的に説明する。

　　ア　申立人，債務者及び情報の提供を命じられるべき第三者（以下，単に「第三者」という。）の氏名又は名称及び住所並びに代理人の氏名及び住所（規則187条1項1号）

　　(ア)　申立人

　ここにいう「申立人」とは，執行力のある債務名義の正本を有する金銭債権の債権者等のことである。

　金銭債権の種類については，不動産及び預貯金等の情報に係る申立てにおいては特に限定はないが，給与に関する情報を対象とする申立てについては，申立てができる者が法151条の2第1項各号に掲げる義務に係る請求権又は人の生命若しくは身体の侵害による損害賠償請求権について執行力のある債務名義の正本を有する債権者に限られている（法206条1項柱書）。例えば，前者の請求権には，養育費や婚姻費用の支払請求権などがある。また，後者の請求権には，夫婦間の暴力等による不法行為に基づく損害賠償請求権（慰謝料請求権も含む。また，加害者の行為によりPTSDを発症するなど，精神的機能の障害を負った場合も含まれると解される。）などが考えられる。

　なお，センターでは，上記の各事項のほか，申立人・第三者間での問合せがあり得ることから，申立人の電話番号等も記載するよう求めることとしている。

㋑　第三者

情報取得手続における第三者は，情報取得の対象となる財産の種類ごとに，以下の者に限定されている。

ⅰ　不動産に係る情報取得の申立てについて

法務省令で定める登記所となるが，前記のとおり本稿執筆時点で法務省令が定められていないため，触れることができない。

ⅱ　給与に係る情報取得の申立てについて

(ⅰ)　市町村（特別区を含む。）

(ⅱ)　日本年金機構，国家公務員共済組合，国家公務員共済組合連合会，地方公務員共済組合，全国市町村職員共済組合連合会又は日本私立学校振興・共済事業団

ⅲ　預貯金に係る情報取得の申立てについて

・銀行等（銀行，信用金庫，信用金庫連合会，労働金庫，労働金庫連合会，信用協同組合，信用協同組合連合会，農業協同組合，農業協同組合連合会，漁業協同組合，漁業協同組合連合会，水産加工業協同組合，水産加工業協同組合連合会，農林中央金庫，株式会社商工組合中央金庫又は独立行政法人郵便貯金簡易生命保険管理・郵便局ネットワーク支援機構をいう。）

なお，情報提供命令等の送付先は，ゆうちょ銀行の場合には貯金事務センターとなり，それ以外の銀行については本店となる。

ⅳ　振替社債等に係る情報取得の申立てについて

振替機関等（社債，株式等の振替に関する法律2条5項に規定する振替機関等をいう。）

㋒　債務者

申立書には，債務者の氏名又は名称及び住所並びに代理人の氏名及び住所を記載する（規則187条1項1号）。

それとともに，債務者の振り仮名，生年月日，性別その他債務者の特定に資する事項をできる限り記載する（同条2項）。この規定は努力義務とされており，これらの記載を欠いていても申立て自体が不適法となるものではないが，これらの情報が不足している場合，その点を理由に，第三者が該当する情報がない旨を回答する可能性があることには留意すべきである。

また，債務者が転居していたり，姓を変更していたりするといった事実が判明している場合，つながりを示す公的な証明書類があれば，債務者の特定に資する事項として，債務者の旧住所や旧姓を記載することも可能である（複数記載も可）。

イ　申立ての趣旨（規則187条4項，27条の2第1項2号）

第三者に対し裁判所への情報の提供を命じる裁判を求めることになる。提供すべき情報は，法令で定められていることから（給与に係る情報の申立てにつき法206条1項，規則190条，預貯金等に係る情報の申立てにつき法207条1項，規則191条），これ以外の情報（例えば先行する差押えの有無や預貯金口座の取引履歴等の情報）の提供を命じるよう求めることはできない。

ウ　申立ての理由

申立てを理由付ける事実について具体的に記載し，かつ，立証を要する事由ごとに証拠を記載しなければならない（規則187条4項，27条の2第2項）。

申立てを理由付ける事実として，給与に

関する情報取得の申立て（法206条1項）の場合には，以下の㋐ないし㋒が，預貯金等に関する情報取得の申立て（法207条1項）の場合には，以下の㋐及び㋑が必要である。

　㋐　申立人が執行力のある債務名義の正本を有する金銭債権の債権者であること

　ⅰ　執行力のある債務名義の正本

　主な債務名義の例としては，判決，和解に代わる決定，家事審判，和解調書，民事調停調書，家事調停調書，訴訟費用額確定処分，執行証書等がある。

　上記の各正本には原則として執行文が必要であるが，金銭の支払を命ずる旨の家事審判，家事事件手続法別表第二に掲げる事項（婚姻費用や養育費等）に関する調停調書等については，執行文は不要である。ただし，これらの執行文が不要とされている債務名義についても，承継執行文及び条件成就執行文が必要な場合には，単純執行文の要否にかかわらず，別途該当する執行文が必要である[8]。

　また，例えば，離婚に係る公正証書においては公正証書作成後に離婚届を提出する旨の条項があることが多いが，併せて養育費の支払についても定めがある場合，養育費支払請求権が法律上の離婚の成立を条件とする旨の条項となっているときには，条件成就執行文が必要とされるので注意が必要である。

　そのほか，家事審判の場合は，単純執行文は不要であるが，確定証明書が必要である。

　なお，給与の情報に係る申立てについては，前記(3)ア㋐のとおり請求権の種類が限られていることから，債務名義上の請求権

が，法206条1項に記載された請求権に該当すると認められることが必要となる。この点，当該債務名義において，請求権の内容として「養育費」，「婚姻費用」，「債務者からの暴力行為に係る人身損害の賠償請求権」といった記載があれば，これが認められることは明らかである。しかし，例えば，債務者のDVなどの暴力による不法行為に基づく損害賠償請求権を訴訟物とする訴訟における和解調書を債務名義とする場合に，和解調書において，「解決金」や「和解金」といった名目の請求権に係る給付条項となっている場合には，仮に，訴状等が疎明資料として添付されていたとしても，「解決金」や「和解金」という表現からは当該請求権が法206条1項に挙げられた請求権に該当することが明らかでないため，申立てが認められないこともあるので注意が必要である。執行証書でも同様の問題がある。

　ⅱ　執行開始要件を備えていること

　当該執行力のある債務名義の正本に基づく強制執行を開始することができないときは，情報提供命令を発令することができない（法206条1項ただし書，207条1項ただし書）とされていることから，執行開始要件を備えることも必要である。具体的には，債務者への当該債務名義の正本又は謄本の送達が必要であり（更正決定がされた場合には，その正本又は謄本の送達も必要となる。），承継執行文又は条件成就執行文が付与された場合には，当該執行文及び法27条の規定により債権者が提出した文書の謄本の送達が必要である（法29条）。さらに，確定期限の到来や引換給付における反対給付をしたことの証明等（法30条，31条）なども必要である。

その他，債務者について破産手続開始決定，民事再生手続開始決定等があったときは，情報取得手続の申立てをすることができない（破産法42条6項，同法249条1項，民事再生法39条1項，同法123条3項）。したがって，情報提供命令発令前にこれらの事実が判明した場合には，申立てが却下されることになる（発令時にこれらの事実があったことが発令後に判明した場合には，停止・取消事由となると解される（法39条，40条類推）。）。

　㋑　以下のi又はiiの要件を満たすこと

　i　強制執行又は担保権の実行における配当等の手続（申立ての日より6か月以上前に終了したものを除く。）において，申立人が当該金銭債権の完全な弁済を得ることができなかったとき（法197条1項1号）

　6か月内に実施された配当等において，申立人が全額の弁済を受けられなかったことが必要である。

　この点，センターでは，前記2⑶アのとおり，財産開示手続においては，動産執行における執行不能や不動産執行における無剰余取消し，滅失・売却困難・売却の見込みなし等の理由による取消し，債権差押えで第三債務者から「該当なし」との陳述があった場合や直接取立てをした場合には，同号にいう「配当等の手続」には該当しないとの考えに基づく運用を行っており，情報取得手続においても同様の運用を行うことを予定している。したがって，上記のような場合には，下記iiに基づく申立てを検討することになる。

　ii　知れている財産に対する強制執行を実施しても，申立人が当該金銭債権の完全な弁済を得られないことの疎明があったとき（法197条1項2号）

　前記2⑶イのとおり，申立人が，債権者として通常行うべき調査を行い，その結果判明した財産に対して強制執行等を実施しても，債権の完全な満足を得られないことが必要である。

　㋒　財産開示期日から3年以内に申立てをしたこと（法205条2項，206条2項）

　不動産及び給与を情報取得の対象とする手続については，情報取得手続の申立て前3年以内に財産開示期日が実施されたことが必要である（法205条2項，206条2項，規則187条3項）。

　エ　請求債権

　基本的な記載方法は，申立書ひな型のとおりであり，債権執行の申立てにおける請求債権目録等の記載とほぼ同じである。

　ただし，請求債権のうち，附帯請求（遅延損害金等）については，債権執行の申立てと異なり，第三債務者の負担を考慮する必要はないので，情報取得手続の申立日までに発生したものに限定して確定金額とする必要はない（「○○年○月○日から支払済みまで」との記載でよい。）。

　なお，給与を対象とする申立てについて，前記3⑶アのとおり，申立て可能な請求権に制限があるが，当該請求権についての附帯請求も申立て可能な請求権に含まれると解される。

　オ　添付書類，証拠資料及び疎明資料

　民事訴訟では特別の規定のない限り原則

として証明を必要とし，これは民事執行でも同様であることから，疎明で足りる旨の規定のある法197条1項2号を除き，法197条1項1号及び205条2項の要件は，いずれも証明が必要である。

　㋐　添付書類
　ⅰ　執行力のある債務名義の正本
　主な債務名義の種類については前記ウ㋐ⅰのとおりである。

　ⅱ　送達証明書（前記ウ㋐ⅱ参照）
　当該申立てにおいて使用する債務名義が債務者に送達された旨の送達証明書のほか，条件成就執行文又は承継執行文が必要な場合には，これらについての送達証明書も併せて提出する必要がある。

　ⅲ　資格証明書等
　申立人や債務者の氏名又は住所が債務名義の表示と異なる場合には，本件の申立ての当事者と債務名義上の当事者とが同一である（つながりを有する）ことを証する公文書（例：戸籍謄本，住民票の写し，戸籍の附票）等を提出する必要がある。

　預貯金等に係る情報取得の申立ての場合，第三者の資格証明書（金融機関又は振替機関等の商業登記事項証明書，全部事項証明書，代表者事項証明書又は現在事項証明書）の提出も必要となる。給与に係る情報取得の申立てにおいて，市町村以外の団体等を第三者とする場合は，当該団体等の資格証明書の提出が必要となる。

　ⅳ　その他
　上記のほか，該当する要件を満たすことを証する文書（家事審判を債務名義とする場合の確定証明書等）の提出も必要である。

　㋑　証拠資料及び疎明資料
　ⅰ　給与債権に係る情報取得についての申立ての場合（法206条1項1号）
　(ⅰ)　法197条1項1号の主張をする場合の証明資料
　配当表写し，弁済金交付計算書写し，不動産競売開始決定写し，債権差押命令写し等を提出する。
　(ⅱ)　同条項2号の主張をする場合の疎明資料
　財産調査結果報告書及び添付資料を提出する。
　なお，債権者自らが実施した強制執行等が不奏功に終わったことは疎明資料の1つではあるが，実際に何らかの強制執行等を実施することは要件ではない。また，申立ての日の前の3年以内に実施された財産開示期日に債務者が出頭しなかったり見るべき財産が発見されなかったりしたこと等も，有力な疎明資料の1つになると考えられる。
　(ⅲ)　申立ての日の前の3年以内に財産開示期日が実施されたこと（法205条2項）の証明資料
　この点，財産開示手続の実施決定の写し及び財産開示期日調書の写しを証明資料として提出することも可能であるが，センターにおいては，財産開示手続の当事者又は当該手続の閲覧・謄写が可能な利害関係人が申請すれば（後掲39頁【資料1‐5】参照），財産開示期日が実施されたことの証明書を発行することを予定しており，この証明書の提出によっても証明することができることとなる予定である。なお，財産開示手続の申立てにおいて法197条1項2号の主張をして，疎明資料としてセンターの財産調査結果報告書書式を利用し，その添

付資料として上記証明書等を提出する場合は，上記証明書等を情報取得手続の申立てにおいて法205条2項の証明資料として重ねて提出する必要はない（申立書ひな型の「財産調査結果報告書添付資料のとおり」の欄にチェックを入れることで足りる。）。

ⅱ　預貯金等の情報についての申立ての場合（法207条1項）

法197条1項1号の主張をする場合は前記ⅰ(i)の資料を，同条項2号の主張をする場合は前記ⅰ(ii)の資料をそれぞれ提出する。

カ　申立手数料等

(ｱ)　申立手数料

申立て1件につき1000円である（民訴費用法別表第一の16イ）。

(ｲ)　費用の予納

申立人は，同人や第三者への郵送費用を予納する必要がある。また，預貯金等の情報を対象とする申立てにおいては，第三者は報酬を請求することができる（第三者ごとに2000円ずつ。民訴費用法28条の3）ことから，預貯金等に係る情報取得の申立てをする場合，申立人は，報酬相当額も予納することになる。

(4)　決定及び決定後の手続

ア　情報提供命令

執行裁判所は，上記各要件が満たされている場合には，情報提供命令を発する。

イ　申立人及び第三者への決定の告知並びに債務者への送達

(ｱ)　情報提供命令が発令された場合

ⅰ　給与に係る情報取得の申立ての場合

債務者に対して，情報提供命令正本が送達される（法206条2項，205条3項）。公示送達でもよい。

また，申立人及び第三者に対しても情報提供命令が発せられたことが告知される（規則188条）が，給与に係る情報提供命令は，確定しなければ効力を生じない（法206条2項，205条5項）から，少なくとも第三者に対する告知は，情報提供命令の確定後に行われる。

ⅱ　預貯金等に係る情報取得の申立ての場合

申立人及び第三者に対して情報提供命令が発せられたことが告知される。一方で，給与に係る情報取得の申立ての場合と異なり，債務者に情報提供命令が送達されることはない。

(ｲ)　却下決定がされた場合

なお，却下決定がされた場合は，却下決定正本が抗告権者である申立人に送達される（法206条2項，205条4項，207条3項，規則2条2項）。

ウ　不服申立て

不動産及び給与に係る情報取得の申立てにおいては，情報提供命令に対しては債務者が，却下決定に対しては申立人が，それぞれ執行抗告をすることができる（法206条2項，205条4項）。

預貯金等に係る情報取得の申立てにおいては，却下決定に対しては申立人が執行抗告をすることができる（法207条3項）が，情報提供命令に対しては申立人だけでなく債務者も執行抗告することができない。

第三者は，いずれの申立てにおいても執行抗告をすることができない。

執行抗告は，情報提供命令正本が送達された日から1週間の不変期間以内に，抗告状を原裁判所に提出してしなければならない（法10条2項）。

(5)　第三者による情報の提供

　　ア　第三者が提供すべき情報

　第三者が提供すべき情報は，対象となる財産の種類に応じて，次のとおりとされている。

　　(ア)　不動産に係る情報取得についての申立て（規則189条）

　債務者が所有権の登記名義人である土地又は建物その他これらに準ずるものとして法務省令[9]で定めるもの（土地等）の存否及びその土地等が存在するときは，その土地等を特定するに足りる事項

　　(イ)　給与に係る情報取得の申立て（規則190条）

　給与又は報酬若しくは賞与の支払をする者の存否並びにその者が存在するときは，その支払をする者の氏名又は名称及び住所（その者が国である場合は，債務者の所属する部局の名称及び所在地）

　　(ウ)　預貯金に係る情報取得の申立て（規則191条1項）

　預貯金債権の存否並びに預貯金債権が存在するときは，その預貯金債権を取り扱う店舗並びにその預貯金債権の種別，口座番号及び額

　なお，上記の「額」とは，調査基準日時点での預貯金残高の全額をいう。このことは，請求債権目録記載の金額を超える額の残高がある場合や，他の債権者が先に差押えをしていたとしても同様である。

　　(エ)　振替社債等に係る情報取得の申立て（規則191条2項）

　債務者の有する振替社債等（振替機関が取り扱う社債等であって，第三者の備える振替口座簿における債務者の口座に記載され，又は記録されたものに限る。）の存否並びに振替社債等が存在するときは，その振替社債等の銘柄及び額又は数

　　イ　第三者による情報の提供等

　　(ア)　第三者による情報の提供

　　ⅰ　第三者は，執行裁判所に対して，債務者の情報に係る情報提供書面を提出する（法208条1項）。

　　ⅱ　また，第三者は，上記ⅰとともに申立人用の情報提供書面の写しを執行裁判所に提出するか（規則192条1項本文），あるいは，申立人に対して情報提供書面の写しを直接発送する（同項ただし書）。

　そして，上記のうち執行裁判所に情報提供書面の写しが提出された場合は，執行裁判所から申立人に対し，当該写しが送付される（法208条2項）。

　　(イ)　債務者に対する情報提供がされた旨の通知

　また，第三者から情報が提供されると，執行裁判所から債務者に対し，情報提供命令に基づいてその財産に関する情報の提供がされた旨の通知がされる（法208条2項）。ただし，預貯金等に係る情報取得手続の場合，申立人が債権等差押命令の手続を執るまでの時間を考慮し，債務者に対する通知は，当該事件の最後の第三者から裁判所に情報が提供されてから一定期間[10]が経過したものについて，事件ごとに1回行われる。

(6)　法208条1項の情報の提供に関する部分についての記録の閲覧等

　情報取得事件の記録中，情報の提供に関する部分についての閲覧等の請求（法17条）は，申立人，債務者及び当該情報を提供した第三者のほか，自ら当該種類の情報に対

する情報取得手続の申立てをすることができる債権者に限り，することができる（法209条）。

なお，情報取得事件の記録中の他の部分の閲覧等の請求は，上記請求権者に限らず，利害関係を有する者であればできる（法17条）。

(7)　手続費用の負担

情報取得手続にかかる費用は，債務者の負担となる（法211条，42条１項）。ただし，実際に債務者に請求するためには，執行費用額確定処分（法211条，42条４項）が必要である。

注

1）例えば，不動産を対象とする情報取得手続（法205条）は，上記法律の公布の日から起算して２年を超えない範囲内において政令で定める日までの間は適用されない（改正附則５条）。

2）財産開示手続が創設された平成16年から平成26年までの同手続の新受件数については，年間で最少が平成19年の663件，最多が平成22年の1207件であったとされている（一般社団法人金融財政事情研究会「民事執行手続に関する研究会報告書」２頁）。また，平成29年の申立件数は686件であり，同年における同手続の既済件数681件のうち，実際に債務者の財産情報が開示された件数は253件（既済件数の約37％），開示義務者（債務者等）の不出頭等によりその財産情報が開示されなかった件数は269件（既済件数の約40％）であった（内野宗揮ほか「民事執行法等の改正の要点(1)—金融実務に関連する項目を中心に—」金融法務事情2118号38頁）。

3）http://www.courts.go.jp/tokyo/saiban/minzi_section21/index.html

4）内野宗揮ほか「民事執行法等の改正の要点(2)—金融実務に関連する項目を中心に—」金融法務事情2120号19頁。もっとも，債権差押命令において預貯金債権を差し押さえるに当たっては，第三債務者において，差押えの効力が債権差押命令の第三債務者送達の時点で生ずることにそぐわない事態とならない程度に速やかに，かつ，確実に差し押さえられた債権を識別することができるものでなければならないことから（最三小決平成23年９月20日民集65巻６号2710号），預貯金債権について情報取得制度が認められた以降も，預貯金債権を差し押さえるに当たっては取扱店舗を特定する必要がある。

5）手続全体の概観については，内野宗揮「民事執行法及び国際的な子の奪取の民事上の側面に関する条約の実施に関する法律の一部を改正する法律の概要」家庭の法と裁判22号58頁以下等が参考になる。

6）これとは異なり，給与に係る情報取得につき複数の第三者を１通の申立書で申し立てたり，預貯金等に係る情報取得につき複数の第三者を１通の申立書で申し立てたりすることは問題ない。

7）現時点でも細かな修正を行っているところであり，本稿で示したものも含め，書式については随時，インフォメーション21も参照されたい。

8）相澤眞木・塚原聡編著『民事執行の実務　債権執行編（上）』（きんざい，第４版，2018）91頁。

9）現時点では法務省令の定めがない。

10）ここにいう一定期間とは，情報を取得した債権者が，債権等差押命令の手続を行うことができるために必要と考えられる程度の期間と考えられるところ，センターでは１か月程度を想定している。

【資料1‐1】　財産調査結果報告書ひな型

【記載事項】
「1　財産開示手続の結果」（1頁目）から「7　その他の財産」及び「住居表示に関する説明書」（6頁目）まであります。文中の指示に従って，必要なものを記入・提出してください。
※不明な点は，別途，説明書面や裏付資料の提出（補正など）を求めることがあります。

【記載上の注意事項】
1　該当する欄の□にレ点を付け，必要な事項を記入してください。
2　欄が足りないときは，適宜の用紙（A4版）を追加してください（その場合には，該当する欄に「別紙のとおり」と記載してください）。

財産調査結果報告書（個人用）

東京地方裁判所民事第21部　御中

令和　　年　　月　　日

申立人（□代理人）＿＿＿＿＿＿＿＿＿＿＿＿＿＿　印

債務者＿＿＿＿＿＿＿＿＿＿の財産を調査した結果（調査方法を含む）は，次のとおりです。

　したがって，私の知っている債務者の財産に対して強制執行を実施しても，請求債権の完全な弁済を得られません。

	提出する疎明資料 （右記一覧の番号）	疎明資料一覧
1　財産開示手続の結果 次のア，イ，ウのうちから一つを選択し（□にレ点），必要事項を記入してください。		**【財産開示手続関係】** A　財産開示期日が実施されたことの証明書 B1　財産開示期日調書（写し） B2　財産開示手続実施決定（写し）
ア□　過去3年内に，債務者に対する財産開示期日が実施されていない。 （財産開示手続の申立てがあったが，取下げ，取消し，却下により終局した場合を含む。） **➡ 2ページ以下もすべて記入してください。**		
イ□　過去3年内に，債務者に対する財産開示期日が実施されたが，その後に，債務者が転居したか，または，新たに債務者の財産が判明した。 ※疎明資料として＿＿＿＿＿＿＿＿＿を提出する。 〔疎明資料一覧からアルファベットを選択〕 **➡ 2ページ以下もすべて記入してください。**	振替社債等 預貯金等　なし 給与・不動産　全期日に債務者が **不出頭** だった場合は，A又はB1＋B2 期日に債務者が一度でも **出頭** した場合は，A又はB1	
ウ□　過去3年内に，債務者に対する財産開示期日が実施された。上記期日後に債務者が転居したことはなく，新たに判明した債務者の財産もない。 ※疎明資料として＿＿＿＿＿＿＿＿＿を提出する。 〔疎明資料一覧からアルファベットを選択〕 **➡ これで記入は終了です** （2ページ以下を記入・提出する必要はありません）。	全期日に債務者が **不出頭** だった場合は，A又はB1＋B2 期日に債務者が一度でも **出頭** した場合は，B1	

	提出する疎明資料 （右記一覧の番号）	疎明資料一覧
2　債務者の住所地の不動産 　次のア，イのうちから該当するものを選択し（□にレ点），必要事項を記入してください。		【所有権確認関係】
ア □　債務者住所地の不動産（□土地・□建物）は，債務者の所有ではない。 ※**疎明資料として＿＿＿＿＿＿＿＿を提出する。** 　〔疎明資料一覧からアルファベットを選択〕	C（原本） 及びD（ただし，住居表示が異なる場合のみ） 〔Cが取得できないときは，EかFのいずれか〕	C　不動産登記事項証明書（3か月以内のもの） D　住居表示に関する説明書（末尾に書式あり） E　賃貸借契約書（写し） F　その他，債務者の所有不動産ではないことを疎明する文書
イ □　債務者住所地の不動産（□土地・□建物）は，債務者の所有であるが，この不動産では完全な弁済を得られない。 評価額＿＿＿＿＿＿＿＿円 被担保債権額＿＿＿＿＿＿＿＿円 ※**疎明資料として＿＿＿＿＿＿＿＿を提出する。** 　〔疎明資料一覧からアルファベットを選択〕	C（原本） 及びD（ただし，住居表示が異なる場合のみ） G～Iのいずれか	【評価額確認関係】 G　固定資産評価証明書・公課証明書 H　不動産業者の評価書・査定書（1年以内のもの） I　その他，債務者所有の不動産に競売手続をしても無剰余（※）であることを疎明する文書（※強制執行をしても申立人に配当金が回らない見込みのこと）
3　その他の場所の不動産 　次のア，イ，ウのうちから該当するものを選択し（□にレ点），必要事項を記入してください。 〔※6か月以内の転居がある場合は，ア又はイを選択したうえ，旧住所について必ず記載してください。〕		
ア □　次の（□土地・□建物）を調査した結果，債務者の所有でないことが判明した。 　調査した住所（＿＿＿＿＿＿＿＿） 　この場所は債務者の（□旧住所・□事業所，店舗・□＿＿＿＿＿）である。 ※**疎明資料として＿＿＿＿＿＿＿＿を提出する。** 　〔疎明資料一覧からアルファベットを選択〕	C（写し可） 及びD（ただし，住居表示が異なる場合のみ）	
イ □　次の（□土地・□建物）を調査した結果，債務者の所有であることが判明したが，この不動産では完全な弁済を得られない。 　調査した住所（＿＿＿＿＿＿＿＿） 　この場所は債務者の（□旧住所・□事業所，店舗・□＿＿＿＿＿）である。 ※**疎明資料として＿＿＿＿＿＿＿＿を提出する。** 　〔疎明資料一覧からアルファベットを選択〕 評価額＿＿＿＿＿＿＿＿円 被担保債権額＿＿＿＿＿＿＿＿円 ※**疎明資料として＿＿＿＿＿＿＿＿を提出する。** 　〔疎明資料一覧からアルファベットを選択〕	 G～Iのいずれか	
ウ □　次の理由により調査が困難である。 　（理由記入欄）		

	提出する疎明資料 （右記一覧の番号）	疎明資料一覧
4　債務者の給与（報酬・賃金等） 　次のア，イ，ウのうちから一つを選択し（□にレ点），必要事項を記入してください。		【給与（報酬・賃金等）関係】 J　給与の債権差押命令正本（写し），第三債務者からの陳述書（写し）
ア □　債務者の給与（報酬・賃金等）は次のとおりである。 　就業場所（所在地）→ 　雇用者（会社名）→ 　給与形態→　年・月・週・日・不明　〔※年収なら「年」に〇を付すなど，該当するものに〇を付してください。〕 　　　　　約　　　　　　　　　　　円・不明〔※知っている金額を記載してください。不明の場合は「不明」に〇を付してください。〕 ※疎明資料として＿＿＿＿＿＿＿＿＿＿を提出する。 　〔疎明資料一覧からアルファベットを選択〕	→　J〜Mのいずれか	K　債権配当事件の直近の配当表（写し） L　弁護士法照会による勤務先からの回答書（写し） M　債務者の勤務先等に関する調査報告書その他の疎明資料
イ □　次の調査を行ったが，在職していなかった。 ※疎明資料として＿＿＿＿＿＿＿＿＿＿を提出する。 　〔疎明資料一覧からアルファベットを選択〕 （調査方法記入欄）	→　J, L, Mのいずれか	
ウ □　次の理由により調査が困難である。 （理由記入欄）		

	提出する疎明資料 (右記一覧の番号)	疎明資料一覧
5　債務者の預貯金 　次のア，イ，ウのうちから一つを選択し（□にレ点），必要事項を記入してください。		**【預貯金関係】**
ア □　債務者の預貯金は次のとおりである。 〔※欄が足りないときは適宜追加してください。〕 　　　　　銀行・信用金庫　　　　支店 （　　年　　月　　日現在の残高　　　　円） 　　　　　銀行・信用金庫　　　　支店 （　　年　　月　　日現在の残高　　　　円） 　　　　　銀行・信用金庫　　　　支店 （　　年　　月　　日現在の残高　　　　円） ※**疎明資料として**　　　　　　　**を提出する。** 〔疎明資料一覧からアルファベットを選択〕	N～Qのいずれか	N　預貯金の債権差押命令正本(写し)，第三債務者からの陳述書(写し) O　債権配当事件の直近の配当表(写し) P　弁護士法照会による金融機関からの回答書(写し) Q　債務者の預貯金に関する調査報告書その他の疎明資料
イ □　次の調査を行ったが，預貯金がなかった。 ※**疎明資料として**　　　　　　　**を提出する。** 〔疎明資料一覧からアルファベットを選択〕 （調査方法記入欄）	N，P，Qのいずれか	
ウ □　次の理由により調査が困難である。 （理由記入欄）		

	提出する疎明資料 (右記一覧の番号)	疎明資料一覧
6　債務者の動産(生活必需品を除く) 　次のア，イのうちから，一つを選択し(□にレ点)，必要事項を記入してください。		**【動産関係】** R　動産執行の執行調書 　謄本(写し) S　動産に対する強制執 　行手続の配当表写し T　債務者の動産に関す 　る調査報告書その他 　の疎明資料
ア　□　債務者の動産については知らない。		
イ　□　私の知っている債務者の動産は次のとおりである。 　　　　※疎明資料として＿＿＿＿＿＿＿＿＿＿を提出する。 　　　　　〔疎明資料一覧からアルファベットを選択〕 　　　　(動産の品名・数量等)	R〜Tのいずれか (あれば)	

	提出する疎明資料 (右記一覧の番号)	疎明資料一覧
7　債務者のその他の財産(保険金，株式，売掛金，貸付金，暗号資産(仮想通貨)等) 　次のア，イのうちから一つを選択し(□にレ点)，必要事項を記入してください。		**【その他の財産関係】** U　債務者のその他の財 　産に関する調査報告 　書その他の疎明資料
ア　□　債務者のその他の財産(保険金，株式，売掛金，貸付金，暗号資産(仮想通貨)等)については知らない。		
イ　□　私の知っている債務者のその他の財産(保険金，株式，売掛金，貸付金，暗号資産(仮想通貨)等)は次のとおりである。 　　　　※疎明資料として＿＿＿＿＿＿＿＿＿＿を提出する。 　　　　　〔疎明資料一覧からアルファベットを選択〕 　　　　(財産の種類，額等)	U	

（別紙）

疎明資料として提出した「不動産登記事項証明書」の表示と住居表示が異なる場合に作成してください。
次の1〜3のうち，該当する項目の□にレ点を入れて，同欄に必要事項を記載してください。
物件ごとに1通作成してください。

住居表示に関する説明書

債務者_____の【□住所地・□旧住所・□事業所，店舗・□　　　　　】について

□1　債務者の住所が，住居表示では，

「東京都　　　　　　　　　　　　　　　　　　　　　　」となっていますが，

□東京法務局　□　　　　　　地方法務局　□　　　　　　　支局・出張所において，

前記住所地の不動産登記事項証明書の交付申請をするべく地番を問い合わせたところ，登記表示の住所では，以下に該当するとの回答があり，以下の所在地の不動産登記事項証明書の交付を受けました。

「東京都　　　　　　　　　　　　　　　　　　　　」

□2　別添のブルーマップ（　　　　　　住宅地図）の該当ページによると，

住居表示の住所が赤色でマーキングした部分であり，

登記表示の住所が青色でマーキングした部分になります。

□3　以下の方法で，住居表示の「東京都　　　　　　　　　　　　　　　」は，

登記表示の「東京都　　　　　　　　　　　　　　　　　　」に

該当することを確認しました。

【資料1−2】　第三者からの情報取得手続申立書（給与）

第三者からの情報取得手続申立書（給与）

東京地方裁判所民事第２１部御中

　　令和　　年　　月　　日

　　　　申立人

　　　　　　　　　　　　　　　　　　　　　　　　　　印
　　　　　　　　　　電　話　　−　　　−
　　　　　　　　　　ＦＡＸ　　−　　　−
　　　　　　　　　　　　（担当　　　）

　　　　　当事者　　　　　別紙当事者目録記載のとおり
　　　　　請求債権　　　　別紙請求債権目録記載のとおり

　申立人は，債務者に対し，別紙請求債権目録記載の執行力のある債務名義の正本に記載された請求債権を有しているが，債務者がその支払をせず，下記の要件に該当するので，第三者に対し債務者の給与債権に係る情報（民事執行法２０６条１項）の提供を命じるよう求める。
記
1　民事執行法１９７条１項の要件（該当する□に✔を記入してください。）
　□　強制執行又は担保権の実行における配当等の手続（本件申立ての日より６月以上前に終了したものを除く。）において，金銭債権の完全な弁済を得ることができなかった（１号）。
　□　知れている財産に対する強制執行を実施しても，金銭債権の完全な弁済を得られない（２号）。
2　民事執行法２０５条２項の要件
　(1)　財産開示事件の事件番号
　　　　　地方裁判所　　　平成・令和　　年（財チ）第　　　号
　(2)　財産開示期日　平成・令和　　年　　月　　日
3　民事執行法２０６条１項の要件（該当する□に✔を記入してください。）
　申立人は，次の請求権について執行力ある債務名義の正本を有する。
　□　民事執行法１５１条の２第１項各号に掲げる義務に係る請求権
　□　人の生命又は身体の侵害による損害賠償請求権

（添付書類）（該当する□に✔を記入してください。）
　□　執行力のある債務名義の正本　　　　　通
　□　同送達証明書　　　　　　　　　　　　通
　□　同確定証明書　　　　　　　　　　　　通
　□　資格証明書　　　　　　　　　　　　　通

　　□　住民票　　　　　　　　　　　　　通
　　□　　　　　　　　　　　　　　　　　通
（証拠書類）（該当する□に✔を記入してください。）
　1　民事執行法197条1項1号の主張をする場合
　（同号の証明資料）
　　□　配当表写し
　　□　弁済金交付計算書写し
　　□　不動産競売開始決定写し
　　□　債権差押命令写し
　　□　配当期日呼出状写し
　　□
　（民事執行法205条2項の証明資料）
　　□　財産開示期日が実施されたことの証明書
　　□　財産開示期日調書写し
　　□　財産開示手続実施決定写し
　　□
　2　民事執行法197条1項2号の主張をする場合
　（同号の疎明資料）
　　□　財産調査結果報告書及び添付資料
　　□
　（民事執行法205条2項の証明資料）
　　□　財産調査結果報告書添付資料のとおり
　　□　財産開示期日が実施されたことの証明書
　　□　財産開示期日調書写し
　　□　財産開示手続実施決定写し
　　□

当　事　者　目　録

〒１００−０００１　東京都千代田区霞が関○丁目○番○号（送達場所）

申　　立　　人　　甲　野　太　郎

電話番号　○○−○○○○−○○○○

Ｆ　Ａ　Ｘ　○○−○○○○−○○○○

〒１００−０００１　東京都○○○区△△△○丁目○番○号

第　　三　　者　　○　○　○　区

代　表　者　区　長　　丙　野　三　郎

〒１００−０００１　東京都○○○市△△△○丁目○番○号

第　　三　　者　　○○共済組合

代　表　者　理　事　長　　丁　野　四　郎

〒１５３−０００１　東京都目黒区目黒本町○丁目○番○号

（債務名義上の住所）　東京都大田区西糀谷○丁目○番○号

債　　務　　者　　乙　野　次　郎

《債務者の特定に資する事項》

(1) 氏名の振り仮名　　　　　　○○○○○○○○

(2) 生年月日　　　　　　　　　昭和○○年○○月○○日

(3) 性別　　　　　　　　　　　○性

(4) 旧住所　　　　　　　　　　東京都○○○区○○町○丁目○番○号

(5) 旧姓　　　　　　　　　　　○○○○

請　求　債　権　目　録

《パターン1》

　東京地方裁判所令和○○年(ワ)第○○○○○号損害賠償請求事件の執行力のある判決正本に表示された，人の生命又は身体の侵害による損害賠償請求権である下記債権

1　元　本　　　　金２００万円

　　ただし，主文第1項に記載された元本３００万円の残金

2　損害金

　　ただし，上記1に対する令和○○年○月○日から支払済みまで年○○パーセントの割合による損害金

《パターン2》

　○○家庭裁判所令和○○年（家イ）第○○号事件の調停調書正本に表示された下記債権

　金３５万円

　ただし，申立人，債務者間の長男○○についての令和○○年○○月から令和○○年○○月まで1か月金５万円の養育費の未払分（支払期毎月末日）

【資料1‐3】　第三者からの情報取得手続申立書（債務名義・預貯金）

第三者からの情報取得手続申立書（預貯金）

東京地方裁判所民事第２１部御中

　　　令和　　年　　月　　日

　　　　　申立人

　　　　　　　　　　　　　　　　　　　　　　　　　　　　　印
　　　　　　　　　　　電　話　　　－　　　　－
　　　　　　　　　　　ＦＡＸ　　　－　　　　－
　　　　　　　　　　　　　　　（担当　　　　）

　　　　　　　当事者　　　　　別紙当事者目録記載のとおり
　　　　　　　請求債権　　　　別紙請求債権目録記載のとおり

　申立人は，債務者に対し，別紙請求債権目録記載の執行力のある債務名義の正本
に記載された請求債権を有しているが，債務者がその支払をせず，下記の要件に該
当するので，第三者に対し債務者の預貯金債権に係る情報（民事執行法２０７条１
項１号）の提供を命じるよう求める。
　　　　　　　　　　　　　　　記
　以下のとおり，民事執行法１９７条１項の要件がある。（該当する□に✔を記入
してください。）
　□　強制執行又は担保権の実行における配当等の手続（本件申立ての日より６月
　　　以上前に終了したものを除く。）において，金銭債権の完全な弁済を得ること
　　　ができなかった（１号）。
　□　知れている財産に対する強制執行を実施しても，金銭債権の完全な弁済を得
　　　られない（２号）。

　□　直送用の郵便料金受取人払封筒　　　　通添付

（添付書類）（該当する□に✔を記入してください。）
　　□　執行力のある債務名義の正本　　　　　通
　　□　同送達証明書　　　　　　　　　　　　通
　　□　同確定証明書　　　　　　　　　　　　通
　　□　資格証明書　　　　　　　　　　　　　通
　　□　住民票　　　　　　　　　　　　　　　通
　　□　　　　　　　　　　　　　　　　　　　通
　　□　　　　　　　　　　　　　　　　　　　通
（証拠書類）（該当する□に✔を記入してください。）
　1　民事執行法197条1項1号の主張をする場合
　　　□　配当表写し
　　　□　弁済金交付計算書写し
　　　□　不動産競売開始決定写し
　　　□　債権差押命令写し
　　　□　配当期日呼出状写し
　　　□
　　　□
　2　民事執行法197条1項2号の主張をする場合
　　　□　財産調査結果報告書及び添付資料
　　　□
　　　□

当　事　者　目　録

〒１００－０００１　東京都千代田区霞が関〇丁目〇番〇号（送達場所）

　　　　　　　　　申　立　人　　〇〇商事株式会社

　　　　　　　　　代表者代表取締役　　甲　野　太　郎

　　　　　　　　　電話番号　〇〇－〇〇〇〇－〇〇〇〇

　　　　　　　　　ＦＡＸ　〇〇－〇〇〇〇－〇〇〇〇

〒１００－０００１　東京都千代田区霞が関〇丁目〇番〇号

　　　　　　　　　第　三　者　　株式会社〇〇銀行

　　　　　　　　　代表者代表取締役　　丙　野　三　郎

〒１５３－０００１　東京都目黒区目黒本町〇丁目〇番〇号

（債務名義上の住所）東京都大田区西糀谷〇丁目〇番〇号

　　　　　　　　　債　務　者　　乙　野　次　郎

《債務者の特定に資する事項》

　　(1) 氏名又は名称の振り仮名　　〇〇〇〇

　　(2) 生年月日　　　　　　　　昭和〇〇年〇〇月〇〇日

　　(3) 性別　　　　　　　　　　〇性

　　(4) 旧住所　　　　　　　　　東京都〇〇区〇〇町〇丁目〇番〇号

　　(5) 旧姓　　　　　　　　　　〇〇〇〇

請　求　債　権　目　録

　東京地方裁判所令和〇〇年(ワ)第〇〇〇〇〇号貸金返還請求事件の執行力のある判決正本に表示された下記債権

1　元　本　　　　金２００万円

　　ただし，主文第１項に記載された元金３００万円の残金

2　損害金

　　ただし，上記１に対する令和〇〇年〇月〇日から支払済みまで年〇〇パーセントの割合による損害金

【資料1‐4】 第三者からの情報取得手続申立書（債務名義・振替社債等）

第三者からの情報取得手続申立書（振替社債等）

東京地方裁判所民事第２１部　御中

　　　令和　　年　　月　　日

　　　　　申立人

　　　　　　　　　　　　　　　　　　　　　　　　　　　　印
　　　　　　　　　　電　話　　　－　　　　－
　　　　　　　　　　ＦＡＸ　　　－　　　　－
　　　　　　　　　　　　（担当　　　　）

　　　　　当事者　　　　別紙当事者目録記載のとおり
　　　　　請求債権　　　別紙請求債権目録記載のとおり

　申立人は，債務者に対し，別紙請求債権目録記載の執行力のある債務名義の正本に記載された請求債権を有しているが，債務者がその支払をせず，下記の要件に該当するので，第三者に対し債務者の有する振替社債等に係る情報（民事執行法２０７条１項２号）の提供を命じるよう求める。
　　　　　　　　　　　　　　　記
　以下のとおり，民事執行法１９７条１項の要件がある。（該当する□に✔を記入してください。）
　□　強制執行又は担保権の実行における配当等の手続（本件申立ての日より６月以上前に終了したものを除く。）において，金銭債権の完全な弁済を得ることができなかった（１号）。
　□　知れている財産に対する強制執行を実施しても，金銭債権の完全な弁済を得られない（２号）。

　□　直送用の郵便料金受取人払封筒　　　通添付

（添付書類）（該当する□に✔を記入してください。）
□　執行力のある債務名義の正本　　　　通
□　同送達証明書　　　　　　　　　　　通
□　同確定証明書　　　　　　　　　　　通
□　資格証明書　　　　　　　　　　　　通
□　住民票　　　　　　　　　　　　　　通
□　　　　　　　　　　　　　　　　　　通
□　　　　　　　　　　　　　　　　　　通

（証拠書類）（該当する□に✔を記入してください。）
1　民事執行法１９７条１項１号の主張をする場合
□　配当表写し
□　弁済金交付計算書写し
□　不動産競売開始決定写し
□　債権差押命令写し
□　配当期日呼出状写し
□
□
2　民事執行法１９７条１項２号の主張をする場合
□　財産調査結果報告書及び添付資料
□
□

当　事　者　目　録

〒１００−０００１　東京都千代田区霞が関○丁目○番○号（送達場所）

申　　立　　人　　○○商事株式会社

代表者代表取締役　　甲　野　太　郎

電話番号　○○−○○○○−○○○○

ＦＡＸ　○○−○○○○−○○○○

〒１００−０００１　東京都千代田区霞が関○丁目○番○号

第　　三　　者　　○○○○証券株式会社

代表者代表取締役　　丙　野　三　郎

〒１５３−０００１　東京都目黒区目黒本町○丁目○番○号

（債務名義上の住所）東京都大田区西糀谷○丁目○番○号

債　　務　　者　　乙　野　次　郎

《債務者の特定に資する事項》

(1)　氏名又は名称の振り仮名　　○○○○

(2)　生年月日　　　　　　　　　昭和○○年○○月○○日

(3)　性別　　　　　　　　　　　○性

(4)　旧住所　　　　　　　　　　東京都○○区○○町○丁目○番○号

(5)　旧姓　　　　　　　　　　　○○○○

請　求　債　権　目　録

　東京地方裁判所令和〇〇年(ワ)第〇〇〇〇〇号貸金返還請求事件の執行力のある判決正本に表示された下記債権

1　元　本　　　　　金２００万円

　　ただし，主文第１項に記載された元金３００万円の残金

2　損害金

　　ただし，上記１に対する令和〇〇年〇月〇日から支払済みまで年〇〇パーセントの割合による損害金

【資料1‒5】　財産開示期日実施証明書（正本・副本版）

（正本用）

収入印紙××円
（１期日につき
　１５０円）

財産開示期日が実施されたことの証明申請書

【※財産開示期日（ただし，複数回期日が開かれた場合は，最後の期日）が証明日から３年
以内に実施されたものに限る。】

○○地方裁判所　御中

令和　　年　　　月　　　日

　　　　申請者　　（住所）

　　　　　　　　　（氏名）　　　　　　　　　　　　　印

債　務　者　　（現住所）東京都●●区・・・

　　　　　　　（債務名義上の住所）□現住所と同じ
　　　　　　　　　　　　　　　　　□東京都●●区・・・

　　　　　　　（氏名）△　　△　　△　　△

（財産開示事件　事件番号　御庁　平成・令和　　年（財チ）第　　　号）

　上記財産開示事件の財産開示期日における手続が，下記のとおり実施されたことを
証明してください。

記

1　平成・令和　　年　　月　　日実施　（開示義務者　出頭・不出頭）

2　平成・令和　　年　　月　　日実施　（開示義務者　出頭・不出頭）

3　平成・令和　　年　　月　　日実施　（開示義務者　出頭・不出頭）

〔いずれかに○を付す〕

（添付書類）

1　執行力のある金銭債権の債務名義正本及びそのコピー
2　資格証明書（申請人及び債務者が法人である場合は必須。債務名義上の記載
　　と名称や所在地が異なる場合には，そのつながりがわかる商業登記簿謄本等）
3　住民票（債務名義上の記載と当事者の住所が異なる場合）
4　戸籍謄本（債務名義上の記載と当事者の氏名が異なる場合）
5　訴訟委任状（弁護士に委任する場合）

受　　書

同日，上記証明書　　通の交付を受けました。

申請者（氏名）　　　　　　　　　　　　印

（副本用）

財産開示期日が実施されたことの証明申請書

【※財産開示期日（ただし，複数回期日が開かれた場合は，最後の期日）が証明日から3年以内に実施されたものに限る。】

○○地方裁判所　御中

　　　　　令和　　年　　　月　　　　日

　　　　　　　申請者　　（住所）

　　　　　　　　　　　（氏名）　　　　　　　　　　　　　印

債　務　者　（現住所）東京都●●区・・・

　　　　　　（債務名義上の住所）□現住所と同じ
　　　　　　　　　　　　　　　　□東京都●●区・・・

　　　　　　（氏名）△　△　△　△

（財産開示事件　事件番号　御庁　平成・令和　　年（財チ）第　　　号）

　上記財産開示事件の財産開示期日における手続が，下記のとおり実施されたことを証明してください。

　　　　　　　　　　　　　　　記

1　平成・令和　年　月　日実施　（開示義務者　出頭・不出頭）

2　平成・令和　年　月　日実施　（開示義務者　出頭・不出頭）

3　平成・令和　年　月　日実施　（開示義務者　出頭・不出頭）

　　　　　　　　　　　　　　　〔いずれかに○を付す〕

　　上記証明する。
　　　　　令和　　年　　月　　　日
　　　　　○○地方裁判所
　　　　　裁判所書記官

東京地方裁判所における新たな実務運用について(2)
債権執行②：差押禁止債権をめぐる規律の見直し

東京地方裁判所判事 谷 藤 一 弥

1 はじめに

　「民事執行法及び国際的な子の奪取の民事上の側面に関する条約の実施に関する法律の一部を改正する法律」（令和元年法律第2号。以下「改正法」という。）が令和元年5月17日に公布され，これに対応して「民事執行規則等の一部を改正する規則」（令和元年最高裁判所規則第5号。以下「改正規則」という。）が同年11月27日に公布された。本稿は，改正法及び改正規則のうち，扶養義務等に係る債権の履行確保に影響し得るという観点から，差押禁止債権をめぐる規律の見直しに関する部分について，その概要を解説するとともに，改正法施行後の東京地裁民事執行センター（以下「センター」という。）における運用について説明するものである。なお，運用については，現時点における検討結果であり，施行後に変更があり得ることをあらかじめお断りしたい。

　なお，本稿で引用する民事執行法（以下「法」という。）及び民事執行規則（以下「規則」という。）の条文番号は，改正法及び改正規則による改正後のものを指す。

2 改正法及び改正規則の概要

(1) 取立権の発生時期の見直し

ア 見直しの趣旨

　金銭債権を差し押さえた債権者は，債務者に対して差押命令が送達された日から1週間を経過したときは，その債権を取り立てることができる（法155条1項）。他方，差押禁止債権に関する法152条は，債務者が国及び地方公共団体以外の者から生計を維持するために支給を受ける継続的給付に係る債権（1項1号）並びに給料，賞与等の債権及びこれらの性質を有する給与に係る債権（1項2号。以下1項1号の債権と併せて「給与等の債権」という。）については，原則としてその支払期に受けるべき給付の4分の3に相当する部分を，退職手当及びその性質を有する給与に係る債権（2項。以下「退職金等の債権」という。）については，原則としてその給付の4分の3に相当する部分を，それぞれ差し押さえてはならないものとしている。この規定による差押禁止債権の範囲は，画一的なものであるために，具体的な事案に応じた不都合を回避する観点から，債務者又は債権者は，差押禁止債権の範囲の変更の申立てをすること

ができるものとされている（法153条）。

　これに対し，法制審議会民事執行法部会（以下「部会」という。）の審議の過程においては，差押債権者による取立てが行われるまでの短期間のうちに，債務者が差押禁止債権の範囲の変更の申立てをすることは事実上困難であり，この範囲変更の制度がほとんど機能していないのではないかとの指摘がされた。また，債務者財産の開示制度の見直しにより，現状よりも債権者の地位の強化が図られるのであれば，債務者の保護策についても検討する必要があるという指摘がされた。このような指摘に対応する方策の一つとして，債務者が差押禁止債権の範囲の変更の申立てをする機会を実質的に保障するため，給与等の債権及び退職金等の債権を差し押さえた差押債権者が，これらの債権の取立てをすることができるようになる時期を後ろ倒しにすべきこととされた。

　また，金銭債権が差し押さえられた場合の換価の方法としては，差押債権者による取立てのほか，転付命令（法159条）や譲渡命令等（法161条）がある。そして，転付命令の効力については，現状では，転付命令に対しては執行抗告ができるものとされ，確定しなければその効力を生じず，差押命令及び転付命令が確定した場合においては，債権者の債権及び執行費用は，その券面額で，転付命令が第三債務者に送達された時に弁済されたものとみなすとされている。譲渡命令等についても，現状では，譲渡命令等に対しては執行抗告ができるものとされ，確定しなければ効力を生じず，その効力については，転付命令に関する規定が準用されている。

　このような現行の規律を前提とすれば，差押禁止債権の範囲の変更を求める債務者は，実際上，差押命令及び転付命令（又は譲渡命令等）が確定するまでの間（執行抗告の申立てがされない限り，これらの命令等の債務者への送達の日から1週間）に，その申立てをしなければならない。また，第三債務者による供託がされた場合には，執行裁判所は配当等を実施しなければならないが（法166条），制度上，債務者への送達から短期間の内に配当等が実施されてしまうことがあり得る。

　そこで，これらの場合においても，取立ての場合と同様，債務者が差押禁止債権の範囲の変更の申立てをする機会を実質的に保障する必要があるものとされた。

　他方，請求債権に法151条の2第1項各号に掲げる義務に係る金銭債権（以下「扶養義務等に係る債権」という。）が含まれている場合には，その権利実現が債権者の生活維持に不可欠なものであるため，速やかにその実現を図る必要がある。また，扶養義務等に係る債権については，現行法上，差押禁止債権の範囲を縮減する旨の特例（法152条3項）が設けられているが，その趣旨については，扶養義務等に係る債権は，その性質上，同条1項において差押えが禁止されている部分をも対象として実現されるべきものであるからと考えられる。さらに，扶養義務等に係る債権の額は，債権者の必要生計費と債務者の資力とを主要な考慮要素として定められるものであるから，その額の算定に当たり，差押禁止債権の範囲の変更において考慮すべき事情が既に考慮されているとも考えられる。このような趣旨から，請求債権に扶養義務等に係る債

権が含まれている場合には，取立権の発生時期等を後ろ倒しにする必要がないものとされた。

イ　改正法及び改正規則の概要

以上のような趣旨から，次のような規律が設けられた。

給与等の債権又は退職金等の債権が差し押さえられた場合において，差押債権者がその債権を取り立てることができるようになる時期が，債務者に対して差押命令が送達された日から4週間を経過したときとされた（法155条2項）。

これらの債権が差し押さえられた場合における転付命令及び譲渡命令等については，これらの命令が確定し，かつ，債務者に対して差押命令が送達された日から4週間を経過するまでは，その効力を生じないものとされた（法159条6項，法161条5項）。

配当等についても，債務者に対して差押命令が送達された日から4週間を経過するまでは，実施してはならないものとされた（法166条3項）[1]。これを受けて，改正前の規則においては，配当等を実施するときは，特別な事情のない限り，配当等を実施すべきこととなった日から1か月以内の日を配当期日等としなければならないものとされていたが，配当等を実施すべきこととなった日から1か月以内の日が，債務者に差押命令が送達された日から4週間以内である事態も生じ得ることから，債務者に差押命令が送達された日から配当等の期日まで確実に4週間の期間を確保するため，配当等を実施すべきこととなった日又は債務者に対して差押命令が送達された日から4週間を経過した日のいずれか遅い日から1か月以内の日を配当期日等としなければならな

いものとされた（規則145条，規則59条2項）。

他方，債権者の請求債権に扶養義務等に係る債権が含まれている場合（配当等の場合にあっては，差押債権が数人あるときは，そのうち少なくとも1人以上の請求債権に扶養義務等に係る債権が含まれているとき）には，これらの規律は適用されない。

そのため，扶養義務等に係る債権を請求債権とする場合には，債務者の給与等の債権又は退職金等の債権を差し押さえる場合であっても，改正法による影響はなく，引き続き債務者に差押命令が送達された日から1週間が経過すれば，取立てをすることができることになる。

(2)　手続の教示

ア　見直しの趣旨

部会の審議の過程においては，差押禁止債権の範囲の変更の制度がほとんど機能していないという現状認識を前提として，その原因は，債務者がそもそもこの制度の存在を知らないことにあるのではないかとの指摘があった。そこで，差押禁止債権の範囲の変更の申立てをより利用しやすくするという観点から，執行裁判所が，差押命令を送達するに際し，債務者に対して，差押禁止債権の範囲の変更の申立てをすることができる旨等を教示し，この手続を申し立てる機会を実質的に保障することとされた。

イ　改正法及び改正規則の概要

裁判所書記官は，差押命令を送達するに際し，債務者に対し，最高裁判所規則で定めるところにより，差押禁止債権の範囲の変更の申立てをすることができる旨その他最高裁判所規則で定める事項を教示しなければならないものとされた（法145条4項）[2]。

これを受けて，規則においては，債務者

に対する教示の実効性を考慮して，当該教示は書面ですることとし，差押禁止債権の範囲の変更の申立てに係る手続の内容を教示事項とする旨を定めている（規則133条の2）。具体的には，申立てをすべき裁判所，申立てをすべき時期及び申立てに必要な書類等について教示が必要となろう。

これらの規定の文言から明らかなとおり，給与等の債権や退職金等の債権が差し押さえられた場合に限らず，債権執行事件全般の債務者に対して教示が必要とされることになる。

3　センターにおける運用

(1)　取立権の発生時期の見直し

センターにおいては，給与等の債権その他継続的給付に係る債権を差押債権とする債権執行事件の配当等に当たっては，第三債務者から差押債権の支払期ごとに供託がされて事情届が提出されても，直ちに配当等を実施するのではなく，これらの複数回分をまとめて配当等をすることが多く，実務上の取扱いとして定着している。

なお，扶養義務等に係る債権が請求債権に含まれる事件については，原則として，事情届が提出されるたびに配当等を実施することとしている。これは，法151条の2の趣旨が，扶養義務等に係る債権はその権利の実現が債権者の生計維持に不可欠なため，その手続的負担を軽減することにあることに鑑みれば，債権者が生計維持に不可欠な債権をできるだけ迅速に回収できるように配慮する必要があることなどによるものである[3]。以上の運用についても改正法施行後において変更されない。

もっとも，前記2(1)イのような改正法の規律によれば，給与等の債権又は退職金等の債権が差し押さえられた際には，基本的には，取立権の発生時期が差押命令の債務者への送達から4週間経過後となるのに対し，請求債権に扶養義務等に係る債権が含まれているときには，取立権の発生時期が債務者への送達から1週間経過後となる。このように，差押債権及び請求債権の種類によって，取立権の発生時期が変化することになる。現行の運用においても，差押命令を第三債務者に送達する際には，裁判所書記官が説明の書面を同封するなどして，第三債務者に対する手続の説明がされているところであるが，改正後においては取立権の発生時期についても適切に説明する必要があると考えられる。センターにおいては，第三債務者に対する説明書面の内容を見直し，フローチャート等を用いるなどして取立権の発生時期に関する説明も付加し，債権者と第三債務者との間に取立権の発生時期の認識に齟齬が生じないような工夫をする予定である。

(2)　手続の教示

センターにおいては，【資料2-1】のような書面を債務者に対する教示書面として用いる予定である。債務者に対して差押命令を送達する際に，この書面を同封することとなる。申立てをすべき裁判所，申立てをすべき時期及び申立てに必要な書類等の差押禁止債権の範囲の変更の申立てに係る手続の内容のほか，債権執行の仕組みや取立権の発生時期などについても教示するものとなっている。

また，センターのウェブサイト（インフォメーション21）[4]においては，債務者の

便宜のために，【資料2-2】～【資料2-4】のとおり，差押禁止債権の範囲の変更の申立てに係る申立書，債務者の財産状況等の陳述書及び家計表の書式を掲載している。

これらの手続の教示等により，差押禁止債権の範囲の変更の申立てがされる件数が，これまでより増加することが予想される。場合によっては，申立てに伴って仮の支払禁止命令（法153条3項）がされることもあることから，扶養義務等に係る債権を有する債権者であっても，事実上の影響を受ける可能性がある。もっとも，差押禁止債権の範囲の変更の申立てについての審理に当たっては，「債務者の生活の状況」として債務者の家族構成及びその生活に必要な費用，債務者の給料以外の家族全体としての収入や支出及び資産等が，「債権者の生活の状況」として債権者の生活又は営業の状態，他の収入や支出及び資産，請求債権額等が問題となるが，これらを比較衡量して，範囲変更の必要性の有無及び程度が決定される[5]ことに変更はない。さらに，扶養義務等に係る債権が請求債権の場合には，その額は，前記2⑴アのとおり，債権者の必要生計費と債務者の資力とを主要な考慮要素として定められるものであるところ，これらは差押禁止債権の範囲の変更における考慮要素とほぼ同じであるから，申立てが認容されるためには，債務名義成立の際に考慮されなかった事情が新たに生じた等の理由が必要であろう[6]。

注
1）差押命令が競合した場合には，先行の差押命令との関係だけでなく，後行の差押命令との関係でも債務者に対して差押禁止債権の範囲の変更の申立ての機会を実質的に保障する必要があることからすると，全ての差押命令が債務者に送達された日から4週間を経過するまでは，配当等を実施すべきではないと考えられる。
2）なお，差押えの効力は，差押命令が第三債務者に送達された時に生ずる（法145条5項）ことからすると，債務者に対する教示を欠いた場合であっても，差押えの効力には影響がない。
3）相澤眞木・塚原聡編著『民事執行の実務—債権執行編（下）』（きんざい，第4版，2018）161頁。
4）http://www.courts.go.jp/tokyo/saiban/minzi_section21/index.html
5）相澤眞木・塚原聡編著『民事執行の実務—債権執行編（上）』（きんざい，第4版，2018）375頁。
6）仮に申立てが認容された場合であっても，差押範囲が縮減されるだけであって，請求債権の額に変わりはない。債務者が請求債権の額自体の縮減を求めるためには，家庭裁判所に対し，養育費減額調停等の申立てをすることが必要である。

【資料2‐1】　債務者に対する差押禁止債権の範囲変更の制度の教示書面

表面

債権差押命令を受けた債務者の方へ

| 弁護士等の専門家に相談したい場合は，お近くの弁護士会や法テラス等にお問い合わせください。 |

1　債権差押命令とは

⑴　今回あなたが受領された債権差押命令の当事者の関係は下の図のとおりですから，命令書の「当事者目録」に書いてある名前をそれぞれあてはめて内容を確認してください。

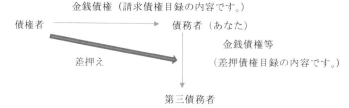

金銭債権（請求債権目録の内容です。）

債権者　　　　　　　　　　　　債務者（あなた）

金銭債権等

差押え　　　　　　　　　　　　（差押債権目録の内容です。）

第三債務者

⑵　債権者は，あなたが金銭を支払わないと主張し，あなたが第三債務者に対して有すると思われる金銭債権等からその回収を図るために，その債権等の差押えを裁判所に申し立てました。そして，裁判所の審査の結果，今回の債権差押命令が出されたため，第三債務者は，あなたに対する金銭の支払を禁止されています。

2　これからの手続

あなたが債権差押命令を受領した後，次のア又はイの期間が経過すると，債権者は，差し押さえた金銭債権を第三債務者から取り立てることができます。債権者が第三債務者から支払を受けると，債権者の金銭債権は，支払を受けた額の限度で弁済されたものとみなされます。

ア　差し押さえられた金銭債権が，①国及び地方公共団体以外の者から生計を維持するために支給を受ける継続的給付に関する債権，②給料，賃金，俸給，退職年金及び賞与並びにこれらの性質を有する給与に関する債権，又は，③退職手当及びその性質を有する給与に関する債権である場合⇒**4週間**

※　ただし，請求債権目録に記載された請求債権に，夫婦間の協力扶助義務，婚姻費用分担義務，養育費支払義務，親族間の扶養義務に関する金銭債権が含まれているときは，**1週間**となります。

※　ただし，債権差押命令正本に記載された申立日が令和2年3月31日までの場合は，**1週間**となります。

イ　差し押さえられた金銭債権が，上記ア以外の金銭債権である場合⇒**1週間**

裏面

3　差押えの範囲の変更（以下「範囲変更」といいます。）について

　裁判所は，申立てにより，あなたと債権者の生活の状況その他の事情を考慮して，差押命令の全部又は一部を取り消す（差押えの範囲を減縮する）ことができます（民事執行法１５３条１項）。また，債権者の申立てにより差押えの範囲が拡張された後に，事情の変更があったときは，裁判所は，申立てにより，差押命令の全部又は一部を取り消すことができます（同条２項）。

　これは，差押えによってあなたの生活に著しい支障が生じる場合（例えば，生活保護費や年金の振込口座が差し押さえられ，生活が成り立たなくなる場合）などに，差押えの範囲を変更（減縮）する制度です。

　あなたが範囲変更の申立てをすると，裁判所は，あなたや債権者から提出された資料をもとに，申立てを認めるかどうかを判断します。したがって，申立てがあれば，必ず範囲変更が認められるわけではありません。なお，範囲変更が認められても，あなたの債務が減るわけではありません。

　範囲変更の申立ての手続は，次のとおりです。

⑴　申立てをする裁判所

　　東京地方裁判所（債権差押命令を発令した裁判所）となります。

⑵　申立時期

　　債権者が，第三債務者から差し押さえた金銭債権の支払を受ける前に，申立てをする必要があります。

⑶　申立てに必要な書類等

　①　申立書（正本１通，副本（債権者の数分））

　　　申立書には，対象となる債権差押命令の事件番号，申立ての趣旨（差押範囲をどのように変更したいのか）及び理由（範囲変更を必要とする事情）を記載してください。

　②　範囲変更を必要とする事情を裏付ける資料（収入・支出がわかる資料等）

　　　それぞれの資料（マイナンバーの記載が無いもの）につき，各コピー１通を併せて提出してください。

　　　なお，裁判所から追加の資料を求められる場合もあります。

　③　郵便切手

〈お問い合わせ先〉　東京地方裁判所民事執行センター（××-××××-××××）

【資料2‐2】　差押範囲変更申立書

差押範囲変更（減縮）申立書

東京地方裁判所民事第２１部　御中

　　　　令和　　　年　　　月　　　日
　　　　　　申立人（債務者）　　　　　　　　　　　　　　　印
　　　　　　　　電話　　　　　　－　　　　　－
　　　　　　　　FAX　　　　　　－　　　　　－

　　　債　権　者
　　　債　務　者

1　申立ての趣旨
　　上記当事者間の御庁令和　　　年（ル）第　　　　　号債権差押命令申立事件
　の第三債務者　　　　　　　　　（　　　　　　　　扱い）に対する債権差押命令
　について,
　　□　差押えを取り消す。
　　□　金　　　　　　　　円を超える部分を取り消す。
　　□　給料・賞与・退職金の差押範囲を各　　　分の　　　に変更する。
　　□　別紙差押債権目録記載の範囲に変更する。
　との裁判を求める。

　　□　本申立てに対する裁判が効力を生ずるまでの間，第三債務者に対し，支払
　　　その他の給付を禁止することを命ずる旨の決定をされたい。
　（該当する□にレ印を記入してください。）
2　申立ての理由
　　_____

添付書類（該当する□にレ印を記入してください。）

□　公的扶助（生活保護・年金等）受給証明書

□　給与明細書（申立前２か月分）

□　源泉徴収票（最新のもの）

□　課税証明書（非課税証明書）（最新のもの）

□　確定申告書（税務署の受領印のある最新のもの）

□　預金・貯金の各通帳のコピー（過去１年分の取引明細が分かるもの）

□　世帯全員及び同居者全員の住民票（申立前３か月以内に取得したもの）

□　陳述書（申立人の印鑑を押したもの）

□　家計表（申立前２か月分）

□　上記の各添付書類のコピー（各２通）

□　申立書副本（申立人の印鑑を押したもの）

【資料2‐3】　陳述書

陳　述　書

令和　　年　　月　　日

申立人　　　　　　　　　　　　　印

1　現在の就業状況（該当する□にレ印を記入してください。）

　　□勤め　　　　□パート・バイト　　　　□自営

　　□無職　　　　□その他（　　　　　　　　　　　　）

就業先（会社名）

_____

地位・業務の内容

_____

2　家族関係等

氏　　名	続柄	年齢	職　　業	同居

＊申立人の家計の収支に関係する範囲で書いてください。

＊続柄は申立人からみた関係を記入します。

＊世帯全員及び同居者全員が記載された住民票を提出してください。

＊同居の有無を○・×で記入してください。

1

3　申立人及び同居者の収入の状況

⑴　公的扶助（生活保護，年金，各種扶助など）の受給

種　類	金　額	開始時期	受給者の氏名
	円／月		

＊受給証明書の原本を提出してください。

＊金額は1か月に換算してください。

⑵　給料・賞与等

種　類	支給額	支給日	収入を得ている者

＊給与所得者の方は申立前2か月分の給与明細書及び最新の源泉徴収票（又は課税証明書）を提出してください。

＊自営業者の方は最新の確定申告書（税務署の受領印のあるもの）を提出してください。

＊収入のない方は非課税証明書を提出してください。

4　現在の住居の状況

ア　申立人が賃借　　イ　親族・同居者が賃借　　ウ　申立人が所有・共有

エ　親族が所有　　　オ　その他（　　　　　　　　　　　　　　　）

＊ア，イの場合は，次のうち該当するものに○印を付けてください。

a　民間賃借　　　b　公営賃借　　　c　社宅・寮・官舎

d　その他（　　　　　　　　　　　　　　　）

2

5　預金・貯金口座の状況

金融機関・支店名	口座の種類	口座番号	残高	生活保護・年金等	差押

＊各通帳の表紙を含め過去1年分の取引明細が分かるように写しを提出してください。

＊生活保護費・年金等の振込口座である場合はその旨を記入してください。

＊差押の有無を○・×で記入してください。

6　預貯金以外の主要な資産の状況（例：自動車，保険，株式，不動産等）

項　　目	金　額（評価額）	備　　考

＊不動産については，評価額欄に固定資産税評価額を記入してください。

7　差押えにより生活に著しい支障が生じる具体的な事情

_____

_____

_____

_____

3

_____

_____

_____

_____

_____

_____

_____

_____

_____

_____

8　その他
（裁判所に連絡したいことがあれば記入してください。）

4

【資料2‐4】　家計表

<table>
<tr><td colspan="4" align="center">家　計　表　（家計を同じくする世帯単位で記入する）</td></tr>
<tr><td colspan="4" align="center">令和　　年　　月分　　（原則 申立前2か月分の提出が必要）</td></tr>
<tr><td colspan="2" align="center">科　目　※</td><td align="center">金　額</td><td align="center">内容説明・必要書類　　　※</td></tr>
<tr><td rowspan="14" align="center">収　入</td><td>給与(申立人)</td><td></td><td align="right">□給与明細</td></tr>
<tr><td>給与(　　　　　　　　　)</td><td></td><td></td></tr>
<tr><td>生活保護(申立人)</td><td></td><td align="right">□受給証明</td></tr>
<tr><td>失業保険(申立人)</td><td></td><td align="right">□受給証明</td></tr>
<tr><td>失業保険(　　　　　　　)</td><td></td><td></td></tr>
<tr><td>年金(申立人)</td><td></td><td align="right">□受給証明</td></tr>
<tr><td>年金(　　　　　　　　　)</td><td></td><td></td></tr>
<tr><td>その他の公的給付(　　　　)</td><td></td><td>(公的給付の種類　　　　　　　) ※</td></tr>
<tr><td>援助者からの援助</td><td></td><td>(援助者氏名　　　　　　　　)</td></tr>
<tr><td>サラ金等からの借入れ(借金)</td><td></td><td>(借入目的　　　　　　　　　)</td></tr>
<tr><td>その他</td><td></td><td>(内容　　　　　　　　　　　)</td></tr>
<tr><td></td><td></td><td>(内容　　　　　　　　　　　)</td></tr>
<tr><td></td><td></td><td>(内容　　　　　　　　　　　)</td></tr>
<tr><td align="center">合　　　計</td><td></td><td></td></tr>
<tr><td rowspan="21" align="center">支　出</td><td>住宅費(家賃・地代)</td><td></td><td align="right">□賃貸借契約書</td></tr>
<tr><td>駐車場代</td><td></td><td></td></tr>
<tr><td>食費</td><td></td><td></td></tr>
<tr><td>被服(衣料)費</td><td></td><td></td></tr>
<tr><td>水道・電気・ガス料金</td><td></td><td></td></tr>
<tr><td>交通費(ガソリン代を含む)</td><td></td><td></td></tr>
<tr><td>電話料金</td><td></td><td></td></tr>
<tr><td>教育費</td><td></td><td></td></tr>
<tr><td>医療費</td><td></td><td></td></tr>
<tr><td>交際費</td><td></td><td></td></tr>
<tr><td>保険料</td><td></td><td>(保険の種類　　　　　)□保険証書</td></tr>
<tr><td>養育費その他の送金</td><td></td><td>(送金先・送金目的　　　　　　)</td></tr>
<tr><td>借金の返済</td><td></td><td>(返済先　　　　　　　　　　)</td></tr>
<tr><td>家族のローン返済(住宅ローンを含む)</td><td></td><td>(内容　　　　　　　　　　　)</td></tr>
<tr><td>その他</td><td></td><td>(内容　　　　　　　　　　　)</td></tr>
<tr><td></td><td></td><td>(内容　　　　　　　　　　　)</td></tr>
<tr><td></td><td></td><td>(内容　　　　　　　　　　　)</td></tr>
<tr><td></td><td></td><td>(内容　　　　　　　　　　　)</td></tr>
<tr><td align="center">合　　　計</td><td></td><td></td></tr>
</table>

※　科目欄の(　　)内には収入・給付を受けている者の氏名を記載する。
※　提出書類の□にレを入れる。
※　申立人が「その他の公的給付」を受けている場合には受給証明を提出する。

第3

債権執行における弁護士実務への影響

弁護士 阿 多 博 文

1 はじめに

　本稿では，民事執行法改正のうち債権執行に関する項目，具体的には①財産開示手続の見直し，②債務者以外の第三者からの情報取得手続の新設，③差押禁止債権をめぐる規律の見直しの3項目における弁護士実務への影響について取り上げる（改正法全体は，東京地方裁判所民事執行センターの裁判官ら執筆の論考を参照されたい。）[1]。

　令和元年5月17日に「民事執行法及び国際的な子の奪取の民事上の側面に関する条約の実施に関する法律の一部を改正する法律」（令和元年法律第2号）が公布され，同年11月27日に民事執行規則等の一部を改正する規則（最高裁判所規則第5号），同年12月18日に施行日政令も公布された。現在，令和2年4月1日の施行に向けて準備が進められている（法律及び規則の各附則1条参照。ただし，登記所から債務者の不動産に関する情報を取得する手続は，公布の日から2年を超えない範囲で先送りされている（法律附則5条）。）。そこで，現時点で判明している情報を基に弁護士実務への影響について概説したい。ところで，債権執行事件では，弁護士は債権者側又は債務者側（時折

第三者・第三債務者の）代理人として処理に携わるが，①財産開示手続の見直し及び②債務者以外の第三者からの情報取得手続の新設は専ら債権者側に関係し，他方，③差押禁止債権をめぐる規律の見直しは主として債務者側に関係するので，①，②は債権者の立場で，③は債務者の立場で説明する。論述の順序は，現在の実務状況及び問題点を紹介した上で，改正内容を説明する形式を採り，改正条文を反映した法律，規則を「改正法」，「改正規則」と頭書きして表記し，改正前の条文を引用する場合は「現行法」，「現行規則」と頭書きを付し，また，改正の対象外である条文を引用する場合には「法」「規則」と各々表記する。

2 「第4章　債務者の財産状況の調査」という章立て

(1) 財産開示手続の見直しと情報取得手続の新設

　債権執行では，執行対象となる債務者財産の特定は債権者の責任と位置付けられているものの，情報の匿名化・秘匿化が進む社会において，債権者が独自に債務者はどこにどのような財産を有しているかといっ

た債務者財産に関する情報を入手すること
は困難である。そこで，平成15年改正では，
債権者の申立てにより裁判所が債務者に財
産開示を命ずる財産開示手続を創設した。
しかし，財産開示手続の利用実績は施行当
初（平成16年4月1日）から年間1000件前
後と低調で（平成26年以降は年間1000件を下
回り，平成30年は578件にとどまる。）[2]，債務
者財産の開示制度の実効性を向上させる必
要があると指摘されていた。

改正法は，債務者財産の開示制度の実効
性の向上策として，①財産開示手続を見直
し強化するとともに，②第三者からの情報
取得手続を新設し，その上で，「第4章」
の見出しを「財産開示手続」から「債務者
の財産状況の調査」に改めた。

(2)　財産開示手続の見直し

ア　現行財産開示手続の運用

実務では，財産開示手続の実施決定が確
定した場合に（法197条6項），財産開示期
日は1か月後，財産目録提出期限は期日の
10日前を目安に指定する運用である（法
198条1項，規則183条）。開示義務者が法人
の場合は，代表者が出頭しなければならず
（法199条1項，198条2項2号），代理人弁護
士，財務責任者等の出頭で代替することは
できない。財産目録には，債権者が差押え
をするために必要な特定事項として，預貯
金の金融機関名・支店名の記載が必要であ
り，売掛金・貸付金・敷金等の債権は，第
三債務者の名称・所在地・金額・支払方法
等の記載が必要である。更に，動産目録で
は，所在場所ごとに，主要な品目，数量及
び価格（他から購入した動産については購入
時期及び購入価格を含む。）を明示すること
が必要であり（法199条2項，規則182条2

項），不動産目録も差押えの特定に必要な
情報が記載されている[3]。

このように財産開示手続は，債務者の全
ての財産情報を開示させることを予定して
いるが（債務名義額に限定されない。ただし，
法200条参照），他面，プライバシー等への
配慮から，①債務名義の種類を確定判決等
に限定し（現行法197条1項本文），②実施
決定は，強制執行が不奏功に終わるか（同
項1号），これに類する状況であること（同
項2号）を要件としていた。申立費用は
2000円である（民訴費用法3条別表第一第11
の2イ）。

イ　申立権者の範囲の拡大

上記②の制約は2号要件の運用で改善さ
れつつあるが[4]，①について，改正法は，
執行力のある債務名義に対する限定を廃止
した（現行法197条1項本文括弧書の削除）。
したがって，仮執行宣言付判決等，執行証
書，確定した支払督促（法22条各号）や金
銭の支払を命ずる仮処分命令（民事保全法
52条2項等）という有名義債権でも申立て
が可能となった[5]。

ウ　刑罰の導入

現行法では，罰則として開示義務者の不
出頭や虚偽陳述に対しては30万円以下の過
料が課されていたが（現行法206条1項1
号・2号），実際の開示状況，不出頭率等
に鑑み[6]実効性の向上のため罰則を強化し，
正当な理由なく出頭しなかったり，虚偽陳
述した者等には刑事罰（6か月以下の懲役
又は50万円以下の罰金）が科せられること
になった（改正法213条5号・6号）。自由
刑も定められたので，今後の運用如何に
よっては財産開示手続の実効性は期待でき
よう[7]。

なお，裁判所は告発義務を負わないと解されるので（刑訴法239条2項参照），債権者（代理人）において対応することになるが，裁判所の呼出状とは別に債権者（代理人）が出頭を求める通告を発する場合には，その文面の表現等に配慮が必要となる。

(3) 第三者からの情報取得手続の新設

ア 制度の概要

弁護士は，弁護士法23条の2に基づき，弁護士会が官公庁や企業等の団体に対して必要事項を調査・照会する弁護士会照会制度による情報取得が可能であるが，執行裁判所が債務者以外の第三者に対して債務者財産に関する情報提供命令を発し，この命令を受けた第三者が執行裁判所に当該情報を提供するという手続が設けられた（改正法204条以下）。したがって，有名義債権者である限り，民事執行手続内で第三者から情報を取得できる。なお，民事訴訟法上の調査嘱託（民訴法186条，151条1項6号，132条の4第1項・2項）とは情報取得の形態が異なり，文書提出命令（民訴法223条）に近い手続である。

イ 第三者と対象情報の範囲

情報提供の正当化の可否（法的障害の有無），提供者の提供の容易性，提供者の負担の程度等を考慮して，提供者と情報を類型的に抽出し，実現可能性の高い第三者と対象情報に範囲を限定した（将来的には拡大の可能性がある。）。具体的には次の3つの機関からの情報取得を予定している。情報提供義務者の確実性・信頼性から非提供や誤報に対する制裁は定めていない。以下，弁護士実務の便宜から条文とは異なる順序で説明する。

第三者	対象情報
銀行等（銀行，信金，労金，信組，農協等），振替機関等（証券保管振替機構，日本銀行，証券会社等）	預貯金債権や上場株式，国債等に関する情報（改正法207条）
市町村・日本年金機構等	勤務先に関する情報（改正法206条）
登記所	土地・建物に関する情報（改正法205条）

(4) 金融機関からの情報取得手続

ア 概要

民間機関からの情報取得として，銀行等や振替機関等（以下「金融機関」という。）に限定した情報取得手続を導入した（改正法207条）。金融機関には外国銀行の国内支店は含まれるが，国内に本店を持つ金融機関の国外支店における情報は，それぞれの金融機関の管理の実情による。

情報の範囲は，預貯金債権や上場株式，国債等に関する情報であって，差押えに必要な情報である（改正規則191条1項・2項）。銀行等から取得する情報には「店舗」も含まれるので（同条1項），いわゆる全店照会が可能となる。他方，金融機関が独自に収集した債務者の資産・与信情報は対象外である。更に，生命保険契約・損害保険契約の解約返戻金請求権等，仕組債のようなデリバティブ取引に基づく権利に関する情報も対象外とされた[8]。

イ 手続と費用

情報取得手続の執行開始要件及び実施要件は財産開示手続と同じである（改正法207条1項柱書）。そのため，金融機関から情報を取得するためには不奏功等要件（法

197条1項1号又は2号）の充足を疎明する資料（債務者が持ち家か否か，持ち家であれば担保割れしているか否か等）を提供しなければならない。

申立手数料は1個の申立てにつき1000円であるが（改正民訴費用法3条別表第一第16イ），金融機関は情報を提供した場合，執行裁判所に報酬及び必要な費用として2000円を請求でき（同法28条の3，改正民事訴訟費用等に関する規則8条の3。なお，同一金融機関であっても，預貯金情報と振替社債情報を提供する場合の報酬は2000円×2を予定している。），債権者は申立時に予納が求められる。

ウ　留意点

申立てに際し，債務者の氏名又は名称について，できる限り「振り仮名，生年月日及び性別その他の債務者の特定に資する事項」の記載を必要とし（改正規則187条2項），添付書類として住民票が必要となる。金融機関が情報提供の対象とする「債務者」を覚知するための便宜である。金融機関が把握する債務者に関する情報と債務名義に表示された債務者に関する氏名，名称及び住所に関する情報は必ずしも一致するとは限らない。むしろ，金融機関は，振り仮名，住所及び生年月日という3つの情報で個人を特定することが多いことから，情報取得の確実性を高めるには債務名義上に表示されていない債務者に関する情報を金融機関に提供することを目的とする。

債務者によって改姓の可能性もあるので，旧姓に係る情報の提供も検討する必要がある。実務としては，金融機関からの情報取得手続の申立ての際に，上記情報を提供するため戸籍や戸籍の附票の添付を検討する

ことになる。

エ　金融機関からの情報提供

金融機関は情報提供書（回答）を執行裁判所に送付し，執行裁判所が債権者にその写しを送付することが原則であるが（改正法208条2項），実務上は，金融機関から債権者に情報提供書（写し）が直送されることも想定されている（改正規則192条1項・2項）。金融機関に対する情報提供命令は，執行逃れを防止するため債務者への事前通知は予定されていない（改正規則188条参照）。後日執行裁判所から債務者へ通知が届く（改正法208条2項）。債権者の債権執行の準備と債務者の利益（記録の閲覧謄写を行う機会の確保等）に配慮して，金融機関からの最後の情報提供書面の到着から，債務者に対する通知書送付までの間に1か月ほどの期間を空けることが予定されている。

オ　手続の選択

弁護士としては，財産開示手続と金融機関からの情報取得手続，さらには，弁護士会照会のいずれを選択するのか悩ましい（更には，債務名義を割り付けた探索的債権差押命令の申立ても選択肢に残る。）。財産開示手続と情報取得手続は実施要件を充たす必要があるが，弁護士会照会では不奏功等要件ほど厳格な要件は課されていない。また，弁護士会照会は債務者に照会の告知は予定していない。次に，財産開示手続と情報取得手続では，事前告知の要否に差異がある。財産開示手続は開示義務者に決定を通知し実施決定が確定してから期日を指定することから，実施期日まで約1か月半を要するため，預金等を含め資産が隠匿されるリスクがある（財産開示命令には処分禁止効はない。）。他方，財産開示手続は，適

切に開示される限り情報量は豊富である。有名義債権者はこれら事情を考慮して手続（の先後を含め）選択することになる。

(5)　市町村等からの情報取得手続

ア　概　要

公的機関から債務者の勤務先情報を取得する手続を新設した（改正法206条）。名宛人は，市町村民税（特別区民税を含む。以下同じ。）や厚生年金保険に係る事務を行う公的機関で，第三債務者である給与等支払者ではない。提供される情報は，給与等の差押えに必要な情報，すなわち給与，報酬等の支払をする者の存否及びその者の氏名又は名称及び住所（その者が国である場合は，債務者の所属する部局の名称及び所在地）である（改正規則190条1項）。

なお，情報の内容には留意が必要である。改正法206条1項1号は市町村（特別区を含む。以下同じ。）を，同項2号は厚生年金保険の実施機関等を情報取得の対象機関として定めているが，これら公的機関は，市町村民税や厚生年金保険に係る事務を行うために必要な情報として，債務者の勤務先情報を保有しているが，それぞれの事務の違いにより提供される情報に時間差がある。市町村が保有する勤務先情報は，給与支払者から毎年1月に提出される給与支払報告書（地方税法317条の6第1項）等により得られるものなので，情報提供段階で債務者が退職，異動している可能性がある。他方，厚生年金保険の実施機関等のうち日本年金機構，国家公務員共済組合，国家公務員共済組合連合会，地方公務員共済組合，全国市町村職員共済組合連合会，日本私立学校振興・共済事業団の各機関は被保険者情報を管理しているにとどまり，債務者に対す

る厚生年金保険の実施事務を行っていない。そのため，債務者情報を管理していない機関に情報提供を求めたとしても，債務者の勤務先情報を得ることはできず，また，債務者が厚生年金保険に加入していなければ，いずれの機関からも勤務先情報を得ることはできない。

したがって，勤務先情報取得手続の申立てに際しては，各公的機関が保有している情報の違いを踏まえた上で公的機関を選択する必要がある（複数の公的機関を同時に選択することも考えられる。）[9]。

イ　申立権者

情報取得の要件は厳格である。申立権者は，養育費等の債権（法151条の2第1項各号）[10]や生命・身体の侵害による損害賠償請求権（民法167条参照）に関する有名義債権者に限定される（改正法206条1項柱書）。債務名義が和解調書，調停調書や執行証書であれば，給付条項の内容として債権の属性が明確にされている必要がある。養育費等の履行の確保は子の利益の確保の観点から重要な課題であり，強制執行の場面において，継続的かつ安定的にその取立てをすることが期待できる給与に係る債権をその対象とする必要性が特に高い。また，犯罪被害者等の保護の観点から，生命・身体の侵害による損害賠償請求権の履行確保の必要性が強く指摘されている。それら高度の必要性と債務者のプライバシーへの配慮，個人情報の目的外使用の正当性等の調整の結果である。なお，債務者（加害者）の行為により債権者がPTSDを発症するなど精神的機能の障害による損害賠償請求権も「身体の侵害による損害賠償請求権」に含まれると解されている[11]。

ウ　手続

情報取得の手続もプライバシーへの配慮，個人情報の目的外使用の正当性等の理由から慎重で，①財産開示手続を前置し，財産開示手続では目的を達することができない場合に限定している（改正法205条2項，206条2項）[12]。財産開示手続の前置は，他の債権者の申立てによる実施であっても「財産開示期日から3年以内」（法197条3項参照）であれば代替できるが，その旨を証する書面の添付が必要になる（改正規則187条3項）。手続としては，債務名義の正本等により利害関係を疎明し，債務者に係る財産開示事件の記録一式の閲覧謄写を請求するか，又は債務者の住所地を管轄する執行裁判所の書記官に債務者に係る財産開示手続が実施されたことの証明書の交付を請求し（法17条），これを添付することになる。

②　情報取得手続の執行開始要件及び実施要件は財産開示手続と同じである（改正法206条1項柱書）。

③　財産開示手続（法197条6項）同様，市町村等に対する情報提供命令は確定が必要であり，債務者に決定が送達され，債務者は執行抗告をする機会が与えられる（改正法205条3項ないし5項，206条2項）。なお，公的機関からの情報取得であり，申立費用以外の手数料はかからない。

エ　目的外利用の制限

改正法210条は，第三者からの情報取得手続において得られた債務者財産に関する情報を当該債務者に対する債権をその本旨に従って行使する目的以外の目的のために利用し，又は提供してはならないと定める。違反者には罰則規定もある（改正法214条2項）。最終的には個別具体的な事案に応じて裁判所の判断に委ねられるべき事項であるが，養育費等の債権に基づき勤務先情報を取得した有名義債権者が当該情報を利用して債権差押えを申し立てるに際して，他の有名義債権（例えば，慰謝料請求権等）を請求債権に追加したり，差押え後，別の一般債権を被保全債権とする仮差押命令を申し立てたりすることが制限されるとは解すべきではない。

(6)　登記所からの情報取得手続

ア　概要

登記所から土地・建物に関する情報を取得する手続も創設した（改正法205条）。いわゆる名寄せが可能となる。提供される情報は土地等を特定するに足りる事項である（改正規則189条）。勤務先に関する情報取得手続のように債務名義に表示される債権の属性に制限はないが，それ以外の手続はこれに準ずる。

イ　施行日

登記所の不動産に係る情報管理体制に整備を要することから，施行時期は1年ほど後ろ倒しを予定している（附則5条）。

3　差押禁止債権の範囲変更

(1)　現行の制度の概要と改正の必要性

ア　現行制度の仕組み

債権執行における差押債権者と債務者の利益調整には，①発令段階での斉一な規制と，②発令後の執行裁判所による個別的裁量的変更があり得るが，給与等に対する債権執行は，給与等が債務者及びその家族の生計を維持するための基本的手段であることから，①対象債権の種類と禁止範囲の法定（法152条）を基本としつつ，②執行裁

判所による裁量的変更（法153条）により再調整という仕組みを採用している。

①の発令段階での斉一な規制として，給与等に係る債権に対する強制執行は「支払期に受けるべき給付」の4分の3に相当する部分は差押えが禁止されるが（法152条1項柱書），「標準的な世帯の必要生計費を勘案して政令で定める額」（月払の場合33万円）を超える部分は，差押禁止が解除される（法152条1項括弧書）。

ただし，債権者が扶養料請求権等に基づき債権執行を申し立てる場合には（法151条の2第1項各号），差押禁止の範囲は債権者が請求する扶養等を受けるべき者の必要生計費が含まれているはずであることを理論的根拠として，差押禁止の範囲を「支払期に受けるべき給付」の2分の1に相当する部分に縮減する（法152条3項）[13]。

②の裁量的変更には，債務者による執行裁判所への申立てが必要である（法153条1項）。時期の制限はないが，差押債権者による取立完了後や転付命令確定後には範囲変更の余地はないことから，債務者は取立開始や転付命令確定までの間に変更の申立てをする必要がある（申立て後は暫定的な仮の支払禁止命令（法153条3項）等で対処される。）。

イ　改正の必要性

現行法の調整の仕組みには，比較的少額の給与等に対する債権差押事案でも機能していないとの指摘があり，一部の裁判所による実情調査でも，比較的少額の給与等に対する債権差押事案が一定数存在するにもかかわらず，そのような事案でも債務者から差押命令の取消しの申立てがされることがほとんどないという結果が示された[14][15]。

申立てがない原因としては，①比較的少額の給与等で生活している債務者は法的知識に乏しい者が多数含まれ，制度の存在が十分に認知されていないとの指摘，②債権執行事件で，債務者が送達日から1週間で取立てが可能とされるが（現行法155条1項），その間に申立てをすることは事実上困難であるとの指摘がされていた。そこで，改正法は，上記(1)ア②の執行裁判所による裁量的変更（法153条）の実効性を高めることを意図した改正が盛り込まれた[16]。

(2)　改正法の概要

ア　取立権発生時期等の後ろ倒し

給与等の債権又は退職金等の債権（法152条1項・2項）に対する取立権の発生時期等を1週間から4週間へ後ろ倒しにした。具体的には，①差押命令については，取立可能日を債務者への送達日から4週間を経過したときとし（改正法155条2項），②転付命令及び譲渡命令等の効力は，確定し，かつ，債務者に差押命令が送達された日から4週間を経過するまで生じないものとし（改正法159条6項，161条5項），③配当等も債務者に差押命令が送達された日から4週間を経過するまで実施してはならないとした（改正法166条3項）。

もっとも請求債権に扶養義務に係る債権（法151条の2第1項各号）が含まれる場合（配当等にあっては，差押債権者の1人の請求債権に含まれていれば足りる。）には，その権利実現が債権者の生活維持に不可欠で，速やかに執行する必要があるから，取立権の発生時期等を後ろ倒しにする必要がないものとされた（改正法155条2項括弧書）。

なお，施行日前に申し立てられた事件は従前の例による旨が定められており（附則

３条１項・３項・４項），改正法施行後は申立日によって差押債権又は請求債権の種類によって取立権の発生時期が異なることになる。第三債務者は具体的な申立日を当然には知り得ないので，執行裁判所は第三債務者に取立権の発生時期について適切に教示することが必要となる。

　　イ　手続の教示

　債務者に変更の申立てを周知し，申立て の機会を実質的に保証するため，裁判所書記官は，差押命令を送達するに際し，債務者に対し書面で差押命令の取消しの申立てに係る手続の内容を教示することになった（改正法145条４項，改正規則133条の２）。

　この教示の対象は，給与等の債権に対する執行事件だけではなく，債権執行事件全般の債務者である。

注

１）本誌特集のほか，近時の論考として，内野宗揮「民事執行法及び国際的な子の奪取の民事上の側面に関する条約の実施に関する法律の一部を改正する法律の概要」本誌22号58頁，内野宗揮ほか「民事執行法等の改正の要点(1)〜⑤」金法2118号36頁，2120号19頁，2122号36頁，2124号32頁，2126号31頁，特集「民事執行法制の見直し」法律のひろば72巻９号４頁以下がある。

２）各年度における司法統計・民事・行政「第４表　民事・行政事件数―事件の種類及び新受，既済，未済―全地方裁判所及び地方裁判所別」・「財産開示」に係る全国総数・新受欄（http://www.courts.go.jp/app/files/toukei/488/010488.pdf）参照。

３）現在の実務の状況については，竹田光広「財産開示に関する問題」（竹田光広編著『民事執行実務の論点』（商事法務，2017）204頁，相澤眞木＝塚原聡編著「財産開示手続の申立て」『民事執行の実務［第４版］』（きんざい，2018）333頁，同「財産開示期日における手続と過料」同345頁。また，情報提供サイトとして，東京地方裁判所・民事21部（民事執行センター・インフォメーション21）・財産開示手続（http://www.courts.go.jp/tokyo/saiban/minzi_section21/zaisankaizi/index.html）参照。

４）①「先に実施した強制執行の不奏功等の要件」についても削除を含めた改正が検討されたが，現行法197条１項２号の要件に関する現在の実務の運用状況を踏まえ，様子を見ることになった。その経緯について，内野ほか・前掲注１）金法2118号42頁参照。

５）仮処分命令に基づく財産開示手続を申し立てる場合には，仮処分は債権者に送達された日から２週間を経過したときは保全執行ができないこと（民事保全法43条２項），財産開示手続は準備行為であって処分禁止効は認められていない（期限到来分の支払を止めることができない）ことに留意する必要がある。具体的対応は，内野ほか・前掲注１）金法2118号40頁注13参照。

６）平成29年における財産開示手続の既済件数681件のうち，実際に債務者の財産情報が開示された件数は253件（既済件数の約37％）にとどまり，開示義務者の不出頭等によりその財産情報が開示されなかった件数は269件（既済件数の約40％）である（内野ほか・前掲注１）2118号38頁）。

７）これまでの実務でも，債務者が最初の呼出しに応じない場合だけで過料上申を申し出るのではなく，裁判所は再度の呼出しを行い，それでも応じない場合に過料上申を行う等をしていた。

８）生命保険契約等の解約返戻金請求権が除外された経緯については，内野ほか・前掲注１）金法2120号26頁注５参照。

９）内野ほか・前掲注１）金法2120号22頁。

10）具体的には，民法752条の規定による夫婦間の協力及び扶助の義務，同法760条の規定による婚姻から生ずる費用の分担の義務，同法766条等の規定による子の監護に関する義務，同法877条から880条までの規定による扶養の義務に係る請求権を有する者である。

11）内野ほか・前掲注１）金法2120号24頁。

12）給与債権（勤務先）に関する情報取得手続や土地・建物に関する情報取得手続は，財産開示手続の前置を要件としているが，改正前の実務では，財産開示手続は開示義務者の出頭を前提とする手続である以上，公示送達の規定は適用されないと解されていた（相澤ほか・前掲注３）334頁）。しかし，改正法は，財産開示手続を他の手続の前置要件と位置付ける以上，公示送達により実施決定を送達し，財産開示期日を指定せざるを得ないと解する。

13）法制審議会民事執行法部会では，差押禁止最低限度額の導入を求めて議論がされたが，導入は実現しなかった。差押禁止最低限度額（国税徴収法76条１項４号，国税徴収法施行令34条参照）の定めのないことの不当性については，中野貞一郎＝下村正明『民事執行法』（青林書院，2016）675頁。
　法制審議会民事執行法部会の状況については，前掲注１）谷藤一弥「債権執行事件の終了・差押禁止債権をめぐる規律の見直し」法律のひろば72巻９号48頁，拙著「債権執行事件の終了・差押禁止債権をめぐる規律の見直し」

　　自由と正義70巻12号33頁参照。
14）東京地裁及び大阪地裁において，特定の２週間（平成30年５月７日から同月18日まで）の給与債権の差押えの実情を調査した。東京地裁では，第三債務者による陳述書が返送されてきた117件のうち，給与債権が存在したものが65件，うち給与の額が10万円以下のものが７件であった。大阪地裁では，給与債権が存在したもの50件のうち，給与の額が10万円以下のものが４件あった（法制審議会第19回議事録（PDF版56頁））。
15）東京地裁では，平成29年の１年間に差押禁止範囲変更の申立てがされた事例は16件しかなく，うち法152条１項各号の債権（給与等債権）の差押えに対して範囲変更の申立てがされたものは５件のみである。その５件の終了事由は，取下げが１件，却下が４件で，申立てが認められた事例は１件もなかった。却下４件の事由は，請求債権が扶養義務等に係る債権のものが２件，他の２件は差押後の手取額が20万円以上というものであった（法制審議会第18回議事録（PDF版54頁））。
16）法制審議会民事執行法部会では，日弁連関係の委員・幹事は，改正実現事項を含め，多数の改正提案を試みた。①給与等差押禁止債権が振込み入金された預金の差押禁止（差押禁止口座の創設，差押命令の取消し），②法定の差押禁止（法152条）に最低限度額の創設（当該金額に満たない部分の全額の差押禁止。国税徴収法76条柱書，同条４号，国税徴収法施行令34条参照），③裁量的変更（法153条）に家族数に応じた差押禁止範囲の拡張等である。しかしながら，システム構築費用の負担，モラルハザードの低下，複数勤務先からの給与への対応等の問題や議論の時間的制約もあり，採用されなかった。

東京地方裁判所執行官による子の引渡しの強制執行の実務運用について

東京地方裁判所判事　渡　邉　隆　浩

東京地方裁判所執行官　片　山　真　一

1　はじめに

　今般，民事執行法及び国際的な子の奪取の民事上の側面に関する条約の実施に関する法律の一部を改正する法律（令和元年法律第2号。以下「改正法」という。）により，我が国で初めて，国内における子の引渡しの強制執行（以下「子の引渡執行」という。）に関する固有の規定が民事執行法に設けられた。

　本稿では，国内の子の引渡執行に関する従前の実務運用について振り返った上で，改正法のうち子の引渡執行に関する部分の概要や本改正が実務運用に及ぼす影響等について述べていきたい。

　なお，本稿中の意見にわたる部分に関しては，筆者らの個人的な見解にすぎないことをあらかじめお断りしておく。

2　国内の子の引渡執行に関する従前の実務運用の変遷

(1)　間接強制から直接強制へ

　過去には子の引渡しの強制的な実現の方法として人身保護請求が多用されていた時期もあったが，最三小判平成5年10月19日民集47巻8号5099頁により，共同親権者間の子の引渡しに関する人身保護請求の妥当範囲が狭く限定された結果，夫婦間の子の引渡しをめぐる紛争の主たる解決手段は，家庭裁判所の家事事件手続へ移行していった。これを契機として，執行実務の側においては，家庭裁判所における子の引渡しの判断（家事審判，審判前の保全処分）を強制執行手続でどのように実現すべきかという問題が大きく顕在化することとなった。

　改正前の民事執行法には子の引渡しの強制執行に関する明文の規定はなく，どのような執行方法が許されるかについては，間接強制のみが許されるとする見解（間接強制説），直接強制が可能であるとする見解（直接強制説），意思能力のない子に対してのみ直接強制を認める見解（折衷説）等が主張されていた。かつての執行実務は間接強制説に立ち，子の引渡しの直接強制が申し立てられた場合にはこれを却下する扱いがみられたが，東京地方裁判所の執行実務においては，平成16年頃から一定の要件の下で直接強制を認める運用が広がりを見せるようになり，次第にこれが主流となった。

このような実務運用は，動産の引渡しの強制執行について定めた民事執行法169条の類推適用を法的根拠とし[1]，執行官を執行機関とするものである。

(2)　ハーグ条約実施法に準拠した実務運用

ア　ハーグ条約の締結とハーグ条約実施法の施行

我が国は，平成26年に「国際的な子の奪取の民事上の側面に関する条約」（ハーグ条約）を締結し，同年４月１日から，同条約が我が国において発効するとともに，ハーグ条約実施法が施行された[2]。ハーグ条約実施法では，子の返還の強制執行に関する規定が民事執行法の特則として定められ，具体的には，間接強制及び子の返還の代替執行の手続が設けられた。

子の返還の代替執行においては，子の返還の実現には，子の返還を命じられた者（債務者）による監護から子を解放し，返還の実施が可能な状態にした上で（解放実施），子を常居所地国に連れて行く等の方法で現実に常居所地国に返還すること（返還実施）が必要であるとの整理を前提に，このうちの解放実施をする者については常に執行官を指定すべきものとされた（改正前のハーグ条約実施法138条）。その上で，解放実施における執行官の権限内容や実施条件等が明文で規定されるに至った（同法140条）。

その中でも実務上特に重要な意味をもったのは，子が債務者と共にいることが解放実施の要件とされたことであり（同条３項），いわゆる「同時存在の原則」と呼ばれるものである。このような規律が設けられたのは，債務者にできる限り自発的に子の監護を解かせ，常居所地国への移動に必要となる準備等を含めて債務者の協力を得た上で返還を実施することが子の利益にかなうと考えられたこと，債務者不在の場で子を連れ出すことを認めると，子が事態を飲み込めず，恐怖や混乱を感じることが想定されること等が理由であるとされている[3]。

イ　ハーグ条約実施法に準拠した国内の子の引渡執行

国内の子の引渡執行が直接強制の考え方によっていたのに対し，ハーグ条約実施法では代替執行の仕組みが採用され，両者は手続の形式としては異なるものである。しかし，執行官が債務者に監護されている子を解放し，しかるべき者に引き渡すという点では同じ範疇に属し，その際に執行官が子の福祉の観点から配慮すべき点も基本的には同様であると考えられた。そのため，同法の施行後は，国内における子の引渡執行の運用もできるだけハーグ条約実施法上の規律に準拠して行うのが相当であると考えられるようになった。

ハーグ条約実施法において，子に与える心理的負担への配慮等の観点から，解放実施を行う執行官の権限が明文をもって規定されたことは，法的には重要な意義を有するが，もとより国内の子の引渡執行も，ハーグ条約実施法制定前から，子の心身に与える影響等を十分に考慮して実施していたものであり，この側面では従前の実務運用に大きな変化をもたらしたわけではない。例えば，改正前のハーグ条約実施法140条１項柱書では，解放実施においては債務者に対する説得が原則であることが示されているが，従前の国内の子の引渡執行においても，説得を基本としつつ，有形力の行使

はできる限り控える運用がされていたところである。[4)]

他方で，新たに設けられた同時存在の原則等の規律は，従前の実務運用に少なからぬ影響を及ぼした。これらの規律への準拠が執行の実施条件をより限定する方向に作用したことは否めず，執行完了率が低下する傾向がみられた。

⑶　本改正法による規律の明確化

以上のとおり，ハーグ条約実施法は，国内の子の引渡執行に対しても，同法に準拠するという形で一定の規範性を与えることとなったが，それは飽くまで実務運用のレベルでの取扱いにすぎず，むしろ，国内の子の引渡執行についての明文規定を整備すべき必要性をより強く意識させることになった。このような状況の下，改正法により，民事執行法に国内の子の引渡執行に関する明文の規定が設けられ，規律が明確化されるに至った。

３　本改正法に基づく国内の子の引渡執行

⑴　手続の概要

法174条１項は，子の引渡しの強制執行は，直接的な強制執行の方法，すなわち「執行裁判所が決定により執行官に子の引渡しを実施させる方法」（同項１号）と間接強制の方法（同項２号）のいずれかにより行う旨を定めている。執行機関は，いずれも執行裁判所である。

この直接的な強制執行の方法は，ハーグ条約実施法が定める子の返還の代替執行の手続を参考としたものであり，同法134条１項のように民事執行法171条の規定によるものとはしていないため，代替執行そのものではないがその規定を準用していることから（法174条５項），代替執行に類似する性質の執行方法であると理解することができる。[5)] その手続の概要は，以下のとおりである。

ア　管　轄

代替執行の管轄の規定（法171条２項）が準用されており（法174条５項），具体的には，債務名義の区分に応じ，確定判決，審判等の裁判に基づく申立てについては第１審裁判所が，和解又は調停に基づく申立てについては当該和解等が成立した地方裁判所又は家庭裁判所（上級審で成立した和解又は調停に基づく申立てについては第１審裁判所）が管轄する。

従来，子の引渡執行の申立ては，家庭裁判所における家事審判又は審判前の保全処分に基づくものが大半であったが，これらに基づいて子の引渡しの直接的な強制執行の申立てをする場合は，当該家事審判又は審判前の保全処分をした家庭裁判所が法174条１項１号の規定による決定をする執行裁判所となる。

イ　申立て

子の引渡しの直接的な強制執行の申立ては，㈠間接強制決定が確定した日から２週間を経過したとき（当該決定において定められた債務を履行すべき一定の期間の経過がこれより後である場合にあっては，その期間を経過したとき），㈡間接強制を実施しても，債務者が子の監護を解く見込みがあるとは認められないとき，㈢子の急迫の危険を防止するため直ちに強制執行をする必要があるときのいずれかに該当するときでなければすることができない（法174条２項）。ど

のような場合が(イ)又は(ウ)に当たるかは，執行裁判所によって個別の事案ごとに具体的な事情を踏まえて判断されることとなるが，一般論としては，(イ)に当たる場合としては，例えば，債務名義を得た債権者が，債務者との間で，任意での引渡しを求める交渉をした際などに，債務者が，たとえ裁判所から間接強制金の支払を命じられたとしても，絶対に引渡しには応じない旨を述べたり，債権者からの連絡に一切応じず無視し続けるといった態度を示したりして，子の引渡しに応じない意思を明確にしているような場合等が考えられる。また，(ウ)に当たる場合としては，例えば，債務者が子を虐待している場合や，債務者が強制執行から逃れようとして，住居を定めず子を連れて転々とするなど，子の生命又は身体の安全等に反する不適切な監護をするおそれがあることが推認される場合等が考えられる[6]。

　子の引渡しの直接的な強制執行の申立書には，規則21条1号，2号及び5号に掲げる事項のほか，①子の氏名，②直接的な強制執行を求める理由及び子の住所，③上記(イ)又は(ウ)に該当することを理由として申立てをするときは，上記(イ)又は(ウ)に掲げる事由に該当する具体的な事実を記載しなければならない（規則157条1項）。また，執行力のある債務名義の正本並びに上記(ア)に該当することを理由として申立てをするときは，間接強制決定の謄本及び当該決定の確定証明書を添付しなければならない（同条2項）。

ウ　債務者の審尋

　執行裁判所は，法174条1項1号の規定による決定をするには，原則として債務者を審尋しなければならないが，例外として，子に急迫した危険があるときその他の審尋をすることにより強制執行の目的を達することができない事情があるときは，債務者の審尋は不要である（同条3項）。

エ　実施決定

　執行裁判所は，申立てに理由があると認めるときは，執行官に子の引渡しを実施させる旨の決定をすることになるが，その決定内容は，執行官に対し，債務者による子の監護を解くために必要な行為をすべきことを命ずるものとなる（法174条4項）。この決定をする場合については，代替執行における費用前払決定の規定（法171条4項）が準用されており（法174条5項），執行裁判所は，申立てにより，債務者に対し，執行官が決定に基づく行為をするために必要な費用をあらかじめ債権者に支払うべき旨を命ずることができる。以上の各決定に対しては，執行抗告が可能である（同条6項）[7]。

オ　執行官に対する引渡実施の申立て

　法174条1項1号の規定による決定を得た後には，これに基づき，執行官に対して引渡実施の申立て（同法175条1項又は2項に規定する子の監護を解くために必要な行為を求める旨の申立て）をすることになる。申立書に記載すべき事項及び添付すべき書類は，以下のとおりである[8]（規則158条）。なお，スケジュールの調整・管理等の観点から，引渡実施の申立てをするに当たっては，あらかじめ執行官室に事前相談をしていただくようお願いしている。

(ア)　記載事項

①　債権者及び債務者の氏名又は名称及び住所，代理人の氏名及び住所並びに債権者の生年月日

②　債権者又はその代理人の郵便番号及び電話番号（ファクシミリの番号を含む。）

③　子の氏名，生年月日，性別及び住所

④　債務者の住居その他債務者の占有する場所において引渡実施を求めるときは，当該場所

⑤　上記④の場所以外の場所において引渡実施を求めるときは，当該場所，当該場所の占有者の氏名又は名称及び当該場所において引渡実施を行うことを相当とする理由並びに当該占有者の同意に代わる許可（法175条3項）があるときは，その旨

⑥　債権者の代理人が執行場所（法175条1項又は2項に規定する場所）に出頭した場合においても引渡実施をすることができる旨の決定（同条6項）があるときは，その旨並びに当該代理人の氏名及び生年月日

⑦　引渡実施を希望する期間

(イ)　添付書類

①　上記実施決定正本

②　債務者及び子の写真その他の執行官が引渡実施を行うべき場所においてこれらの者を識別することができる資料

③　債務者及び子の生活状況に関する資料

④　占有者の同意に代わる許可（法175条3項）があるときは，当該許可を受けたことを証する文書

⑤　債権者の代理人が執行場所（法175条1項又は2項に規定する場所）に出頭した場合においても引渡実施をすることができる旨の決定（同条6項）の決定があるときは，当該決定の謄本

(2)　直接的な強制執行における執行官の権限

子の引渡しの直接的な強制執行において，執行官は，執行裁判所の決定に基づき，債務者による子の監護を解くために必要な行為（引渡実施）をすることになるが，その「必要な行為」としては，債務者に対する説得のほか，執行場所への立ち入り・子の捜索・解錠（法175条1項1号），債権者又はその代理人と子又は債務者とを面会させること（同項2号），執行場所に債権者又はその代理人を立ち入らせること（同項3号）が定められている。

法6条は，執行官が，職務の執行に際し抵抗を受けるときは，その抵抗を排除するために威力を用いることができる旨を定めているが，子の引渡しの直接的な強制執行においては，子に対して威力を用いることはできず，子以外の者に対して威力を用いることが子の心身に有害な影響を及ぼすおそれがある場合には，当該子以外の者に対して威力を用いることも許されない（法175条8項）。一般に，「威力」とは，人の意思を制圧する程度の有形力の行使をいうものと解されており，子に対する一切の有形力の行使が禁止されるわけではないといわれている[9]。

また，執行官は，執行場所において債務者による子の監護を解くために必要な行為をするに際し，債権者又はその代理人に対し，必要な指示をすることができる旨定められている（同条9項）。債権者又はその代理人に対しては，円滑な実施のために執

行官の指示に従っていただくようにお願いしている。

　以上は，既にハーグ条約実施法において定められていた執行官の権限に関する規律（改正前のハーグ条約実施法140条1項，4項〜6項）を維持し，これを民事執行法の規定として置いたものである。

(3)　引渡実施の条件

　前述のとおり，改正前のハーグ条約実施法140条3項は，子の監護を解くために必要な行為は子が債務者と共にいる場合に限りすることができる旨を定めていた（いわゆる「同時存在の原則」）。同法施行後は，国内の子の引渡執行の実務においても，この規律に沿った運用がされていたが，これに対しては，かえって子を高葛藤や心身に危険のある状態に置きかねない，債務者側の親が子を自ら引き渡すことがむしろ子の心に悪影響を与える可能性がある，債務者が子と一緒に所在しないようにすることで執行を逃れる手立てとなり得るなど，子の福祉の観点からも執行の実効性の観点からも問題が指摘されていた[10]。

　改正民事執行法では，このような規律は採用されず，子と債務者との同時存在の要件は不要とされたが，他方で，執行場所において債務者が存在しないことにより子が事態を飲み込めずに不安や混乱に見舞われることを避けるため，原則として債権者本人の出頭が必要であるとされた[11][12]（法175条5項）。

　また，債権者本人がやむを得ず出頭できない場合に対応するため，上記の例外として，執行裁判所は，債権者の代理人が債権者本人に代わって執行場所に出頭することが，当該代理人と子との関係，当該代理人

の知識及び経験その他の事情に照らして子の利益の保護のために相当と認められるときは，債権者の申立て[13]により，当該代理人が執行場所に出頭した場合においても，子の監護を解くために必要な行為をすることができる旨の決定をすることができるものとされた（同条6項）。債権者本人の出頭を必要的としたのは子の心理的な負担を考慮したものであることからすると，これに代わる「代理人」としては，通常は，例えば子の養育実績のある親族など，子と一定の親しい関係にある者が想定されよう[14]。

(4)　執行場所

　子の引渡しの直接的な強制執行の実施場所としては，債務者の住居等が原則として定められているが（法175条1項），一定の要件の下，債務者以外の第三者が占有する場所での実施も認められる。その要件は，①執行官が，子の心身に及ぼす影響，当該場所及びその周囲の状況その他の事情を考慮して相当と認める場合であり，かつ，②当該場所の占有者の同意又はこれに代わる執行裁判所の許可があることである（同条2項）。この占有者の同意に代わる許可は，子の住居が債務者の住居等以外の場所である場合において，債務者と当該場所の占有者との関係，当該占有者の私生活又は業務に与える影響その他の事情を考慮して相当と認められる場合に，債権者の申立て[15]により認められる（同条3項）。

　実務上，債務者の住居等以外の執行場所としては，債務者が居住していない子の住居（債務者側の祖父母宅等）や子が通常所在する住居以外の場所（学校，幼稚園，保育園等）が想定される。後者については，子のプライバシーが害されるおそれや第三

者を紛争に巻き込むおそれ等に留意して相当性を判断する必要があり，当該場所の管理者の協力も不可欠である。学校，幼稚園，保育園等において，子のプライバシーに配慮し，他の生徒，園児や保護者等の目に触れないように引渡実施を行うためには，例えば，引渡実施のための部屋を用意してもらったり，その場まで子を誘導してきてもらったりするなど，様々な協力や配慮をしていただく必要があるので，事前に管理者等[16]の十分な理解を得ておくことが重要である。[17]

　なお，公道上においては，子が債務者と共にいる場合であっても，子が予想外の行動をとり，往来する自動車との接触等の不測の事態が生じる危険があることや，公衆の目に触れてプライバシーが害されるおそれが高いこと等からすると，通常は相当性が認められないことが多いと思われる。

（5）　子の心身への配慮

　子の引渡しの直接的な強制執行は子の心身に負担を与えかねないものであるため，執行裁判所及び執行官の責務として，子の年齢及び発達の程度その他の事情を踏まえ，できる限り，当該強制執行が子の心身に有害な影響を及ぼさないように配慮すべきことが明文で規定された（法175条9項）。

　求められる「配慮」は場面において様々であるが，子の福祉の観点からは，児童心理学等の専門家等の活用が有用であると考えられる。現状でも，東京地方裁判所執行官室においては，子の福祉の専門家に執行補助者又は立会人として関与していただいているのが通常であり，[18]今後とも，専門家等の確保の面も含めて，このような運用，取組の進展が期待されているといえよう。

4　ハーグ条約実施法の改正

　改正法により，民事執行法において国内の子の引渡執行の規律が整備されたのに伴い，ハーグ条約実施法に基づく子の返還の代替執行の規律もそれと同内容のものに改められた。

　具体的には，間接強制前置（改正前のハーグ条約実施法136条）について見直しがされ，間接強制と直接的な強制執行の関係について定めた法174条2項と同様の要件に改められ（ハーグ条約実施法136条），債務者の審尋の要否についても，法174条3項と同様の規定が置かれた（ハーグ条約実施法138条2項）。また，執行官の権限等，執行裁判所及び執行官の責務（子の心身への配慮）等の規律も，改正民事執行法の各規定を準用するなどしており，同じ内容となっている（ハーグ条約実施法140条1項及び2項，141条3項）。

5　民事執行規則及びハーグ条約実施規則の改正

　改正法により民事執行法及びハーグ条約実施法が改正されたのに伴い，民事執行規則等の一部を改正する規則により，民事執行規則及びハーグ条約実施規則についても，所要の改正が行われた。

　民事執行規則の改正のうち，子の引渡執行の関係では，前記3の中で言及したもののほか，引渡実施に関する債権者・子の引渡しを命ずる裁判をした裁判所等の協力等（規則161条），引渡実施の終了の通知（規則162条），引渡実施の目的を達することができない場合の引渡実施に係る事件の終了

（規則163条），引渡実施に係る調書の記載事項（規則164条）等の規定が新たに設けられた。

6　むすび

　改正法によって，民事執行法に初めて国内の子の引渡執行についての明文規定が設けられたことは，法的には大きな変更点であるといえる。もっとも，運用面では，既に改正前からできるだけハーグ条約実施法に準拠した運用が行われていたため，ハーグ条約実施法上の規律を維持してこれを民事執行法に置いた部分については，従前の実務運用に与える影響は少ないと考えられる。他方で，ハーグ条約実施法上の規律が見直された部分については，同法に基づく子の返還の代替執行の手続についての実質改正であるとともに，国内の子の引渡執行の実務運用にも大きな影響を与えることになる。取り分け，債務者と子との同時存在の要件が不要とされた一方で，債権者（又はその代理人）の出頭が必要的とされたことは，執行場所をどこにするか，引渡実施の時間帯をいつにするか等を検討するに当たって非常に重要なポイントであり，占有者の同意に代わる許可や代理人出頭の許可の点も含め，今後，改正の趣旨を適切に踏まえた実務運用が着実に積み重ねられていくことを期待したい。

注

1）動産の引渡しの強制執行の規定を類推適用するといっても，それは子を「物」と同視して扱うという意味ではもちろんなく，飽くまで機能面・実質面に着目すれば動産の引渡しに類似する側面があるというにすぎない。子は，意思能力の有無にかかわらず，人格を有する点で「物」とは異なるのであり，直接強制を認めるにしても，子の人格を最大限尊重して実施すべきことは当然である。

2）これに併せ，国際的な子の奪取の民事上の側面に関する条約の実施に関する法律による子の返還に関する事件の手続等に関する規則（ハーグ条約実施規則）も平成26年4月1日から施行された。

3）金子修編集代表『一問一答　国際的な子の連れ去りへの制度的対応—ハーグ条約及び関連法規の解説』（商事法務，2015）286頁。

4）子の利益に配慮しつつ，債務者に対する説得を基本として円滑に執行を実施するためには，参考となる情報を収集した上での十分な事前準備が必要不可欠である。従前から，東京地方裁判所では，子の引渡執行の申立てがあると，事前準備の一環として，執行官が債権者等から必要な情報を収集した上で，執行官，執行裁判所及び東京家庭裁判所の三者で事前ミーティングを実施する運用が行われている。

5）内野宗揮ほか「民事執行法等の改正の要点(4)」金融法務事情2124号33頁。

6）内野ほか・前掲注5）33頁。

7）ただし，執行抗告に執行停止の効力はないので，別途執行停止の決定がされない限り，引渡実施の申立ては妨げられない。

8）引渡実施において，執行官としては，まずは債務者及び子を間違いなく特定できることが第一であるので，これらの者を識別するための資料の提出は重要である。また，事案を十分に把握した上で執行計画を立案する必要があり，債務者や子の生活状況，実施場所等の情報が円滑な実施のためには不可欠である。

9）子に対する威力に当たらない有形力の行使の限界は，その場の状況，子の意思能力の発達の程度，子の心身に与える影響の程度等を踏まえ，ケース・バイ・ケースでの専門的な判断が必要となることから，子の福祉に関する専門家の知見を活用することが好ましい。また，執行官としても，そのような分野の基本的知識の修得等が求められるところであり，各種の研修等に参加している。

10）従前の国内の子の引渡執行の実務においては，同時存在の原則には準拠しつつも，子の心身に与える影響等にも鑑みて，執行場所内ではあってもなるべく子と債務者を分離するような運用も行われてきた。

11）実務上の場面としては，債権者本人が子に長期間会えておらず，久しぶりに両者が対面することになる場合もある。そのような場合，執行官としては，債権者本人が子に安心感を与え得るか，子がとまどって抵抗感を覚えるようなおそれがないか等についての配慮も必要であろう。

12）執行場所に債権者の出頭が必要であるとはいっても，執行場所とは一定の幅・広がりをもった概念であり，債務者宅等を執行場所とする場合でも必ずしも債権者と債務者とが同室に所在しなければならないというものではない

と解される。

13）この申立ては，代理人となるべき者の氏名及び住所並びに申立ての理由を記載した書面でしなければならない（規則160条1項）。

14）内野ほか・前掲注5）35頁。

15）この申立ては，子の住居及びその占有者の氏名又は名称並びに申立ての理由を記載した書面でしなければならない（規則159条1項）。

16）学校，幼稚園，保育所等の管理者としては，通常は，校長，園長等が考えられるが，事案ごとに当該場所の管理者を正確に確認すべきである。

17）両親の紛争下にあっては，学校等が子にとって唯一の心の拠り所であることもある。執行官としては，そのような「拠り所」が子にとって良くない思い出の場所とならないように配慮することも必要であると考える。

18）現場への立会いのみならず，事前の打合せにも実質的に関与いただいており，有益な意見や示唆をいただいている。

改正民事執行法における子の引渡し —— 弁護士実務の対応を中心に

弁護士 **谷 英 樹**

1 はじめに

国内における子の引渡しの強制執行については，これまで法律に明文の規定がなく，そのため，執行の方法についてはもとより，そもそも強制執行が可能か否かということから議論があった。強制執行が可能であるとの立場に立つとしても，その方法について争いがあり，間接強制のほか，直接強制の可否が論じられてきた。

近時は，動産引渡しの規定を類推適用することによる直接強制の方法によっても強制執行が行われるようになっていたが，子どもの引渡しの執行についての固有の規定がないことから，執行の場所や方法などについてはその時々の工夫と判断によって行われてきた。そうしたところ，国際的な子の奪取の民事上の側面に関する条約（いわゆるハーグ条約）の批准に伴って実施法（国際的な子の奪取の民事上の側面に関する条約の実施に関する法律。以下「ハーグ条約実施法」という。）が制定され，その中で子の返還の執行手続が規定されたことにより，国内の子の引渡しの実務にもその影響が及ぶなどし，明文による規律の必要性がより認識されることとなった。今般の民事執行法の見直しにおいては，こうした背景の下で，子の引渡しについても，他の課題とともに検討のテーマとされることになった。

法制審議会（民事執行法部会，以下「法制審」という。）においては，子の引渡しの実情やハーグ条約による子の返還の強制執行などの実情を踏まえ，子の利益に適合し，かつ，迅速で円滑な執行の実現という観点から，種々の検討がなされた。そこでは，現状の執行実務の実情や，特にハーグ条約実施法における子の返還や，その影響を受けた実務の問題点が意識的に議論され，これらの問題点を解消するための立法の在り方にも焦点が当てられた。

改正法の運用に当たっては，こうした立法過程における議論を踏まえ，迅速な執行と子の利益を適切に実現する必要がある。本稿では，法制審議会における議論を振り返りながら，主に国内の子の引渡しについて，改正法の趣旨を踏まえたあるべき運用について検討するとともに，特に弁護士実務における対応における課題を明らかにすることとしたい。

2 従前の実務の状況

(1) 改正前の子の引渡しの実務

改正前における子の引渡しの直接強制においては，執行官が現場に赴き，債務者による子の監護を解いて債権者に引き渡す方法により行われていた。執行場所としては，債務者の自宅のほか，保育園や幼稚園，小学校，債務者宅の入口付近や駐車場，路上などで行われており，また，そうした場合は，債務者がいないところでも執行が行われていた[1]。

(2) ハーグ条約実施法の影響

ア 同時存在の原則

ところが，2013年に制定されたハーグ条約実施法（2014年に施行）で，子の返還の代替執行においては，子が債務者といるとき（同時存在）に限り執行官が監護を解くために必要な行為をできるとするとの定め（同法140条3項）が置かれた。国内の子の引渡しの直接強制にはこの規定が適用されるものではないものの，ハーグ条約実施法でのこの規定の影響を受けて，国内の子の引渡しの直接強制においても，事実上，子が債務者と共にいるときでないと執行を実施しないという運用がなされるようになった。

イ 国内事案への影響

しかし，これは，それまで円滑に行われていた直接強制の方法に大きな制約を課すものとなり，子にも負担を与えるものとなった。すなわち，債務者の立会いの下では，子をいたずらに高葛藤の場面に直面させることになり，また，債務者不在のために執行不能となったり，早朝，深夜の執行を余儀なくされたりして強制執行の実効性，

迅速性を損ね，子の心身に対して負担を与えていると批判された[2]。

ウ ハーグ事案における実情

ハーグ条約に基づく子の返還においても，強制執行の実効性は著しく損なわれており，2018年6月の段階で，最終的に代替執行に至った事案7件のうち6件は執行不能で終了し，1件については取下げで終わっているという実情にあった[3]。

(3) 見直しに当たっての視点

今回の見直しに当たっては，こうした実情を踏まえて，子の負担を軽減させつつ，実効性，迅速性を実現するにはどのような制度が構築されるべきかという視点から検討がなされることが必要となった。

3 改正法における子の引渡しの強制執行

(1) 改正法の規定

こうした検討を経て，改正法では，子の引渡しに関する強制執行の方法全般について新たに規定が設けられ，その方法として，①執行裁判所が決定により執行官に子の引渡しを実施させる方法（以下，「直接的な強制執行」という。）と②間接強制（法172条1項に規定する方法）のいずれかによるものと規定され（法174条1項），特に直接的な強制執行の申立要件や執行官の権限についての詳細な規定が設けられた。

(2) 直接的な強制執行（法174条1項1号）

直接的な強制執行については，法制審では執行機関をどうするかが論点となったが，執行機関を裁判所とし，執行裁判所の決定に基づいて，執行官が子の監護を解くため

に必要な行為をすることが明確にされた。これは，直接的な強制執行に当たり，その方法などについて裁判所に一定の判断をさせることが，子の福祉に沿った執行の実現のために資するとの考えを前提にするものと考えられる。

なお，このように直接的な強制執行の方法が定められたことによって，従前は解釈によって認められていた，動産引渡しの類推適用による直接強制による方法を用いることはできなくなったと解すべきこととなろう。

4　「直接的な強制執行」の概要

(1)　代替執行とは異なる制度設計

改正法に定められた直接的な強制執行は，代替執行によく似た仕組みであるが，法制審の審議においては，代替執行とは整理されず，答申でも「直接的な強制執行」という名称が使用されることとなった。改正法においても「執行裁判所が決定により執行官に子の引渡しを実施させる方法」（法174条1項1号）との文言で規定されており，代替執行とは別の，子の引渡しの強制執行における独自の仕組みとして定められたものと考えられる。

(2)　債務者の審尋

ア　審尋とその例外

執行裁判所の決定に当たっては，あらかじめ債務者を審尋しなければならない（法174条3項）が，例外として，「子に急迫した危険があるときその他の審尋をすることにより強制執行の目的を達することができない事情があるとき」（同項ただし書）は審尋を要しない。そこで，この例外規定をど

のように解釈運用するかが問題となる。

イ　法制審での議論状況

この点について，法制審の審議では，任意に債務者の審尋をすることができるものとしておけば足りるとの意見もあったが，強制執行について裁判所の判断に係らしめる以上は，相手方を審尋することによって執行裁判所の判断の適正性を確保するという制度趣旨を踏まえる必要があり，また，審尋を必要的とする代替執行などの他の制度との整合性を図る必要があることなどから，最終的には，仮の地位を定める仮処分に関する民事保全法23条4項の規定を参考に，債務者の審尋を原則として必要的なものとしつつ，例外的にこれを不要とする旨の規定を置くことに落ち着いた。

こうした部会での検討状況や，子の引渡しという執行段階での子の福祉を考慮することが必要な場面であることなどを考えると，この例外規定は，規定の文言に即して厳格に解釈運用される必要があり，具体的には，債務者が子の所在場所を変更しようとしていたりするなど，審尋の実施によって執行妨害を招く現実的な危険があるとき等の例外的な場合に限られるものと考えられる。

ウ　保全執行における審尋手続

ところで，債務名義が審判前の保全処分などの場合には，その保全執行は債権者に対する送達から2週間以内にしなければならない（家事法109条3項，民事保全法43条2項）が，審尋を経ていると，執行官による子の引渡しの実施が2週間を過ぎてしまう可能性がある。この点については，解釈に委ねられることになるが，現行の保全執行においても，2週間以内に執行に着手す

ることで足り，完了までは要しないというのが多数説であり，代替執行によって保全執行をすべき場合においては，2週間以内に授権決定の申立てをすれば着手があったと解するのが一般であると考えられる。子の引渡しにおいても同様に考えることができ，2週間以内に執行裁判所に対する申立てをすれば，足りるものと解すべきであると考える。

(3) 管　轄

そのほか，管轄については，代替執行の例に倣って，債務名義を作成した第一審の家庭裁判所と定められた（法174条5項，171条2項）。子や債務者の所在する場所に管轄がないことに注意する必要がある。

(4) 執行抗告

また，裁判所による執行官に子の引渡しを実施させる旨の決定に対しては，代替執行の場合と同様，執行抗告をすることができる（法174条6項）が，執行停止の効力はない。

5　「直接的な強制執行」の申立要件の検討

(1) 申立要件

子の引渡しの強制執行の2つの方法のうち，直接的な強制執行の申立てについては，次のとおり申立ての要件が定められた（法174条2項）。

① 間接強制決定が確定した日から2週間を経過したとき（当該決定において定められた債務を履行すべき一定の期間の経過がこれより後である場合にあっては，その期間を経過したとき）
② 間接強制の方法による強制執行を

実施しても，債務者が子の監護を解く見込みがあるとは認められないとき
③ 子の急迫の危険を防止するため直ちに強制執行をする必要があるとき

ア　従前の運用と改正法における申立要件

改正前は，間接強制と動産執行の類推適用による直接強制のいずれを選択するかは債権者の完全な任意に委ねられていた。既に述べたとおり，ハーグ条約実施法が制定されてからは，国内の子の引渡しにおいても子と債務者の同時存在が事実上求められるようになっていたが，同法が定めていた間接強制前置は国内の子の引渡しでは求められることがなかった。ところが，上記のとおり，改正法では，場合によっては，まず間接強制を実施した後でないと，直接的な強制執行の申立てをすることができない場合が生じることとなった。

そこで，これらの要件をどのように解釈運用するかが問題となるが，この点については，法制審での審議の経過などに照らすと，まず間接強制の方法によることが原則（間接強制前置）であり，その後でないと直接的な強制執行を申し立てることができないと解するのは妥当でなく，実効性強化の観点から，直接的な強制執行の申立要件は広く解釈されるべきである。

イ　間接強制の前置と実務の実状

改正前のハーグ条約実施法が定めていた間接強制前置の趣旨については，子の返還は自発的にされることが子の利益の観点から望ましく，強制執行も子に与える心理的負担がより小さい方法から順次実施することが望ましいという点にあると説明されて

いる[4)]

　しかし，実際は，間接強制の前置が求められることによって，子の返還命令の執行に支障が生じているとの指摘がなされていた。子の返還の裁判が確定した後で，かつ，債務者が自ら任意に返還しないときは，たとえ間接強制を用いたとしても任意の履行は期待できない場合も多いのが現実であり，むしろ，債務者としては，同時存在の原則や執行場所の制限等に期待し，最終的には執行不能となることを期待することがあるという指摘である。また，金銭執行が困難な債務者には間接強制は意味がなく，代替執行まで時間を要することになり，その間に子が隠されるといった事態が生じるなどの弊害も考えられると批判されていた[5)]

　ウ　法制審での議論状況

　国内の子の引渡しについても，法制審の審議過程では，改正前のハーグ条約実施法に倣って間接強制を前置すべきではないかという点も論点となり，中間試案では間接強制を前置する考え方が示されていた[6)]しかし，こうした間接強制の前置が導入されるならば，それまでは間接強制を経ずに直接強制の手続をとることができていたのに，これができなくなるのであって，実務に重大な影響を及ぼすことが予想された。パブリックコメントで示された意見やその後の部会での議論において，この間接強制の前置は厳しく批判され，最終的に改正法の内容のような答申となった。

　エ　日弁連意見書

　日弁連も，引渡しが命じられる事案は，子の心身に与える負担を考慮しても，なお引渡しを認容すべきと裁判所が判断した事案にほぼ限られ，このような事案において，

債務者に自発的に子の監護を解かせることは困難であるし，そもそも監護権の強制的な満足を目指す強制執行において，債務者の任意の履行に期待する制度を構築しようとすることに無理があり，間接強制前置によって本来なされるべき債権者による監護が行われない期間が長期にわたることの影響は大きく，一方，当初から直接的な強制執行が実施されることによる具体的な問題点（子への悪影響など）はないように思われるとして，間接強制の手続との前後を問わず，子の引渡しの直接的な強制執行の申立てをすることができるものとすべきであるとの意見を述べた[7)]

　オ　検　討

　こうした法制審での審議過程を前提に解釈するならば，①の間接強制の前置が原則であり，②と③がその例外を定めたものと解するのは妥当ではなく，債務名義の迅速な実現という観点から，②と③の要件は，広く認められるべきであると考えられる。この観点から，以下に解釈に関する若干の検討を試みることとする。

　なお，こうした要件が定められたことから，裁判所の決定を求める申立書には，これらの事由に該当する事実を具体的に記載することとなる（規則157条1項3号）。

(2)　間接強制の決定が確定した日から2週間を経過したとき（法174条2項1号）

　ア　要　件

　「間接強制の決定が確定した日から2週間を経過したとき」との要件については，文言上その意味が明らかであり，特段の解釈上の問題はない。この点，間接強制の決定については執行抗告の対象となるものの，

執行抗告がなされたとしても執行停止効がなく，決定自体は効力を生ずるため，確定した日から2週間ではなく，決定から2週間とする立法もあり得たものと考えられるが，結論としては，改正前のハーグ条約実施法に倣って，確定した日から2週間を経過したときとされた。

　　イ　保全執行の期間との関係

　ところで，保全処分に基づく強制執行の場合，債権者への送達から2週間以内に執行をしなければならないことは既に述べたが，間接強制を経た上で直接的な強制執行の申立てをする場合，直接的な強制執行の申立てが送達から2週間を経過した後になされたときは，この保全執行の要件を満たすのか否かが問題となる。これと同様の問題は，現行法の下でも，不動産の明渡しや動産・不動産の引渡しを命じる保全処分においても生じ得る（法173条1項により間接強制と代替執行又は直接強制を選択的に申し立てることができるため，まず間接強制を申し立て，その後に代替執行又は直接強制を申し立てることがあり得る）。

　この問題については2つの解釈があり，1つは，間接強制が奏功せず，送達から2週間経過後に代替執行又は直接強制を申し立てたとしても，間接強制の申立てが2週間以内であればそれと連続するものとして許容するというものであり，もう1つは，間接強制と代替執行・直接強制は別のものとして，代替執行・直接強制が2週間以内でなければ執行を認めないという考え方である。

　今回の改正においては，これを立法的に解決するのではなく，解釈に委ねることとされた。保全処分は，緊急性に基づいて仮に一定の法律関係を定めるというものであるから，2週間を経過してもそれが実現せず，その後に代替執行・直接強制を申し立てることができるとするのは保全処分の趣旨に合致しないという考え方も十分根拠があると考えられる。したがって，代理人としては，間接強制を経た上で直接的な強制執行の申立てをするという選択は避けるべきこととなろう。

　　ウ　「子の急迫の危険」の該当性

　後述するとおり，子の引渡しにおいては，子の急迫の危険を防止するため直ちに強制執行をする必要があるときにも直接的な強制執行の申立てをすることができるのであり（法174条2項3号），子その他の利害関係人の急迫の危険を防止するため必要があるとき（家事法157条1項）という要件の下に発せられる子の引渡しの保全処分では，多くの場合，この要件に該当するものと考えられ，直ちに直接的な強制執行の申立てをすることができる場合が多いものと考えられる。

(3)　間接強制を実施しても「債務者が子の監護を解く見込みがあるとは認められないとき」（法174条2項2号）

　間接強制を実施しても「債務者が子の監護を解く見込みがあるとは認められないとき」（法147条2項2号）との要件については，法制審の審議の中でも具体例を想定しながら議論がなされ，ほぼ共通の認識が形成されたものと考えられる。

　　ア　例えば，債務名義の成立後において，債権者が債務者との間で任意による子の引渡しを求める交渉をし，債務者が債権者に対して子を引き渡す機会を有していたにもかかわらず，その引渡しを拒絶したよ

うな場合などがこれに当たると考えられる。具体的には，債務者が債権者による子の引渡しの求めに応じず，債権者からの子に関する情報提供や子との面会その他の接触の求めにも応じないといった態度を示している場合がこれに当たり得ると思われる。

さらに，債権者が債務者に対し，子の引渡しの実現に向けた具体的なプロセスに関する協議を働き掛けたにもかかわらず，債務者がこれに協力的な姿勢を見せない場合（債権者側からの提案に反応を示さない，連絡は取れるものの建設的な内容の返信をしてこないなど）が想定される。

イ　また，間接強制決定がされたのに対して執行抗告をしたときは，引渡し義務を争う場合も，間接強制金の額を争う場合も，速やかに引き渡しをすることができるのにしないのであるから，一般には，子の監護を解く見込みがあるとは認められないときに該当すると解すべきであろう。この場合，間接強制決定の確定が未了でも，これに当たると解すべきである。

ウ　なお，本案の審理において債務者が強く引渡しを争った場合にもこれに当たり得るのではないかとの議論もなされたが，審理の場面と終局判断がなされた場面とでは自ずと状況が異なるし，本案審理の際の態度を判断材料にするならば本案審理での主張立証に萎縮効果を生じさせることになりかねず，妥当な解釈とは思われない。あくまでも成立した債務名義に対する債務者の態度に限って，判断の材料とされるべきであると考える。

(4)　「子の急迫の危険を防止するため直ちに強制執行をする必要があるとき」（法174条2項3号）

ア　要件と具体例

「子の急迫の危険を防止するため必要があるとき」という要件については，具体的に想定されていたのは，次のような事例である。例えば，債務者によって子の利益（生命又は身体の安全等）に反するような態様を伴う不適切な監護がされているような場合など，子の生命又は身体の安全等に悪影響を及ぼす監護状態が推認される事案である

イ　審判前の保全処分との関係

なお，この要件は審判前の保全処分の発令要件（家事法157条1項3号）と同じ文言が使われている。しかし，審判前の保全処分と強制執行の場面では，自ずと想定される場面が異なるのであり，これらの要件が同じことを意味すると解するのは妥当でない。

(5)　ハーグ条約実施法の改正

この要件については，ハーグ条約実施法も同様に改正された（同法136条）が，改正の趣旨に添い，間接強制を経ない代替執行を広く認めるという運用が求められる。

6　執行官による「直接的な強制執行」の方法

(1)　債権者又は代理人の立会い

ア　債務者の同時存在

改正前のハーグ条約実施法では，代替執行において子の監護を解くために必要な行為をするときは，子が債務者と共にいる場合（同時存在）が求められており（改正前

のハーグ条約実施法140条3項)，同法制定後は，国内における子の引渡しの強制執行（直接強制）においても，事実上，子が債務者と共にいる場合に限って実施されるという運用がなされるようになった（前記2参照)。

しかし，同時存在の原則をとれば，債務者が子と同時に存在しないような対応をとることにより，結果的に執行不能の状態を作出することが容易に可能となるおそれがある。また，債務者の勤務時間が不規則であるなど，子といる時間の把握が困難である場合にも，執行が困難となるおそれがあると批判されており，さらには，債務者の立会下において強制執行を実施すると，債務者が取り乱す状況を子が目撃したり，債務者が子に忠誠を迫ったりするなど，子をいたずらに高葛藤の場面に直面させることになり，かえって子の福祉を害する場合もあると指摘されていた[8]。

ハーグ条約実施法が子と債務者の同時存在を要求したのは，強制執行が子の心身に与える負担を最小限にとどめる観点からは債務者にできる限り自発的に子の監護を解かせることが望ましく，債務者不在の場で執行官が子を連れ出すことを認めると，子が事態を飲み込めず恐怖や混乱を感じることが想定されるとの考え方に基づくものであった[9]。

イ　法制審での議論状況

そこで，法制審の議論では，この債務者との同時存在の原則を採用しないこととし，その反面，債権者又はその代理人が債権者に代わって出頭することを要するものとした。

このように債権者又はその代理人の出頭

を必要としたのは，債権者は子を適切に監護することができると認められた者であり，こうした債権者が出頭することによって，子が事態を飲み込むことができずに恐怖や混乱に陥るおそれがあることなどに対応することができるとの理由からである。債権者が出頭できない場合は代理人が出頭してもよいが，その場合も，子との関係において債権者に準ずる立場にあることが必要であると考えられ，したがって，「当該代理人と子との関係，当該代理人の知識及び経験その他の事情に照らして子の利益の保護のために相当と認めるとき」に当たるとして，裁判所の決定があることが必要であるとされた（法175条6項)。

ウ　代理人の要件など

こうした趣旨に照らすと，代理人としては，子の心身への影響を最小限にとどめる観点から債権者本人と同視し得る実質を有していることが求められると解され，具体的には子の祖父母やおじ，おば等の身内が典型であり，そのほか，子とも親しい債権者の知人等が想定されている。

また，この代理人は，執行官が債務者による子の監護を解いた際に債権者に代わって子の引渡しを受ける者としての代理人を指すものと考えられており，その資格には制限がなく，弁護士に限定されるものではないと解される。

同様の規定は，不動産の引渡し等の強制執行に関しても存在し（法168条3項)，債務者等から取り上げた占有を移転する相手方として当事者能力や訴訟能力を有する者でなければならないが，その資格には制限がなく，訴訟代理と異なって弁護士に限定されるものではないと解されている。

エ　改正法による運用

　なお，上記のとおり，改正前の実務では，債務者が子と同時に存在する場面での執行に限っていたが，この改正によって，実務の運用が改められることとなろう。

(2)　執行場所 —— 特に債務者の住所以外での執行

ア　改正法の規定

　執行場所については，「債務者の住居その他債務者の占有する場所」において執行に必要な行為をすることができるとした（法175条1項）ほか，「子の心身に及ぼす影響，当該場所及びその周囲の状況その他の事情を考慮して相当と認めるとき」は，債務者の占有する場所以外の場所においても，必要な行為をすることができるとした。ただし，その場合，当該場所の占有者の同意が必要であるが，同意がないときでも，裁判所の許可を受けて，必要な行為をすることができるものとされた（同条2項）。

イ　占有者の同意と裁判所の許可

　子の引渡しの債務名義は債務者に向けられるものであるから，債務者の占有する場所に立ち入って執行することは，債務名義の効力に包摂されているものということができるが，子の祖父母宅や子が居住する寄宿舎など債務者が占有するものではない場所については，当然に執行官の立ち入りを許す効力を有するものではない。ハーグ条約実施法においても，そうした考慮から，債務者の占有する場所以外の場所で子の監護を解くための行為をする場合は，占有者の同意を得なければならないとしていた（改正前のハーグ条約実施法140条2項）。しかし，子が債務者の占有する場所ではないところにいる場合などにはその場所で執行

する必要があり，占有者の同意が得られる場合は問題ないが，同意を得られないときのために，裁判所の許可を得て，執行することが許される旨の規定が定められたのである。

　この場合，許可の要件として，その場所が「子の住居」であることと，「債務者と当該場所の占有者との関係，当該占有者の私生活又は業務に与える影響その他の事情を考慮して相当と認めるとき」の2つが定められた（法175条3項）。これは占有者の管理権限やプライバシー等との調整を図る趣旨であると考えられるが，子の住居であることが前提となっているのであるから，「相当と認めるとき」というのは広く認める運用が望ましいと考えられる。

ウ　裁判所の許可の対象

　なお，学校や保育所は，子の住居でないため許可の対象には含まれない。これまでも，学校や保育所で執行する場合は，管理者の同意の下に手続を進めていたものと考えられ，管理者が拒否する場合に強制的に立ち入って執行することはなかったものと思われる。一方，子が寄宿舎や祖父母宅など債務者とは別の住居に居住している場合には，従前は占有者の同意がない限りその場所に立ち入って執行することは困難であったが，改正法では，裁判所の許可によって執行が可能となったのであり，実効性の強化という点で意義がある。

7　むすびにかえて

　今回の改正によって子の引渡しの強制執行の迅速性，実効性がより高まり，かつ，子に負担の少ない強制執行の実現が期待さ

れる。ハーグ条約実施法における子の返還の強制執行についても，同様の改正がなされており，その適切な運用によって条約不履行国との汚名を晴らすことが求められよう。

　そして，何よりも子の引渡しは子の利益を最大限確保しようとするためのものであるから，強制執行の迅速性，実効性とともに，実体判断が的確になされることや，さらにはその基準となる実体法の見直しも不可欠である。

　こうした不断の見直しと適切な運用を通じて，子どもの健全な成長を実現することが私たちに課せられた課題である。

注

1）執行の実例については，園尾隆司監修・杉山初江著『民事執行における「子の引渡し」』（民事法研究会，2010）103頁以下。

2）日本弁護士連合会「子の引渡しの強制執行に関する規律の明確化に関する意見書」（2017年2月17日），「民事執行法の改正に関する中間試案に対する意見書」（2017年10月17日）。

3）法制審議会民事執行法部会第20回会議における圖師関係官（当時外務省領事局ハーグ条約室長）発言。

4）金子修編集代表『一問一答 国際的な子の連れ去りへの制度的対応—ハーグ条約及び関連法規の解説』（商事法務，2015）276頁。

5）日本弁護士連合会・前掲注2）「意見書」（2017年2月17日），同「ハーグ条約実施法の見直しに関する意見書」（2017年2月17日）。

6）「民事執行法の改正に関する中間試案」6頁。

7）日本弁護士連合会・前掲注2）「意見書」（2017年10月17日）。

8）同上。

9）金子修・前掲注4）286頁。

子の引渡しの強制執行における実務の実情
―FPICでの立会人等の事例を中心に―

公益社団法人家庭問題情報センター主任研究員 下 坂 節 男

1 はじめに

本論稿は,改正民事執行法施行前の子の引渡しの強制執行における実務の実情を紹介するものであるが,改正法施行後の実務運用にとっても有益なものがあると考え,家庭問題情報センターが子の引渡しの強制執行に関与することになった経緯・形態や,立会い等の実情,類型化した4タイプの事例報告,そして今後の課題などを紹介する。

2 家庭問題情報センター(FPIC)とは

家庭問題情報センター(以下「FPIC」という。)は,家族の紛争の調整や非行少年の更生に携わってきた元家庭裁判所調査官が中心になって平成5年3月に設立した団体である。その後,平成23年6月1日に公益社団法人になった。令和元年11月現在,東京,大阪,名古屋,広島,福岡,千葉,宇都宮,松江,横浜,新潟,盛岡,松山の12相談室がある。相談室の規模,陣容により活動内容は異なるが,東京相談室は,面接及び電話相談,情報誌「ふぁみりお」の発行,講演会の開催及び講師の派遣,セミナーの開催,後見人等の受任,面会交流の援助,養育費相談,ADR調停,鑑定人の推薦,公証役場への証人の派遣及び子の引渡しの強制執行の立会人等の推薦の活動を行っている。

3 FPICが子の引渡しの強制執行に関与することになった経緯

平成26年4月1日に国際的な子の奪取の民事上の側面に関する条約の実施に関する法律(以下「ハーグ条約実施法」という。)が施行された。同法142条に「子の返還の代替執行に関し,立会いその他の必要な協力をすることができる」とされ,具体的には,児童心理等に関する専門的知見を有する外務省の職員が解放実施に立ち会い,専門的見地からアドバイス等を行うことになっている。このため,国内の子の執行にも児童心理の専門家が執行場面に立ち会うべきではないかとの意見が強くなった。一方,ハーグ条約実施法施行前から,執行官からは執行場面での債務者や子の言動の理解,債務者や子に対してどのような説得が有効か,子の福祉を考慮した場合の説得の限界等について,児童心理の専門家から助

言を得たいとの要望があった。

そのような背景から，FPICの東京，横浜，千葉の3相談室は最高裁民事局の要請により，FPICの会員が平成25年秋から子の引渡しの強制執行に立会人又は執行補助者として関与する試みを行った。改正前のハーグ条約実施法140条3項に定められている債務者と子が一緒にいることを前提とした運用がされていたため，どうしても早朝や夜遅くに執行することが多くなり，会員の負担は大きかった。

ただ，この試行の結果，子の引渡しの強制執行は子の心身に与える影響が大きく，児童心理等に関する専門的知見を有する者が強制執行に立ち会うことが望ましいということが確認されたため，FPICは，平成27年に法人の定款の改正を行い，「子の引渡しの強制執行における立会人又は執行補助者の推薦」を新たな事業とした。

なお，全国組織を有し，子の引渡しの強制執行に関与する専門家を推薦できる団体としては，日本臨床心理士会，日本臨床発達心理士会とFPICの3団体がある。

4　立会人，執行補助者の名簿登載及び実施依頼の手順

子の引渡しの強制執行の立会人又は執行補助者（以下「立会人等」という。）の候補者名簿には子の調査等の経験が豊富な元家裁調査官が登載されている。FPICでは各相談室に立会人等候補者名簿の提出を求め，本部でまとめて最高裁民事局に送付し，同局はその候補者名簿を地裁に送付している。立会人等の候補者名簿は毎年改訂を行っている。

5　FPICの子の引渡しの強制執行への関与の形態

民事執行法上，子の引渡しの強制執行に専門家が関与する形態としては，民事執行法7条に基づく立会人及び執行官規則12条に基づく執行補助者との二つの形態があり，この二つは役割が異なる。

(1)　立会人（法7条）

執行官が職務を公正に行うようにその職務状況を監視するとともに，後日その状況を証言できるようにして紛争を未然に防止することを目的として立ち会う。基本的に，監視するだけで，債務者等の説得や子への対応等は行わない。

(2)　執行補助者（執行官規則12条：技術者又は労務者）

執行官はその事務を行うについて必要があるときは，技術者又は労務者を使用することができるとされている。執行補助者の役割は，執行官の事務を適正かつ円滑に実施することにあるので，立会人のような制限はなく，執行官の指揮の下，執行官が必要と認める事務を幅広く補助をすることができる。具体的には，執行官は，執行補助者に債務者の説得，債権者への説明，子への対応等を行わせたり，執行官が対応をする場合に，適宜の助言を求めたりすることができる。

6　子の引渡しの強制執行における立会い等の実情

FPICの会員が子の引渡しの強制執行に関与した場合，本部は実施結果の報告を求めている。以下の記載は，平成27年度から

平成30年度までの結果報告に基づくものである。

　なお，以下の記載に関し，意見にわたる部分については筆者個人の見解であることをあらかじめお断りする。

　(1)　男女別立会人等の割合

　平成27年度からの4年間に子の引渡しの強制執行を受任した件数は125件，担当した会員は127名である。担当者数が実施件数よりも多いのは複数の会員が担当した事例があることによる。

　その結果は，【表1】のとおりである。【表1】は4年間をまとめたものであるが，その推移を年度ごとに見ていくと次のようになっている。平成27年度の男性会員の関与の割合は71％，女性会員の関与の割合は29％，平成28年度の男性会員の関与の割合は50％，女性会員の関与の割合は50％，平成29年度の男性会員の関与の割合は28％，女性会員の関与の割合は72％，平成30年度の男性会員の関与の割合は25％，女性会員の関与の割合は75％になっており，女性会員の関与の割合が伸びている。

　子の引渡しの強制執行は執行の対象が乳幼児であることから，執行官は，女性会員の受任を希望することが多い。ただし，現状では相談室によっては女性会員の登録者が少ないこともあり，その要望に応えられていない実情にある。

　(2)　関与の形態別の割合

　執行官が児童心理等の専門家に立会人等を依頼する場合，立会人，執行補助者のいずれにするかは，①立会人等にどのような役割を期待するのか，②執行費用，③債権者の意向等を考慮した上で決めているようである。

　【表2】は平成27年度から4年間のFPIC会員の関与形態を示したもので，その割合は，執行補助者が79％，立会人が21％になっている。【表2】は4年間をまとめたものであるが，関与形態別の推移を見ると次のようになっている。平成27年度の執行補助者の割合は58％，立会人の割合は42％，平成28年度の執行補助者の割合は91％，立会人の割合は9％，平成29年度の執行補助者の割合は80％，立会人の割合は20％，平成30年度の執行補助者の割合は80％，立会人の割合は20％になっている。

　FPICが関与することになった当初は，執行官が債権者の費用負担を考慮して立会人の依頼が多かったが，次第に債務者の説得や子への対応等を行う執行補助者としての関与の割合が多くなってきている。ちなみに，立会人には5,390円以内の日当及び旅費が支給されるが，執行補助者に対しては旅費込みで1件1万円から2万円程度が支払われている。執行官からは，FPIC会員を子の引渡しの強制執行に関与させるならば執行補助者に限るとする意見があるが，執行補助者としての関与が相当の事例であっても執行費用との関係で立会人としての関与を依頼せざるを得ない場合もあると

【表1】男女別立会人等関与の割合
（平成27年度から平成30年度）

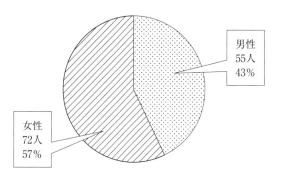

男性
55人
43％

女性
72人
57％

の意見もある。

【表2】関与形態別の人員・割合
（平成27年度から平成30年度）

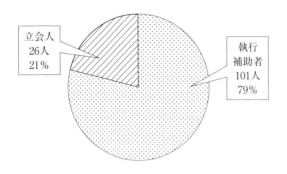

立会人
26人
21%

執行
補助者
101人
79%

(3)　執行官から要請を受けてから初回執
　　行までの期間

　子の引渡しの強制執行のうち6割から7
割は保全処分によるものであると聞いてい
る。保全執行は民事保全法43条に「債権者
に対して保全命令が送達された日から2週
間を経過したときは，これをしてはならな
い。」と規定されている。

　【表3】は執行官から要請を受けてから
初回執行までの期間を示したものである。
初回執行が5日未満の割合が44%を占めて
いる。

　関与形態においても，立会人の場合は，
執行場面での役割が限定的であることから
執行官と意見交換の必要性は比較的少ない
が，執行補助者の場合は，執行官を適切に
補助するためには，債務者及び子の年齢，
性別等の基本的事項のほかに債務者，債権
者の性格や生活状況等の子の状況等につい
ての情報が必要になる。そのため，審判書
及び調査報告書を読み，事例理解に基づい
て執行官と執行補助者が債務者及び子に対
してどのような働き掛けを行うか，説得を
拒絶された時や威力を行使する際にどのよ
うな方法・タイミングで行うか，執行官が

執行補助者に子の心身の状況に関する認識
を問うかなどについて打合せを行う必要が
ある。ただし，報告の中には調整の問題か
ら事前準備段階での打合せができていない
ために期待された役割を果たすことができ
なかったのではないかと思われる事例もあ
る。

【表3】執行官から要請を受けてから初回執行まで
の期間（平成27年度から平成30年度）

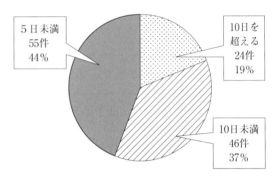

5日未満
55件
44%

10日を
超える
24件
19%

10日未満
46件
37%

(4)　執行の対象となる子の年齢

　ハーグ条約実施法では，子が16歳に達し
た場合には，子の返還の強制執行はできな
い旨の規定（同法135条）があるが，国内
の子の引渡しの強制執行においては強制執
行が可能な子の年齢について明文の規定が
ない。

　【表4】は執行の対象となる子の年齢別
割合を示したもので，強制執行の対象に
なっている子の年齢が6歳未満の割合が
64%を占めており，乳幼児期の子どもが父
母間の厳しい紛争にさらされていることを
示している。

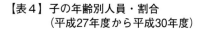

【表4】子の年齢別人員・割合
（平成27年度から平成30年度）

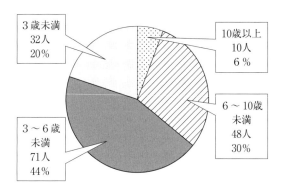

3歳未満 32人 20%
10歳以上 10人 6%
6〜10歳未満 48人 30%
3〜6歳未満 71人 44%

(5)　強制執行の結果

　強制執行の結果は、【表5】のとおりである。任意履行を含む執行完了で終局したものが46%、執行不能が53%、その他、別途調停で話し合うとして終局したものが1%である。平成27年度及び平成28年度の執行完了率が45%、平成29年度及び平成30年度の執行完了率が47%になっており、4年間に大きな変化はない。大塚慶之によれば、全国の平成26年度の執行完了率は25.2%、平成27年度の執行完了率は27.8%になっている[1]。FPICの数字は、FPICの会員が関与した件数に限られているため単純に両者を比較することはできないが、FPICの会員の関与が執行完了に一定の効果をもたらしていることは推測できよう。

　執行不能の理由としては、債務者及び子の拒絶によるものと債務者と子が執行現場に共にいる同時存在の要件を満たさなかったことによるものとがある。この統計の集計期間中における子の引渡しの強制執行の実務は、ハーグ条約実施法に準拠して執行現場に子が債務者と共にいる場合でなければ、執行をすることができないとする運用が行われていた。そのため、子は執行現場にいたが債務者がおらず同時存在の要件を満たしていないとして執行不能で終局した事例がある。同時存在を要件とする運用が執行完了率を下げる一因になっていた。

　なお、改正法では、この要件が不要とされた。

【表5】子の引渡し事件の終局別件数
（平成27年度から平成30年度）

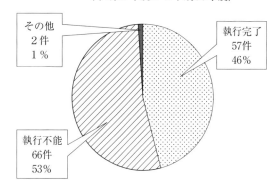

その他 2件 1%
執行完了 57件 46%
執行不能 66件 53%

7　子の引渡しの強制執行の事例報告

　ほとんどの債務者は家裁の決定に従い債権者に対し子の引渡しを行っているが、子に執着するなどの問題を抱えている債務者は任意で履行していない。報告事例を大別すると、強制執行に至る理由は次の4タイプに類型化することができる。

　なお、事例については、個人情報保護の観点から複数の事例をまとめるなどして事例の本質を損なわない程度に加工している。

(1)　債権者への未練から子に執着しているタイプ

当 事 者：債権者母　債務者父　子長男4歳
関与形態：執行補助者
執行結果：執行不能
〈事案の概要〉
　父母は性格の不一致等が原因で夫婦関係が悪化し、父は長男を連れて実家に帰った。

離婚調停はしていない。子の監護者の指定
及び子の引渡しの審判で母を監護者とする
決定があり，高裁でも母を監護者とする決
定が出た。

〈執行の実際〉

　執行官等が債務者の実家に赴き，債務者
に訪問の意図を伝えたところ，債務者が単
独で出てきた。しかし，債務者は玄関を閉
め，執行官等を家に入れようとしなかった。
このため，執行官等は屋外で債務者の説得
を行った。債務者は債権者との復縁・和合
を主張した。執行官等は裁判所が決めたこ
となので債権者に子を引き渡さなければな
らないと債務者を説得したが，債務者は債
権者と復縁をするためには子どもを人質に
しておくしかないとして説得に応じようと
しない。執行官等と債務者は，「引き渡せ。」，
「渡さない。」の押し問答を1時間ほど続け
た。執行官は，債務者の拒絶が強硬であっ
たことから，執行不能と判断した。

〈コメント〉

　執行補助者は，債務者に「子どもは自分
から母に会いたいとは言わないものである。
子どもは母とのふれあいを必要とする年齢
である。」と子どもの心理について説明し
たり，子の福祉を優先させて夫婦の話合い
による問題解決の大切さを伝えたりしたも
のの，功を奏さなかった。

　この事例は執行官と執行補助者とが遠隔
地にあったため，執行の事前準備段階で打
合せができず，執行直前に簡単な情報交換
を行っただけであった。そのため，執行現
場における執行の手順，債務者を説得する
ための役割分担等の打合せができなかった。
死にものぐるいで債権者である母と子ども
に執着する債務者に対応するのに執行する

側が十分な事前準備をせずに臨場したので
は結論は見えている。円満和合を求めてい
る債務者の主張に耳を傾けながらも，債務
者に父母間の紛争に巻き込まれている子の
心情を思いやるような働き掛けができてい
れば，展開は違ったのではないかと思われ
る。

(2)　離婚によって子との関係が切れるこ
　とに不安を抱いて子に執着するタイプ

当 事 者：債権者母　債務者父　子長男5
　　　　　歳　二男3歳
関与形態：執行補助者
執行結果：執行完了
〈事案の概要〉
　父母は父のギャンブルによる浪費が原因
で夫婦不和になり，母は二人の子どもを連
れて実家に帰った。別居後，父は子どもの
通っていた保育園で子どもとの面会交流を
行っていたが，面会交流の回数が多すぎる
ことで保育園との間でトラブルとなった。
子どもと会えなくなることに不安を抱いた
父は子どもを実家に連れ去った。

〈執行の実際〉

　執行補助者は，調査報告書を読みながら
二人の子どもの発達段階の特徴や父母の紛
争が子どもに及ぼす影響等の知見を整理し
て執行の前日に執行官と打合せを行った。
その際，情緒障害のある二男の状況を観察
することの重要性を伝え，それを踏まえて，
執行官がどのように債務者を説得するのか
や，執行補助者が債務者と子どもに働き掛
けるタイミングなどについて情報交換を
行った。

　当日は，執行官が債務者に声を掛け，債
務者の在宅を確認した。執行官は，債務者
がドアを開けないことから技術者を用いて
ドアチェーンを切断した。長男は執行官の

前に立ちふさがり，「悪者は帰れ。」と叫び，通せん坊をした。二男も長男の行動に同調した。執行補助者は，二男が長男の行動に同調はしているが元気がないことが気になる旨を執行官に伝えた。

　執行官の説得に債務者は，「裁判では父親は不利だ。子はいつも母親に取られてしまう。」と不満を述べ，さらに，「二男に情緒障害があるので病院に連れて行かなければならない。」と述べて抵抗した。執行補助者は，「面倒を見ていた母から引き離されたことが影響しているのではないか。」，「二男はまだ母を必要としている。早く母に会わせてやった方がよいのではないか。」と諭すように話した。長男は玩具を抱いたまま「行きたくない。悪い奴は帰れ。」と言っていたが，執行官が「お母さんが来ているよ。」とつぶやくように言うと，長男は「お母さんが来ているの？　お母さんの所に行く。お母さん，どこにいるの。」と言い，荷物をまとめ始めた。債権者が入って来ると長男，二男とも債権者に飛びついた。それを見て債務者は「いずれはこうなると思っていた。」とあきらめ顔をした。その後，執行官の指示で債権者，長男，二男，執行補助者は隣室に移り，執行補助者が債権者に，今後は調停でルールを決めた上で債務者との面会交流を行ってはどうかと話した。

〈コメント〉

　執行補助者は審判書・調査報告書を十分に読み込み，執行官と綿密な打合せを行い，事例の問題点や子どもたちの性格等についての認識を共有して執行に臨んだ。そのことが，執行補助者が債務者に子の状態に目を向けさせる発言，執行官が執行現場に債権者が来ていることを告げることにつながった。

　この例のように，FPIC会員は，債権者との争いに目が向きがちになっている債務者に面会交流等の方法によって家族の問題を解決する方策を提案することがある。

　一般に立会人であれ，執行補助者であれ，執行現場では子どもの状況観察がなにより重要である。また，強制執行が「子どもと債務者との永遠の別れ」とならないようにルールに基づく面会交流の実施の可能性を伝えるなど，執行後も債務者と子どもとの関係が継続するよう働き掛けを行うことも効果的である。

(3) 債権者に報復するための手段として子を拘束しているタイプ

当 事 者：債権者母　債務者父　子長男7歳　長女5歳
関与形態：立会人
執行結果：執行完了
〈事案の概要〉
　父が子どもを引き取ることになった経緯は不明である。父は普段は温厚で理性的な対応をすることが多いが，母との関係においては母を目の敵にした言動をすることが多い。

〈執行の実際〉

　強制執行は2回行われた。1回目は債務者と子どもがいたが，子どもが債務者から強制執行のことを聞いていなかったことから，債務者と執行官の説明を聞いて子どもが泣き出したため執行不能となった。2回目の執行時に執行官は子どもたちに向かって「裁判官はあなた方がお母さんの下に行くことに決めた。」と説明した。債務者は「お父さんは負けた。これからどうするか

は自分で決めなさい。」と言い，子どもたちに債権者と債務者のいずれかを選択させようとした。執行官と債務者の説明に子どもたちが泣き出したため，子どもに決めさせるのは子の福祉上好ましくないと判断した立会人は，執行官の了解を得て，子どもたちに①父と母は今は仲がよくないが，昔は仲がよかったから，二人が生まれた，②裁判官は，二人が父母のどっちも好きなことを知っているので今度は母と暮らしなさいと決めたと子どもたちに語り掛けた。子どもたちは立会人の話を聞いて立会人の手を握りしめ，立会人と手をつないで債権者の下に行った。

〈コメント〉

　この事例の関与形態は立会人である。立会人は，その役割から最初は子どもたちに働き掛けることにためらいがあった。しかし，債務者が執行現場で子どもたちに債権者か債務者のいずれかを選択させることは一方の親を捨てさせることになり，子どもに自責の念を抱かせる結果になるので子の福祉上望ましくないと判断し，執行官の了解を得て，立会人の役割を超える子どもへの働き掛けを行ったものである。

　執行官は，執行現場で債務者が子どもに意見を言わせようとする場合は，制止しなければいけないこと，子どもに意見を言わせることが子どもを傷付けることは承知しているものである。ところが，実際には，執行現場で子どもに意見を言わせている事例も見受けられた。前後の状況から推測するに，子どもに意見を言わせる局面に至ったのは，事前準備段階で執行官と執行補助者等が十分な打合せができていないことから債務者の勢いに押された結果であること

が多いように思われる。

　この事例からは，事前準備段階での打合せの重要性が指摘できるとともに，関与形態の選択の在り方，立会人の役割等の検討の必要性が指摘できよう。

（4）　債務者の父母が孫である子に執着しているタイプ

> 当 事 者：債権者母　債務者父　子長女1歳
> 関与形態：執行補助者
> 執行の結果：執行完了
> 〈事案の概要〉
> 　母は，父，父の両親と同居していたが，母の生活態度をめぐって父の両親と口論になったことから，母は婚家を出て別居した。母が家裁に子の監護者の指定及び子の引渡しの申立てを行い，審判の結果，母が監護者に指定され，父に子の引渡しが命じられたが，父が実行しなかったために強制執行になった。

〈執行の実際〉

　執行の現場では債務者の父母が執行官への対応を行った。債務者の父が債務者に代わって主張した。債務者の父母は執行官等の訪問で子どもの引渡しを覚悟したようで，執行はスムーズにできた。債務者の父母は執行官等に自分たちの子どもへの思いを聞いてもらいたかったようで，債務者宅でいかに子どもを大切に育ててきたかを訴えた。債務者の父は執行官に債権者が出て行った時の子どもの写真と比較して子どもの体の点検を求めた。債務者の父の言葉には，妻である債権者には一言の文句も言わせないといった意地のようなものが感じられた。その後，債務者の父は執行官に，同居中の債権者の生活態度がいかにだらしないものであったかや，孫との関係が切れてしまう

不安を表明し，債権者に子どもの状況を定期的に教えるように伝えてほしいとも訴えた。

〈コメント〉

執行現場において債務者は一切発言することはなかった。債務者が親の意向に縛られて自己決定ができない問題は，子の引渡しの強制執行だけでなく，多くの家事事件に見られることである。債務者の父母は孫である子どもとの関係が切れてしまうことに不安を感じて子どもの状況を教えてほしいと訴えた。執行補助者は，債務者が債権者を相手にして面会交流の申立てを行えば，債務者を通じて子どもの情報を得ることは可能と説明した。

その他に債務者が子どもに執着する理由としては，債務者が自らの発達上の問題が未解決なままであり，それを子どもに重ね合わせている場合や精神的な障害を抱えているために過度に子どもに依存している場合などがある。

（5）小　括

以上の4タイプから感じられたことは，次のとおりである。

ア　立会人等が強制執行の現場で十分な活動をするためには，事前準備段階での執行官との打合せが不可欠である。特に，執行補助者の場合は執行官との間で担当事例についての事例理解，債務者の人格理解，執行の手順，役割分担等について共通認識を持っていることが大切である。事前準備段階での打合せが執行の成否に大きく影響している。

イ　執行補助者は，債権者との争いに目が向きがちになっている債務者に対し，定期的な面会交流の実施等の方法により家族の抱える問題を解決することを助言することがある。FPIC会員は，面会交流支援の実務経験等を踏まえて，子の引渡しの成否だけでなく事後の家族関係の在り方，債務者と子との関係の継続にも配慮した活動を行っている。

ウ　子どもは引渡しの強制執行の現場で，時に父母のいずれかを選択することを迫られるなど極度の緊張状態に置かれることがある。このような場合，執行補助者が子どもの様子を観察した上で執行官への助言又は直接語り掛けることによって子どもの精神的な負担の軽減化を図ることが望ましい。

8　立会人等の経験から感じられる課題

FPICが子の引渡しの強制執行に関与するようになって5年になる。関与することになった当初は「同時存在」を原則とする運用が行われていたが，最近は民事執行法改正の趣旨にのっとり，必ずしも債務者が同席することを要しない運用が行われている。また，FPIC会員の関与形態は執行官の職務の執行状況を監視する立会人から，執行官とともに債務者や子どもに働き掛ける執行補助者にシフトされる傾向があり，それに伴って期待される役割も重くなってきている。

このような流れの中で以下のような課題が見えてきている。

（1）制度上の問題

制度上の問題としては，受任してから執行までの期間が短いことと債権者が執行費用を負担するということとがある。

　ア　保全処分の場合，民事保全法43条の規定により保全命令が送達されてから2週間以内に執行に着手しなければならない。厳しい日程の中で事前準備段階での打合せを行うためには，決定後の早期段階での情報収集が必要になるが，情報収集と日程調整が困難なことから事前準備段階での打合せが不十分なことがある。

　イ　執行費用は債権者の負担になっている。執行費用の問題から，事案からは執行補助者が望ましいのに立会人の関与となっている事例がある。制度的な問題であり，やむを得ないのかもしれないが，子の利益の実現を趣旨とした適正かつ円滑な執行の観点からすると，割り切れないものがある。

(2)　担当者の能力向上

　ア　平成30年6月にFPIC本部で「子の引渡しの強制執行の手引」を作成して各相談室に送付している。手引書には強制執行の趣旨・手順等を記載しているが，FPICの関与形態に執行補助者が多くなっていることを踏まえると，手引書の改訂は喫緊の課題である。

　民事執行法の改正の趣旨，運用の実情，執行補助者又は立会人としての執行官との事前打合せの在り方，債務者と対応する上での留意点，説得技法等について記載することになろう。

　イ　担当者の能力向上を図るには執行現場での関与に関する技法研修と執行官や会員相互の情報交換とが必要である。東京，大阪等の相談室では執行官を講師に招いて研修会を行っているが，執行の実情を理解することにとどまっており，期待されている役割を果たすのに十分とは言い難い実情

にある。

　各相談室で担当事例についての事例検討会を行い，事例集の発刊や技法の習得に踏み込んだ研究会の実施等によりFPIC会員の情報の共有化，執務能力の向上を図ることが必要である。

(3)　執行官に期待するもの

　執行場面では執行官が指導性を発揮することが重要なことは言うまでもない。執行官がより指導性を発揮するための課題としては次のことがある。

　ア　子の引渡しの強制執行の件数は全国で年間100件程度である。執行官の実務経験が長い方でも子の引渡しの担当経験は多くはない。杉山初江らが指摘しているように，執行官が担当した事例の集積化を行い，「子の引渡し事例集」の作成や担当した事例の事後検討の必要がある[2]。事例集の重要性は前記8(2)イと同旨である。事後検討会は執行官だけでなく立会人等の執行に関与した関係者を入れて行うと多面的な検討をすることができる。

　イ　前記3のとおり全国組織を有し，子の引渡しの強制執行に関与する専門家を推薦できる団体としては，日本臨床心理士会，日本臨床発達心理士会とFPICの3団体がある。児童心理の専門家といってもそれぞれに特徴がある。FPICは債務者や子のアセスメントもできるが，家裁の実務経験が長いことから，家族全体の問題解決を図る調整的な働き掛けを行うことに特徴がある。執行官は，各団体の特徴等を理解した上で立会人等の専門性に着目した適正選択の必要がある。

　ウ　前記8(2)イの担当者の能力向上を図る方策に記述のとおり，執行補助者の場

合，質の高い執行が求められており，執行官と児童心理の専門職団体との緊密な連携が必要である。

　執行官と専門職団体とが各地域で相互交流を行うだけでは限界がある。裁判所が執行官，専門職団体等に出席を求めて執行関係協議会を行うことが望まれる。専門職団体にとっては執行についての理解を深めるだけでなく，他の団体の動きを知ることのできるメリットがある。

　(4)　専門家の給源の確保について

　FPICは11相談室で立会人等を行っているが，全国的にはFPICの空白地域がある。旅費の問題があって遠隔地からの依頼に対応ができていなかったが，最近は，宿泊付きでの関与事例もあった。だが，債権者の費用負担，事前準備段階での執行官との打合せなどの問題があり，これだけで対処できるとは思えない。

　都道府県には，長年児童福祉の問題に関与してきた児童福祉司，心理判定員等の児童相談所OB・OGがいる。これらの人材の活用を考えるべきである。人材の組織化を図り，執行についての研修を行うなどして専門家の給源を確保することが望まれる。

裁判所から自治体等への働き掛けが必要である。

9　おわりに

　子どもは連れ去りの被害に遭うと心に傷を負うことが多い。子どもがどの程度の傷を負うかは，債権者との情緒的なつながり，債務者との関係，子どもの発達段階，性格，ストレス耐性等が影響しているといわれる。一度，子どもの連れ去りを体験した債権者は執行が完了した後も再度連れ去られるのではないかとの不安感，緊張感から日常の子どもの行動に制限を加えることがあり，引渡し終了後の債権者の養育態度が子どもに悪影響を及ぼすことがある。子の福祉という観点からは，引渡し後の債権者の養育や債務者と子どもの関係の構築等の課題が残る。

　連れ去りによって子どもは心に傷を負うが，その傷は治らないものではなく，癒されるものである。できるだけ早く執行を完了し，子どもの養育環境を整えることが必要である。

引用文献
1）大塚慶之「子の引渡執行の実務―事案をもとにした完了要因の分析を中心にして―」新民事執行実務15号169頁
2）園尾隆司監修，杉山初江著「民事執行における『子の引渡し』」（民事法研究会，2010）

参考文献
・小津亮太「国内の子の引渡しの強制執行における専門家の関与の取組みと留意点」新民事執行実務14号3頁
・石田文三監修，大江千佳・太田口宏・小島幸保・渋谷元宏・檜山洋子著「『子どもの引渡し』の法律と実務」（清文社，三訂版，2014）

【巻末資料１】 民事執行法及び国際的な子の奪取の民事上の側面に関する条約の実施に関する法律
の一部を改正する法律　新旧対照条文

（下線部分は改正部分）

一　民事執行法（昭和54年法律第４号）（抄）（第１条関係）

新　法	旧　法
目次 　第４章　債務者の財産状況の調査 　　第１節　財産開示手続（第196条－第203条） 　　第２節　第三者からの情報取得手続（第204条－ 　　　第211条） 　第５章　罰則（第212条－第215条）	目次 　第４章　財産開示手続（第196条－第203条） 　第５章　罰則（第204条－第207条）
（趣旨） 第１条　強制執行，担保権の実行としての競売及び民法（明治29年法律第89号），商法（明治32年法律第48号）その他の法律の規定による換価のための競売並びに債務者の財産状況の調査（以下「民事執行」と総称する。）については，他の法令に定めるもののほか，この法律の定めるところによる。	（趣旨） 第１条　強制執行，担保権の実行としての競売及び民法（明治29年法律第89号），商法（明治32年法律第48号）その他の法律の規定による換価のための競売並びに債務者の財産の開示（以下「民事執行」と総称する。）については，他の法令に定めるもののほか，この法律の定めるところによる。
（暴力団員等に該当しないこと等の陳述） 第65条の２　不動産の買受けの申出は，次の各号のいずれにも該当しない旨を買受けの申出をしようとする者（その者に法定代理人がある場合にあつては当該法定代理人，その者が法人である場合にあつてはその代表者）が最高裁判所規則で定めるところにより陳述しなければ，することができない。 　一　買受けの申出をしようとする者（その者が法人である場合にあつては，その役員）が暴力団員による不当な行為の防止等に関する法律（平成３年法律第77号）第２条第６号に規定する暴力団員（以下この号において「暴力団員」という。）又は暴力団員でなくなつた日から５年を経過しない者（以下この目において「暴力団員等」という。）であること。 　二　自己の計算において当該買受けの申出をさせようとする者（その者が法人である場合にあつては，その役員）が暴力団員等であること。	（新設）
（調査の嘱託） 第68条の４　執行裁判所は，最高価買受申出人（その者が法人である場合にあつては，その役員。以下この項において同じ。）が暴力団員等に該当するか否かについて，必要な調査を執行裁判所の所在地を管轄する都道府県警察に嘱託しなければならない。ただし，最高価買受申出人が暴力団員等に該当しないと認めるべき事情があるものとして最高裁判所規則で定める場合は，この限りでない。 ２　執行裁判所は，自己の計算において最高価買受申出人に買受けの申出をさせた者があると認める場合には，当該買受けの申出をさせた者（その者が法人である場合にあつては，その役員。以下この項にお	（新設）

いて同じ。）が暴力団員等に該当するか否かについて，必要な調査を執行裁判所の所在地を管轄する都道府県警察に嘱託しなければならない。ただし，買受けの申出をさせた者が暴力団員等に該当しないと認めるべき事情があるものとして最高裁判所規則で定める場合は，この限りでない。

（売却不許可事由）

第71条　執行裁判所は，次に掲げる事由があると認めるときは，売却不許可決定をしなければならない。

一～四　（略）

五　最高価買受申出人又は自己の計算において最高価買受申出人に買受けの申出をさせた者が次のいずれかに該当すること。

　イ　暴力団員等（買受けの申出がされた時に暴力団員等であつた者を含む。）

　ロ　法人でその役員のうちに暴力団員等に該当する者があるもの（買受けの申出がされた時にその役員のうちに暴力団員等に該当する者があつたものを含む。）

六　（略）

七　（略）

八　（略）

（給付請求権に対する競合する債権差押命令等の効力の停止等）

第93条の4　第93条第4項の規定により強制管理の開始決定の効力が給付義務者に対して生じたときは，給付請求権に対する差押命令又は差押処分であつて既に効力が生じていたものは，その効力を停止する。ただし，強制管理の開始決定の給付義務者に対する効力の発生が第165条各号（第167条の14第1項において第165条各号（第3号及び第4号を除く。）の規定を準用する場合及び第193条第2項において準用する場合を含む。）に掲げる時後であるときは，この限りでない。

2・3　（略）

（不動産に対する強制競売の規定の準用）

第121条　前款第2目（第45条第1項，第46条第2項，第48条，第54条，第55条第1項第2号，第56条，第64条の2，第65条の2，第68条の4，第71条第5号，第81条及び第82条を除く。）の規定は船舶執行について，第48条，第54条及び第82条の規定は船舶法（明治32年法律第46号）第1条に規定する日本船舶に対する強制執行について，それぞれ準用する。この場合において，第51条第1項中「第181条第1項各号に掲げる文書」とあるのは「文書」と，「一般の先取特権」とあるのは「先取特権」と読み替えるものとする。

（差押命令）

第145条　（略）

2・3　（略）

4　裁判所書記官は，差押命令を送達するに際し，債務者に対し，最高裁判所規則で定めるところにより，第153条第1項又は第2項の規定による当該差

（売却不許可事由）

第71条　（同左）

一～四　（同左）

（新設）

五　（同左）

六　（同左）

七　（同左）

（給付請求権に対する競合する債権差押命令等の効力の停止等）

第93条の4　第93条第4項の規定により強制管理の開始決定の効力が給付義務者に対して生じたときは，給付請求権に対する差押命令又は差押処分であつて既に効力が生じていたものは，その効力を停止する。ただし，強制管理の開始決定の給付義務者に対する効力の発生が第165条各号（第167条の14において第165条各号（第3号及び第4号を除く。）の規定を準用する場合及び第193条第2項において準用する場合を含む。）に掲げる時後であるときは，この限りでない。

2・3　（同左）

（不動産に対する強制競売の規定の準用）

第121条　前款第2目（第45条第1項，第46条第2項，第48条，第54条，第55条第1項（第2号に係る部分に限る。），第56条，第64条の2，第81条及び第82条を除く。）の規定は船舶執行について，第48条，第54条及び第82条の規定は船舶法（明治32年法律第46号）第1条に規定する日本船舶に対する強制執行について準用する。この場合において，第51条第1項中「第181条第1項各号に掲げる文書」とあるのは「文書」と，「一般の先取特権」とあるのは「先取特権」と読み替えるものとする。

（差押命令）

第145条　（同左）

2・3　（同左）

（新設）

押命令の取消しの申立てをすることができる旨その他最高裁判所規則で定める事項を教示しなければならない。	
5　（略）	4　（同左）
6　（略）	5　（同左）
7　執行裁判所は，債務者に対する差押命令の送達をすることができない場合には，差押債権者に対し，相当の期間を定め，その期間内に債務者の住所，居所その他差押命令の送達をすべき場所の申出（第20条において準用する民事訴訟法第110条第1項各号に掲げる場合にあつては，公示送達の申立て。次項において同じ。）をすべきことを命ずることができる。	（新設）
8　執行裁判所は，前項の申出を命じた場合において，差押債権者が同項の申出をしないときは，差押命令を取り消すことができる。	（新設）
（差押債権者の金銭債権の取立て）	（差押債権者の金銭債権の取立て）
第155条　（略）	第155条　（同左）
2　差し押さえられた金銭債権が第152条第1項各号に掲げる債権又は同条第2項に規定する債権である場合（差押債権者の債権に第151条の2第1項各号に掲げる義務に係る金銭債権が含まれているときを除く。）における前項の規定の適用については，同項中「1週間」とあるのは，「4週間」とする。	（新設）
3　（略）	2　（同左）
4　（略）	3　（同左）
5　差押債権者は，第1項の規定により金銭債権を取り立てることができることとなつた日（前項又はこの項の規定による届出をした場合にあつては，最後に当該届出をした日。次項において同じ。）から第3項の支払を受けることなく2年を経過したときは，同項の支払を受けていない旨を執行裁判所に届け出なければならない。	（新設）
6　第1項の規定により金銭債権を取り立てることができることとなつた日から2年を経過した後4週間以内に差押債権者が前二項の規定による届出をしないときは，執行裁判所は，差押命令を取り消すことができる。	（新設）
7　差押債権者が前項の規定により差押命令を取り消す旨の決定の告知を受けてから1週間の不変期間内に第4項の規定による届出（差し押さえられた金銭債権の全部の支払を受けた旨の届出を除く。）又は第5項の規定による届出をしたときは，当該決定は，その効力を失う。	（新設）
8　差押債権者が第5項に規定する期間を経過する前に執行裁判所に第3項の支払を受けていない旨の届出をしたときは，第5項及び第6項の規定の適用については，第5項の規定による届出があつたものとみなす。	（新設）
（転付命令）	（転付命令）
第159条　（略）	第159条　（同左）
2～5　（略）	2～5　（同左）
6　差し押さえられた金銭債権が第152条第1項各号	（新設）

に掲げる債権又は同条第2項に規定する債権である場合（差押債権者の債権に第151条の2第1項各号に掲げる義務に係る金銭債権が含まれているときを除く。）における前項の規定の適用については，同項中「確定しなければ」とあるのは，「確定し，かつ，債務者に対して差押命令が送達された日から4週間を経過するまでは，」とする。

7　（略）

（転付命令の効力）

第160条　転付命令が効力を生じた場合においては，差押債権者の債権及び執行費用は，転付命令に係る金銭債権が存する限り，その券面額で，転付命令が第三債務者に送達された時に弁済されたものとみなす。

（譲渡命令等）

第161条　（略）

2～4　（略）

5　差し押さえられた債権が第152条第1項各号に掲げる債権又は同条第2項に規定する債権である場合（差押債権者の債権に第151条の2第1項各号に掲げる義務に係る金銭債権が含まれているときを除く。）における前項の規定の適用については，同項中「確定しなければ」とあるのは，「確定し，かつ，債務者に対して差押命令が送達された日から4週間を経過するまでは，」とする。

6　（略）

7　第159条第2項及び第3項並びに前条の規定は譲渡命令について，第159条第7項の規定は譲渡命令に対する執行抗告について，第65条及び第68条の規定は売却命令に基づく執行官の売却について，第159条第2項の規定は管理命令について，第84条第3項及び第4項，第88条，第94条第2項，第95条第1項，第3項及び第4項，第98条から第104条まで並びに第106条から第110条までの規定は管理命令に基づく管理について，それぞれ準用する。この場合において，第84条第3項及び第4項中「代金の納付後」とあるのは，「第161条第7項において準用する第107条第1項の期間の経過後」と読み替えるものとする。

（移転登記等の嘱託）

第164条　第150条に規定する債権について，転付命令若しくは譲渡命令が効力を生じたとき，又は売却命令による売却が終了したときは，裁判所書記官は，申立てにより，その債権を取得した差押債権者又は買受人のために先取特権，質権又は抵当権の移転の登記等を嘱託し，及び同条の規定による登記等の抹消を嘱託しなければならない。

2～6　（略）

（配当等の実施）

第166条　執行裁判所は，第161条第7項において準用する第109条に規定する場合のほか，次に掲げる場合には，配当等を実施しなければならない。

一～三　（略）

6　（同左）

（転付命令の効力）

第160条　差押命令及び転付命令が確定した場合においては，差押債権者の債権及び執行費用は，転付命令に係る金銭債権が存する限り，その券面額で，転付命令が第三債務者に送達された時に弁済されたものとみなす。

（譲渡命令等）

第161条　（同左）

2～4　（同左）

（新設）

5　（同左）

6　第159条第2項及び第3項並びに前条の規定は譲渡命令について，第159条第6項の規定は譲渡命令に対する執行抗告について，第65条及び第68条の規定は売却命令に基づく執行官の売却について，第159条第2項の規定は管理命令について，第84条第3項及び第4項，第88条，第94条第2項，第95条第1項，第3項及び第4項，第98条から第104条まで並びに第106条から第110条までの規定は管理命令に基づく管理について準用する。この場合において，第84条第3項及び第4項中「代金の納付後」とあるのは，「第161条において準用する第107条第1項の期間の経過後」と読み替えるものとする。

（移転登記等の嘱託）

第164条　第150条に規定する債権について，転付命令若しくは譲渡命令が確定したとき，又は売却命令による売却が終了したときは，裁判所書記官は，申立てにより，その債権を取得した差押債権者又は買受人のために先取特権，質権又は抵当権の移転の登記等を嘱託し，及び同条の規定による登記等の抹消を嘱託しなければならない。

2～6　（同左）

（配当等の実施）

第166条　執行裁判所は，第161条第6項において準用する第109条に規定する場合のほか，次に掲げる場合には，配当等を実施しなければならない。

一～三　（同左）

2　（略）

3　差し押さえられた債権が第152条第１項各号に掲げる債権又は同条第２項に規定する債権である場合（差押債権者（数人あるときは，そのうち少なくとも１人以上。）の債権に第151条の２第１項各号に掲げる義務に係る金銭債権が含まれているときを除く。）には，債務者に対して差押命令が送達された日から４週間を経過するまでは，配当等を実施してはならない。

（差押処分）

第167条の５　（略）

2　第145条第２項，第３項，第５項，第７項及び第８項の規定は差押処分について，同条第４項の規定は差押処分を送達する場合について，それぞれ準用する。この場合において，同項中「第153条第１項又は第２項」とあるのは「第167条の８第１項又は第２項」と，同条第７項及び第８項中「執行裁判所」とあるのは「裁判所書記官」と読み替えるものとする。

3・4　（略）

5　民事訴訟法第74条第１項の規定は，差押処分の申立てについての裁判所書記官の処分について準用する。この場合においては，前二項及び同条第３項の規定を準用する。

6　第２項において読み替えて準用する第145条第８項の規定による裁判所書記官の処分に対する執行異議の申立ては，その告知を受けた日から１週間の不変期間内にしなければならない。

7　前項の執行異議の申立てを却下する裁判に対しては，執行抗告をすることができる。

8　第２項において読み替えて準用する第145条第８項の規定による裁判所書記官の処分は，確定しなければその効力を生じない。

（差押禁止債権の範囲の変更）

第167条の８　執行裁判所は，申立てにより，債務者及び債権者の生活の状況その他の事情を考慮して，差押処分の全部若しくは一部を取り消し，又は第167条の14第１項において準用する第152条の規定により差し押さえてはならない金銭債権の部分について差押処分をすべき旨を命ずることができる。

2・3　（略）

（配当等のための移行等）

第167条の11　第167条の14第１項において準用する第156条第１項若しくは第２項又は第157条第５項の規定により供託がされた場合において，債権者が２人以上であつて供託金で各債権者の債権及び執行費用の全部を弁済することができないため配当を実施すべきときは，執行裁判所は，その所在地を管轄する地方裁判所における債権執行の手続に事件を移行させなければならない。

2〜4　（略）

5　差押えに係る金銭債権について更に差押命令が発せられた場合において，当該差押命令を発した執行

2　（同左）

（新設）

（差押処分）

第167条の５　（同左）

2　第145条第２項から第４項までの規定は，差押処分について準用する。

3・4　（同左）

5　民事訴訟法第74条第１項の規定は，差押処分の申立てについての裁判所書記官の処分について準用する。この場合においては，第３項及び前項並びに同条第３項の規定を準用する。

（新設）

（新設）

（新設）

（差押禁止債権の範囲の変更）

第167条の８　執行裁判所は，申立てにより，債務者及び債権者の生活の状況その他の事情を考慮して，差押処分の全部若しくは一部を取り消し，又は第167条の14において準用する第152条の規定により差し押さえてはならない金銭債権の部分について差押処分をすべき旨を命ずることができる。

2・3　（同左）

（配当等のための移行等）

第167条の11　第167条の14において準用する第156条第１項若しくは第２項又は第157条第５項の規定により供託がされた場合において，債権者が２人以上であつて供託金で各債権者の債権及び執行費用の全部を弁済することができないため配当を実施すべきときは，執行裁判所は，その所在地を管轄する地方裁判所における債権執行の手続に事件を移行させなければならない。

2〜4　（同左）

5　差押えに係る金銭債権について更に差押命令が発せられた場合において，当該差押命令を発した執行

裁判所が第161条第7項において準用する第109条の規定又は第166条第1項第2号の規定により配当等を実施するときは，執行裁判所は，当該差押命令を発した執行裁判所における債権執行の手続に事件を移行させなければならない。

6　第1項，第2項，第4項又は前項の規定による決定に対しては，不服を申し立てることができない。

7　第84条第3項及び第4項，第88条，第91条（第1項第6号及び第7号を除く。），第92条第1項並びに第166条第3項の規定は第3項の規定により裁判所書記官が実施する弁済金の交付の手続について，前条第3項の規定は第1項，第2項，第4項又は第5項の規定による決定について，同条第6項の規定は第1項，第2項，第4項又は第5項の規定による決定が効力を生じた場合について，それぞれ準用する。この場合において，第166条第3項中「差押命令」とあるのは，「差押処分」と読み替えるものとする。

　　（債権執行の規定の準用）

第167条の14　第146条から第152条まで，第155条から第158条まで，第164条第5項及び第6項並びに第165条（第3号及び第4号を除く。）の規定は，少額訴訟債権執行について準用する。この場合において，第146条，第155条第4項から第6項まで及び第8項並びに第156条第3項中「執行裁判所」とあるのは「裁判所書記官」と，第146条第1項中「差押命令を発する」とあるのは「差押処分をする」と，第147条第1項，第148条第2項，第150条，第155条第1項，第6項及び第7項並びに第156条第1項中「差押命令」とあるのは「差押処分」と，第147条第1項及び第148条第1項中「差押えに係る債権」とあるのは「差押えに係る金銭債権」と，第149条中「差押命令が発せられたとき」とあるのは「差押処分がされたとき」と，第155条第7項中「決定」とあるのは「裁判所書記官の処分」と，第164条第5項中「差押命令の取消決定」とあるのは「差押処分の取消決定若しくは差押処分を取り消す旨の裁判所書記官の処分」と，第165条（見出しを含む。）中「配当等」とあるのは「弁済金の交付」と読み替えるものとする。

2　第167条の5第6項から第8項までの規定は，前項において読み替えて準用する第155条第6項の規定による裁判所書記官の処分がされた場合について準用する。

　　（目的物を第三者が占有する場合の引渡しの強制執行）

第170条　（略）

2　第144条，第145条（第4項を除く。），第147条，第148条，第155条第1項及び第3項並びに第158条の規定は，前項の強制執行について準用する。

　　（子の引渡しの強制執行）

第174条　子の引渡しの強制執行は，次の各号に掲げる方法のいずれかにより行う。

裁判所が第161条第6項において準用する第109条の規定又は第166条第1項第2号の規定により配当等を実施するときは，執行裁判所は，当該差押命令を発した執行裁判所における債権執行の手続に事件を移行させなければならない。

6　（同左）

7　第84条第3項及び第4項，第88条，第91条（第1項第6号及び第7号を除く。）並びに第92条第1項の規定は第3項の規定により裁判所書記官が実施する弁済金の交付の手続について，前条第3項の規定は第1項，第2項，第4項又は第5項の規定による決定について，同条第6項の規定は第1項，第2項，第4項又は第5項の規定による決定が効力を生じた場合について準用する。

　　（債権執行の規定の準用）

第167条の14　第146条から第152条まで，第155条から第158条まで，第164条第5項及び第6項並びに第165条（第3号及び第4号を除く。）の規定は，少額訴訟債権執行について準用する。この場合において，第146条，第155条第3項及び第156条第3項中「執行裁判所」とあるのは「裁判所書記官」と，第146条第1項中「差押命令を発する」とあるのは「差押処分をする」と，第147条第1項，第148条第2項，第150条及び第155条第1項中「差押命令」とあるのは「差押処分」と，第147条第1項及び第148条第1項中「差押えに係る債権」とあるのは「差押えに係る金銭債権」と，第149条中「差押命令が発せられたとき」とあるのは「差押処分がされたとき」と，第164条第5項中「差押命令の取消決定」とあるのは「差押処分の取消決定若しくは差押処分を取り消す旨の裁判所書記官の処分」と，第165条（見出しを含む。）中「配当等」とあるのは「弁済金の交付」と読み替えるものとする。

（新設）

　　（目的物を第三者が占有する場合の引渡しの強制執行）

第170条　（同左）

2　第144条，第145条，第147条，第148条，第155条第1項及び第2項並びに第158条の規定は，前項の強制執行について準用する。

（新設）

　一　執行裁判所が決定により執行官に子の引渡しを
　　実施させる方法
　二　第172条第1項に規定する方法
2　前項第1号に掲げる方法による強制執行の申立て
　は，次の各号のいずれかに該当するときでなければ
　することができない。
　一　第172条第1項の規定による決定が確定した日
　　から2週間を経過したとき（当該決定において定
　　められた債務を履行すべき一定の期間の経過がこ
　　れより後である場合にあつては，その期間を経過
　　したとき）。
　二　前項第2号に掲げる方法による強制執行を実施
　　しても，債務者が子の監護を解く見込みがあると
　　は認められないとき。
　三　子の急迫の危険を防止するため直ちに強制執行
　　をする必要があるとき。
3　執行裁判所は，第1項第1号の規定による決定を
　する場合には，債務者を審尋しなければならない。
　ただし，子に急迫した危険があるときその他の審尋
　をすることにより強制執行の目的を達することがで
　きない事情があるときは，この限りでない。
4　執行裁判所は，第1項第1号の規定による決定に
　おいて，執行官に対し，債務者による子の監護を解
　くために必要な行為をすべきことを命じなければな
　らない。
5　第171条第2項の規定は第1項第1号の執行裁判
　所について，同条第4項の規定は同号の規定による
　決定をする場合について，それぞれ準用する。
6　第2項の強制執行の申立て又は前項において準用
　する第171条第4項の申立てについての裁判に対し
　ては，執行抗告をすることができる。
　（執行官の権限等）
第175条　執行官は，債務者による子の監護を解くた
　めに必要な行為として，債務者に対し説得を行うほ
　か，債務者の住居その他債務者の占有する場所にお
　いて，次に掲げる行為をすることができる。
　一　その場所に立ち入り，子を捜索すること。この
　　場合において，必要があるときは，閉鎖した戸を
　　開くため必要な処分をすること。
　二　債権者若しくはその代理人と子を面会させ，又
　　は債権者若しくはその代理人と債務者を面会させ
　　ること。
　三　その場所に債権者又はその代理人を立ち入らせ
　　ること。
2　執行官は，子の心身に及ぼす影響，当該場所及び
　その周囲の状況その他の事情を考慮して相当と認め
　るときは，前項に規定する場所以外の場所において
　も，債務者による子の監護を解くために必要な行為
　として，当該場所の占有者の同意を得て又は次項の
　規定による許可を受けて，前項各号に掲げる行為を
　することができる。
3　執行裁判所は，子の住居が第1項に規定する場所
　以外の場所である場合において，債務者と当該場所

（新設）

の占有者との関係，当該占有者の私生活又は業務に
与える影響その他の事情を考慮して相当と認めると
きは，債権者の申立てにより，当該占有者の同意に
代わる許可をすることができる。

4　執行官は，前項の規定による許可を受けて第1項
各号に掲げる行為をするときは，職務の執行に当た
り，当該許可を受けたことを証する文書を提示しな
ければならない。

5　第1項又は第2項の規定による債務者による子の
監護を解くために必要な行為は，債権者が第1項又
は第2項に規定する場所に出頭した場合に限り，す
ることができる。

6　執行裁判所は，債権者が第1項又は第2項に規定
する場所に出頭することができない場合であつて
も，その代理人が債権者に代わつて当該場所に出頭
することが，当該代理人と子との関係，当該代理人
の知識及び経験その他の事情に照らして子の利益の
保護のために相当と認めるときは，前項の規定にか
かわらず，債権者の申立てにより，当該代理人が当
該場所に出頭した場合においても，第1項又は第2
項の規定による債務者による子の監護を解くために
必要な行為をすることができる旨の決定をすること
ができる。

7　執行裁判所は，いつでも前項の決定を取り消すこ
とができる。

8　執行官は，第6条第1項の規定にかかわらず，子
に対して威力を用いることはできない。子以外の者
に対して威力を用いることが子の心身に有害な影響
を及ぼすおそれがある場合においては，当該子以外
の者についても，同様とする。

9　執行官は，第1項又は第2項の規定による債務者
による子の監護を解くために必要な行為をするに際
し，債権者又はその代理人に対し，必要な指示をす
ることができる。

　（執行裁判所及び執行官の責務）

第176条　執行裁判所及び執行官は，第174条第1項第
1号に掲げる方法による子の引渡しの強制執行の手
続において子の引渡しを実現するに当たつては，子
の年齢及び発達の程度その他の事情を踏まえ，でき
る限り，当該強制執行が子の心身に有害な影響を及
ぼさないように配慮しなければならない。

	（新設）
（意思表示の擬制）	（意思表示の擬制）
第177条　（略）	第174条　（同左）
2・3　（略）	2・3　（同左）
第178条及び第179条　削除	（新設）
（削る）	第175条から第179条まで　削除
第4章　債務者の財産状況の調査	第4章　財産開示手続
第1節　財産開示手続	（新設）
（管轄）	（管轄）
第196条　この節の規定による債務者の財産の開示に関する手続（以下「財産開示手続」という。）については，債務者の普通裁判籍の所在地を管轄する地方裁判所が，執行裁判所として管轄する。	第196条　この章の規定による債務者の財産の開示に関する手続（以下「財産開示手続」という。）については，債務者の普通裁判籍の所在地を管轄する地方裁判所が，執行裁判所として管轄する。

（実施決定）

第197条　執行裁判所は，次の各号のいずれかに該当するときは，執行力のある債務名義の正本を有する金銭債権の債権者の申立てにより，債務者について，財産開示手続を実施する旨の決定をしなければならない。ただし，当該執行力のある債務名義の正本に基づく強制執行を開始することができないときは，この限りでない。

　一・二　（略）

2　執行裁判所は，次の各号のいずれかに該当するときは，債務者の財産について一般の先取特権を有することを証する文書を提出した債権者の申立てにより，当該債務者について，財産開示手続を実施する旨の決定をしなければならない。

　一・二　（略）

3　前二項の規定にかかわらず，債務者（債務者に法定代理人がある場合にあつては当該法定代理人，債務者が法人である場合にあつてはその代表者。第1号において同じ。）が前二項の申立ての日前3年以内に財産開示期日（財産を開示すべき期日をいう。以下同じ。）においてその財産について陳述をしたものであるときは，財産開示手続を実施する旨の決定をすることができない。ただし，次の各号に掲げる事由のいずれかがある場合は，この限りでない。

　一～三　（略）

4　第1項又は第2項の決定がされたときは，当該決定（同項の決定にあつては，当該決定及び同項の文書の写し）を債務者に送達しなければならない。

5・6　（略）

（財産開示事件の記録の閲覧等の制限）

第201条　財産開示事件の記録中財産開示期日に関する部分についての第17条の規定による請求は，次に掲げる者に限り，することができる。

　一　（略）

　二　債務者に対する金銭債権について執行力のある債務名義の正本を有する債権者

　三・四　（略）

　　第2節　第三者からの情報取得手続

（管轄）

第204条　この節の規定による債務者の財産に係る情報の取得に関する手続（以下「第三者からの情報取得手続」という。）については，債務者の普通裁判籍の所在地を管轄する地方裁判所が，この普通裁判籍がないときはこの節の規定により情報の提供を命じられるべき者の所在地を管轄する地方裁判所が，執行裁判所として管轄する。

（債務者の不動産に係る情報の取得）

（実施決定）

第197条　執行裁判所は，次のいずれかに該当するときは，執行力のある債務名義の正本（債務名義が第22条第2号，第3号の2から第4号まで若しくは第5号に掲げるもの又は確定判決と同一の効力を有する支払督促であるものを除く。）を有する金銭債権の債権者の申立てにより，債務者について，財産開示手続を実施する旨の決定をしなければならない。ただし，当該執行力のある債務名義の正本に基づく強制執行を開始することができないときは，この限りでない。

　一・二　（同左）

2　執行裁判所は，次のいずれかに該当するときは，債務者の財産について一般の先取特権を有することを証する文書を提出した債権者の申立てにより，当該債務者について，財産開示手続を実施する旨の決定をしなければならない。

　一・二　（同左）

3　前二項の規定にかかわらず，債務者（債務者に法定代理人がある場合にあつては当該法定代理人，債務者が法人である場合にあつてはその代表者。第1号において同じ。）が前二項の申立ての日前3年以内に財産開示期日（財産を開示すべき期日をいう。以下同じ。）においてその財産について陳述をしたものであるときは，財産開示手続を実施する旨の決定をすることができない。ただし，次に掲げる事由のいずれかがある場合は，この限りでない。

　一～三　（同左）

4　第1項又は第2項の決定がされたときは，当該決定（第2項の決定にあつては，当該決定及び同項の文書の写し）を債務者に送達しなければならない。

5・6　（同左）

（財産開示事件の記録の閲覧等の制限）

第201条　（同左）

　一　（同左）

　二　債務者に対する金銭債権について執行力のある債務名義の正本（債務名義が第22条第2号，第3号の2から第4号まで若しくは第5号に掲げるもの又は確定判決と同一の効力を有する支払督促であるものを除く。）を有する債権者

　三・四　（同左）

（新設）

（新設）

第205条　執行裁判所は，次の各号のいずれかに該当するときは，それぞれ当該各号に定める者の申立てにより，法務省令で定める登記所に対し，債務者が所有権の登記名義人である土地又は建物その他これらに準ずるものとして法務省令で定めるものに対する強制執行又は担保権の実行の申立てをするのに必要となる事項として最高裁判所規則で定めるものについて情報の提供をすべき旨を命じなければならない。ただし，第1号に掲げる場合において，同号に規定する執行力のある債務名義の正本に基づく強制執行を開始することができないときは，この限りでない。	（新設）

一	第197条第1項各号のいずれかに該当する場合	執行力のある債務名義の正本を有する金銭債権の債権者
二	第197条第2項各号のいずれかに該当する場合	債務者の財産について一般の先取特権を有することを証する文書を提出した債権者

2　前項の申立ては，財産開示期日における手続が実施された場合（当該財産開示期日に係る財産開示手続において第200条第1項の許可がされたときを除く。）において，当該財産開示期日から3年以内に限り，することができる。

3　第1項の申立てを認容する決定がされたときは，当該決定（同項第2号に掲げる場合にあつては，当該決定及び同号に規定する文書の写し）を債務者に送達しなければならない。

4　第1項の申立てについての裁判に対しては，執行抗告をすることができる。

5　第1項の申立てを認容する決定は，確定しなければその効力を生じない。

　（債務者の給与債権に係る情報の取得）

第206条　執行裁判所は，第197条第1項各号のいずれかに該当するときは，第151条の2第1項各号に掲げる義務に係る請求権又は人の生命若しくは身体の侵害による損害賠償請求権について執行力のある債務名義の正本を有する債権者の申立てにより，次の各号に掲げる者であつて最高裁判所規則で定めるところにより当該債権者が選択したものに対し，それぞれ当該各号に定める事項について情報の提供をすべき旨を命じなければならない。ただし，当該執行力のある債務名義の正本に基づく強制執行を開始することができないときは，この限りでない。	（新設）

一	市町村（特別区を含む。以下この号において同じ。）	債務者が支払を受ける地方税法（昭和25年法律第226号）第317条の2第1項ただし書に規定する給与に係る債権に対する強制執行又は担保権の実行の申立てをするのに必要となる事項として最高裁判所規則で定めるもの（当該市町村が債務者の市町村民税（特別区民税を含む。）に係る事

二　日本年金機構，国家公務員共済組合，国家公務員共済組合連合会，地方公務員共済組合，全国市町村職員共済組合連合会又は日本私立学校振興・共済事業団	務に関して知り得たものに限る。）	
	債務者（厚生年金保険の被保険者であるものに限る。以下この号において同じ。）が支払を受ける厚生年金保険法（昭和29年法律第115号）第3条第1項第3号に規定する報酬又は同項第4号に規定する賞与に係る債権に対する強制執行又は担保権の実行の申立てをするのに必要となる事項として最高裁判所規則で定めるもの（情報の提供を命じられた者が債務者の厚生年金保険に係る事務に関して知り得たものに限る。）	

2　前条第2項から第5項までの規定は，前項の申立て及び当該申立てについての裁判について準用する。

（債務者の預貯金債権等に係る情報の取得）

第207条　執行裁判所は，第197条第1項各号のいずれかに該当するときは，執行力のある債務名義の正本を有する金銭債権の債権者の申立てにより，次の各号に掲げる者であつて最高裁判所規則で定めるところにより当該債権者が選択したものに対し，それぞれ当該各号に定める事項について情報の提供をすべき旨を命じなければならない。ただし，当該執行力のある債務名義の正本に基づく強制執行を開始することができないときは，この限りでない。		（新設）
一　銀行等（銀行，信用金庫，信用金庫連合会，労働金庫，労働金庫連合会，信用協同組合，信用協同組合連合会，農業協同組合，農業協同組合連合会，漁業協同組合，漁業協同組合連合会，水産加工業協同組合，水産加工業協同組合連合会，農林中央金庫，株式会社商工組合中央金庫又は独立行政法人郵便貯金簡易生命保険管理・郵便局ネットワーク支援機構をいう。以下この号において同じ。）	債務者の当該銀行等に対する預貯金債権（民法第466条の5第1項に規定する預貯金債権をいう。）に対する強制執行又は担保権の実行の申立てをするのに必要となる事項として最高裁判所規則で定めるもの	

二　振替機関等（社債，株式等の振替に関する法律第2条第5項に規定する振替機関等をいう。以下この号において同じ。）

債務者の有する振替社債等（同法第279条に規定する振替社債等であつて，当該振替機関等の備える振替口座簿における債務者の口座に記載され，又は記録されたものに限る。）に関する強制執行又は担保権の実行の申立てをするのに必要となる事項として最高裁判所規則で定めるもの

2　執行裁判所は，第197条第2項各号のいずれかに該当するときは，債務者の財産について一般の先取特権を有することを証する文書を提出した債権者の申立てにより，前項各号に掲げる者であつて最高裁判所規則で定めるところにより当該債権者が選択したものに対し，それぞれ当該各号に定める事項について情報の提供をすべき旨を命じなければならない。

3　前二項の申立てを却下する裁判に対しては，執行抗告をすることができる。

（情報の提供の方法等）

第208条　第205条第1項，第206条第1項又は前条第1項若しくは第2項の申立てを認容する決定により命じられた情報の提供は，執行裁判所に対し，書面でしなければならない。　　　　　　　　　　　　　（新設）

2　前項の情報の提供がされたときは，執行裁判所は，最高裁判所規則で定めるところにより，申立人に同項の書面の写しを送付し，かつ，債務者に対し，同項に規定する決定に基づいてその財産に関する情報の提供がされた旨を通知しなければならない。

（第三者からの情報取得手続に係る事件の記録の閲覧等の制限）

第209条　第205条又は第207条の規定による第三者からの情報取得手続に係る事件の記録中前条第1項の情報の提供に関する部分についての第17条の規定による請求は，次に掲げる者に限り，することができる。　　　　　　　　　　　　　　　　（新設）

一　申立人

二　債務者に対する金銭債権について執行力のある債務名義の正本を有する債権者

三　債務者の財産について一般の先取特権を有することを証する文書を提出した債権者

四　債務者

五　当該情報の提供をした者

2　第206条の規定による第三者からの情報取得手続に係る事件の記録中前条第1項の情報の提供に関する部分についての第17条の規定による請求は，次に掲げる者に限り，することができる。

一　申立人

二　債務者に対する第151条の2第1項各号に掲げる義務に係る請求権又は人の生命若しくは身体の侵害による損害賠償請求権について執行力のある

　　　債務名義の正本を有する債権者
　三　債務者
　四　当該情報の提供をした者
　（第三者からの情報取得手続に係る事件に関する情報の目的外利用の制限）
第210条　申立人は，第三者からの情報取得手続において得られた債務者の財産に関する情報を，当該債務者に対する債権をその本旨に従つて行使する目的以外の目的のために利用し，又は提供してはならない。
　2　前条第1項第2号若しくは第3号又は第2項第2号に掲げる者であつて，第三者からの情報取得手続に係る事件の記録中の第208条第1項の情報の提供に関する部分の情報を得たものは，当該情報を当該事件の債務者に対する債権をその本旨に従つて行使する目的以外の目的のために利用し，又は提供してはならない。
　（強制執行及び担保権の実行の規定の準用）
第211条　第39条及び第40条の規定は執行力のある債務名義の正本に基づく第三者からの情報取得手続について，第42条（第2項を除く。）の規定は第三者からの情報取得手続について，第182条及び第183条の規定は一般の先取特権に基づく第三者からの情報取得手続について，それぞれ準用する。
　（公示書等損壊罪）
第212条　（略）
　（陳述等拒絶の罪）
第213条　次の各号のいずれかに該当する者は，6月以下の懲役又は50万円以下の罰金に処する。
　一・二　（略）
　三　第65条の2（第188条（第195条の規定によりその例によることとされる場合を含む。）において準用する場合を含む。）の規定により陳述すべき事項について虚偽の陳述をした者
　四　（略）
　五　執行裁判所の呼出しを受けた財産開示期日において，正当な理由なく，出頭せず，又は宣誓を拒んだ開示義務者
　六　第199条第7項において準用する民事訴訟法第201条第1項の規定により財産開示期日において宣誓した開示義務者であつて，正当な理由なく第199条第1項から第4項までの規定により陳述すべき事項について陳述をせず，又は虚偽の陳述をしたもの
　2　（略）
　（過料に処すべき場合）
第214条　（削る）

　　　（新設）

　　　（新設）

　（公示書等損壊罪）
第204条　（同左）
　（陳述等拒絶の罪）
第205条　（同左）

　一・二　（同左）
　　　（新設）

　三　（同左）
　　　（新設）

　　　（新設）

　2　（同左）
　（過料に処すべき場合）
第206条　次の各号に掲げる場合には，30万円以下の過料に処する。
　一　開示義務者が，正当な理由なく，執行裁判所の呼出しを受けた財産開示期日に出頭せず，又は当該財産開示期日において宣誓を拒んだとき。
　二　財産開示期日において宣誓した開示義務者が，正当な理由なく第199条第1項から第4項までの

民事執行法及び国際的な子の奪取の民事上の側面に関する条約の実施に関する法律の一部を改正する法律　新旧対照条文

第202条の規定に違反して，同条の情報を同条に規定する目的以外の目的のために利用し，又は提供した者は，30万円以下の過料に処する。	規定により陳述すべき事項について陳述をせず，又は虚偽の陳述をしたとき。
<u>2　第210条の規定に違反して，同条の情報を同条に規定する目的以外の目的のために利用し，又は提供した者も，前項と同様とする。</u>	2　第202条の規定に違反して，同条の情報を同条に規定する目的以外の目的のために利用し，又は提供した者は，30万円以下の過料に処する。
（管轄）	（新設）
第215条　（略）	
	（管轄等）
	第207条　（同左）

二　国際的な子の奪取の民事上の側面に関する条約の実施に関する法律（平成25年法律第48号）（抄）
（第2条関係）

新　法	旧　法
（子の返還の代替執行と間接強制との関係） 第136条　子の返還の代替執行の申立ては，次の各号のいずれかに該当するときでなければすることができない。	（間接強制の前置） 第136条　子の返還の代替執行の申立ては，民事執行法第172条第1項の規定による決定が確定した日から2週間を経過した後（当該決定において定められた債務を履行すべき一定の期間の経過がこれより後である場合は，その期間を経過した後）でなければすることができない。
一　民事執行法第172条第1項の規定による決定が確定した日から2週間を経過したとき（当該決定において定められた債務を履行すべき一定の期間の経過がこれより後である場合にあっては，その期間を経過したとき）。	（新設）
二　民事執行法第172条第1項に規定する方法による強制執行を実施しても，債務者が常居所地国に子を返還する見込みがあるとは認められないとき。	（新設）
三　子の急迫の危険を防止するため直ちに子の返還の代替執行をする必要があるとき。	（新設）
（子の返還を実施させる決定） 第138条　（略）	（子の返還を実施させる決定） 第138条　（同左）
2　執行裁判所は，民事執行法第171条第3項の規定にかかわらず，子に急迫した危険があるときその他の審尋をすることにより強制執行の目的を達することができない事情があるときは，債務者を審尋しないで第134条第1項の決定をすることができる。	（新設）
（執行官の権限等） 第140条　民事執行法第175条（第8項を除く。）の規定は子の返還の代替執行における執行官の権限及び当該権限の行使に係る執行裁判所の裁判について，同法第176条の規定は子の返還の代替執行の手続について，それぞれ準用する。この場合において，同法第175条第1項第2号中「債権者若しくはその代理人と子」とあるのは「返還実施者（国際的な子の奪取の民事上の側面に関する条約の実施に関する法律（平成25年法律第48号）第137条に規定する返還実施者をいう。以下同じ。），債権者若しくは同法第140条第1項において準用する第6項に規定する代理人と子」と，「又は債権者若しくはその代理人」とあるのは「又は返還実施者，債権者若しくは同項に規定する代理人」と，同項第3号及び同条第9項中「債権者又はその代理人」とあるのは「返還実施者，債権者又は国際的な子の奪取の民事上の側面に関する条約の実施に関する法律第140条第1項において準用する第6項に規定する代理人」と読み替えるものとする。	（執行官の権限） 第140条　執行官は，債務者による子の監護を解くために必要な行為として，債務者に対し説得を行うほか，債務者の住居その他債務者の占有する場所において，次に掲げる行為をすることができる。 　一　債務者の住居その他債務者の占有する場所に立ち入り，その場所において子を捜索すること。この場合において，必要があるときは，閉鎖した戸を開くため必要な処分をすること。 　二　返還実施者と子を面会させ，又は返還実施者と債務者を面会させること。 　三　債務者の住居その他債務者の占有する場所に返還実施者を立ち入らせること。
（削る）	2　執行官は，前項に規定する場所以外の場所においても，子の心身に及ぼす影響，当該場所及びその周囲の状況その他の事情を考慮して相当と認めるとき

民事執行法及び国際的な子の奪取の民事上の側面に関する条約の実施に関する法律の一部を改正する法律　新旧対照条文

（削る）	は，子の監護を解くために必要な行為として，債務者に対し説得を行うほか，当該場所を占有する者の同意を得て，同項各号に掲げる行為をすることができる。
	3　前二項の規定による子の監護を解くために必要な行為は，子が債務者と共にいる場合に限り，することができる。
2　執行官は，前項において準用する民事執行法第175条第1項又は第2項の規定による子の監護を解くために必要な行為をするに際し抵抗を受けるときは，その抵抗を排除するために，威力を用い，又は警察上の援助を求めることができる。	4　執行官は，第1項又は第2項の規定による子の監護を解くために必要な行為をするに際し抵抗を受けるときは，その抵抗を排除するために，威力を用い，又は警察上の援助を求めることができる。
3　（略）	5　（同左）
（削る）	6　執行官は，第1項又は第2項の規定による子の監護を解くために必要な行為をするに際し，返還実施者に対し，必要な指示をすることができる。
（返還実施者の権限等）	（返還実施者の権限）
第141条　（略）	第141条　（同左）
2　（略）	2　（同左）
3　前条第1項において準用する民事執行法第176条の規定は，返還実施者について準用する。	（新設）

三　民法（明治29年法律第89号）（抄）（附則第9条関係）

新　法	旧　法
（強制執行等による時効の完成猶予及び更新） 第148条　次に掲げる事由がある場合には，その事由が終了する（申立ての取下げ又は法律の規定に従わないことによる取消しによってその事由が終了した場合にあっては，その終了の時から6箇月を経過する）までの間は，時効は，完成しない。 　一～三　（略） 　四　民事執行法第196条に規定する財産開示手続又は同法第204条に規定する第三者からの情報取得手続 2　（略）	（強制執行等による時効の完成猶予及び更新） 第148条　（同左） 　一～三　（同左） 　四　民事執行法第196条に規定する財産開示手続 2　（同左）

四 民事訴訟費用等に関する法律（昭和46年法律第40号）（抄）（附則第13条関係）

新　法	旧　法
目次 　第3章　証人等に対する給付（第18条—<u>第28条の3</u>） <u>（債務者の財産に関する情報の提供に要した報酬の請求等）</u> <u>第28条の3　民事執行法第207条第1項又は第2項の申立てを認容する決定により命ぜられた情報の提供をした者は，報酬及び必要な費用を請求することができるものとし，その額は，最高裁判所が定めるところによる。</u>	目次 　第3章　証人等に対する給付（第18条—<u>第28条の2</u>） （新設）

別表第一（第3条，第4条関係）

項	上欄	下欄
1～11	（略）	
11の2	イ　民事執行法第167条の15第1項，第171条第1項，第172条第1項，<u>第173条第1項若しくは第174条第2項</u>の強制執行の申立て又は同法第197条第1項若しくは第2項の財産開示手続実施の申立て ロ～ニ　（略）	2000円
12～15の2	（略）	
16	イ　仲裁法第12条第2項，第16条第3項，第17条第2項から第5項まで，第19条第4項，第20条，第23条第5項又は第35条第1項の規定による申立て，<u>民事執行法第205条第1項，第206条第1項又は第207条第1項若しくは第2項の規定による申立て，</u>非訟事件手続法の規定により裁判を求める申立て，配偶者からの暴力の防止及び被害者の保護等に関する法律（平成13年法律第31号）第10条第1項から第4項までの規定による申立て，国際的な子の奪取の民事上の側面に関する条約の実施に関する法律第122条第1項の規定による申立て，消費者の財産的被害の集団的な回復のための民事の裁判手続の特例に関する法律第14条の規定による申立てその他の裁判所の裁判を求める申立てで，基本となる手続が開始されるもの（第9条第1項若しくは第3項又は第10条第2項の規定による申立て及びこの表の他の項に掲げる申立てを除く。） ロ　（略）	1000円
16の2	（略）	
17	イ　（略） ロ　執行裁判所の執行処分に対する執行異議の申立て，民事執行法第13条第1項の代理人の選任の許可を求める申立て，執行文の付与の申立てに	500円

別表第一（第3条，第4条関係）

項	上欄	下欄
1～11	（略）	
11の2	イ　民事執行法第167条の15第1項，第171条第1項，第172条第1項若しくは第173条第1項の強制執行の申立て又は同法第197条第1項若しくは第2項の財産開示手続実施の申立て ロ～ニ　（同左）	2000円
12～15の2	（同左）	
16	イ　仲裁法第12条第2項，第16条第3項，第17条第2項から第5項まで，第19条第4項，第20条，第23条第5項又は第35条第1項の規定による申立て，非訟事件手続法の規定により裁判を求める申立て，配偶者からの暴力の防止及び被害者の保護等に関する法律（平成13年法律第31号）第10条第1項から第4項までの規定による申立て，国際的な子の奪取の民事上の側面に関する条約の実施に関する法律第122条第1項の規定による申立て，消費者の財産的被害の集団的な回復のための民事の裁判手続の特例に関する法律第14条の規定による申立てその他の裁判所の裁判を求める申立てで，基本となる手続が開始されるもの（第9条第1項若しくは第3項又は第10条第2項の規定による申立て及びこの表の他の項に掲げる申立てを除く。） ロ　（同左）	1000円
16の2	（同左）	
17	イ　（同左） ロ　執行裁判所の執行処分に対する執行異議の申立て，民事執行法第13条第1項の代理人の選任の許可を求める申立て，執行文の付与の申立てに	500円

関する処分に対する異議の申立て，同法第36条第1項若しくは第3項の規定による強制執行の停止若しくは続行を命じ，若しくは執行処分の取消しを命ずる裁判を求める申立て，同法第41条第2項の規定による特別代理人の選任の申立て，同法第47条第4項若しくは第49条第5項の規定による裁判所書記官の処分に対する異議の申立て，執行裁判所に対する配当要求，同法第55条第1項の規定による売却のための保全処分若しくは同条第5項の規定によるその取消し若しくは変更の申立て，同法第56条第1項の規定による地代等の代払の許可を求める申立て，同法第62条第3項若しくは第64条第6項の規定による裁判所書記官の処分に対する異議の申立て，同法第68条の2第1項の規定による買受けの申出をした差押債権者のための保全処分の申立て，同法第77条第1項の規定による最高価買受申出人若しくは買受人のための保全処分の申立て，同法第78条第6項の規定による裁判所書記官の処分に対する異議の申立て，同法第83条第1項の規定による不動産の引渡命令の申立て，同法第115条第1項の規定による船舶国籍証書等の引渡命令の申立て，同法第117条第1項の規定による強制競売の手続の取消しの申立て，同法第118条第1項の規定による船舶の航行の許可を求める申立て，同法第127条第1項の規定による差押物の引渡命令の申立て，少額訴訟債権執行の手続における裁判所書記官の執行処分に対する執行異議の申立て，少額訴訟債権執行の手続における裁判所書記官に対する配当要求，同法第167条の15第3項の規定による申立て，同法第172条第2項の規定による申立て，<u>同法第175条第3項若しくは第6項の規定による申立て</u>，同法第187条第1項の規定による担保不動産競売の開始決定前の保全処分若しくは同条第4項の規定によるその取消しの申立て又は同法第190条第2項の動産競売の開始の許可の申立て ハ〜ト　　（略）	関する処分に対する異議の申立て，同法第36条第1項若しくは第3項の規定による強制執行の停止若しくは続行を命じ，若しくは執行処分の取消しを命ずる裁判を求める申立て，同法第41条第2項の規定による特別代理人の選任の申立て，同法第47条第4項若しくは第49条第5項の規定による裁判所書記官の処分に対する異議の申立て，執行裁判所に対する配当要求，同法第55条第1項の規定による売却のための保全処分若しくは同条第五項の規定によるその取消し若しくは変更の申立て，同法第56条第1項の規定による地代等の代払の許可を求める申立て，同法第62条第3項若しくは第64条第6項の規定による裁判所書記官の処分に対する異議の申立て，同法第68条の2第1項の規定による買受けの申出をした差押債権者のための保全処分の申立て，同法第77条第1項の規定による最高価買受申出人若しくは買受人のための保全処分の申立て，同法第78条第6項の規定による裁判所書記官の処分に対する異議の申立て，同法第83条第1項の規定による不動産の引渡命令の申立て，同法第115条第1項の規定による船舶国籍証書等の引渡命令の申立て，同法第117条第1項の規定による強制競売の手続の取消しの申立て，同法第118条第1項の規定による船舶の航行の許可を求める申立て，同法第127条第1項の規定による差押物の引渡命令の申立て，少額訴訟債権執行の手続における裁判所書記官の執行処分に対する執行異議の申立て，少額訴訟債権執行の手続における裁判所書記官に対する配当要求，同法第167条の15第3項の規定による申立て，同法第172条第2項の規定による申立て，同法第187条第1項の規定による担保不動産競売の開始決定前の保全処分若しくは同条第4項の規定によるその取消しの申立て又は同法第190条第2項の動産競売の開始の許可の申立て ハ〜ト　　（同左）
18・19　（略）	18・19　（同左）
（略）	（同左）

【巻末資料２】民事執行法（抄）

（昭和54年法律第４号）
（最近改正　令和元年法律第２号）

第１章　総則
（趣旨）
第１条　強制執行，担保権の実行としての競売及び民法（明治29年法律第89号），商法（明治32年法律第48号）その他の法律の規定による換価のための競売並びに債務者の財産状況の調査（以下「民事執行」と総称する。）については，他の法令に定めるもののほか，この法律の定めるところによる。
（執行機関）
第２条　民事執行は，申立てにより，裁判所又は執行官が行う。
（執行裁判所）
第３条　裁判所が行う民事執行に関してはこの法律の規定により執行処分を行うべき裁判所をもつて，執行官が行う執行処分に関してはその執行官の所属する地方裁判所をもつて執行裁判所とする。
（任意的口頭弁論）
第４条　執行裁判所のする裁判は，口頭弁論を経ないですることができる。
（審尋）
第５条　執行裁判所は，執行処分をするに際し，必要があると認めるときは，利害関係を有する者その他参考人を審尋することができる。
（執行官等の職務の執行の確保）
第６条　執行官は，職務の執行に際し抵抗を受けるときは，その抵抗を排除するために，威力を用い，又は警察上の援助を求めることができる。ただし，第64条の２第５項（第188条において準用する場合を含む。）の規定に基づく職務の執行については，この限りでない。
２　執行官以外の者で執行裁判所の命令により民事執行に関する職務を行うものは，職務の執行に際し抵抗を受けるときは，執行官に対し，援助を求めることができる。
（立会人）
第７条　執行官又は執行裁判所の命令により民事執行に関する職務を行う者（以下「執行官等」という。）は，人の住居に立ち入つて職務を執行するに際し，住居主，その代理人又は同居の親族若しくは使用人その他の従業者で相当のわきまえのあるものに出会わないときは，市町村の職員，警察官その他証人として相当と認められる者を立ち会わせなければならない。執行官が前条第１項の規定により威力を用い，又は警察上の援助を受けるときも，同様とする。
（休日又は夜間の執行）
第８条　執行官等は，日曜日その他の一般の休日又は午後７時から翌日の午前７時までの間に人の住居に立ち入つて職務を執行するには，執行裁判所の許可を受けなければならない。
２　執行官等は，職務の執行に当たり，前項の規定により許可を受けたことを証する文書を提示しなければならない。
（身分証明書等の携帯）

第９条　執行官等は，職務を執行する場合には，その身分又は資格を証する文書を携帯し，利害関係を有する者の請求があつたときは，これを提示しなければならない。
（執行抗告）
第10条　民事執行の手続に関する裁判に対しては，特別の定めがある場合に限り，執行抗告をすることができる。
２　執行抗告は，裁判の告知を受けた日から１週間の不変期間内に，抗告状を原裁判所に提出してしなければならない。
３　抗告状に執行抗告の理由の記載がないときは，抗告人は，抗告状を提出した日から１週間以内に，執行抗告の理由書を原裁判所に提出しなければならない。
４　執行抗告の理由は，最高裁判所規則で定めるところにより記載しなければならない。
５　次の各号に該当するときは，原裁判所は，執行抗告を却下しなければならない。
　一　抗告人が第３項の規定による執行抗告の理由書の提出をしなかつたとき。
　二　執行抗告の理由の記載が明らかに前項の規定に違反しているとき。
　三　執行抗告が不適法であつてその不備を補正することができないことが明らかであるとき。
　四　執行抗告が民事執行の手続を不当に遅延させることを目的としてされたものであるとき。
６　抗告裁判所は，執行抗告についての裁判が効力を生ずるまでの間，担保を立てさせ，若しくは立てさせないで原裁判の執行の停止若しくは民事執行の手続の全部若しくは一部の停止を命じ，又は担保を立てさせてこれらの続行を命ずることができる。事件の記録が原裁判所に存する間は，原裁判所も，これらの処分を命ずることができる。
７　抗告裁判所は，抗告状又は執行抗告の理由書に記載された理由に限り，調査する。ただし，原裁判に影響を及ぼすべき法令の違反又は事実の誤認の有無については，職権で調査することができる。
８　第５項の規定による決定に対しては，執行抗告をすることができる。
９　第６項の規定による決定に対しては，不服を申し立てることができない。
10　民事訴訟法（平成８年法律第109号）第349条の規定は，執行抗告をすることができる裁判が確定した場合について準用する。
（執行異議）
第11条　執行裁判所の執行処分で執行抗告をすることができないものに対しては，執行裁判所に執行異議を申し立てることができる。執行官の執行処分及びその遅怠に対しても，同様とする。
２　前条第６項前段及び第９項の規定は，前項の規定による申立てがあつた場合について準用する。
（取消決定等に対する執行抗告）
第12条　民事執行の手続を取り消す旨の決定に対しては，執行抗告をすることができる。民事執行の手続を取り消す執行官の処分に対する執行異議の申立てを却下する裁判又は執行官に民事執行の手続の取消

しを命ずる決定に対しても，同様とする。

2　前項の規定により執行抗告をすることができる裁判は，確定しなければその効力を生じない。

（代理人）

第13条　民事訴訟法第54条第1項の規定により訴訟代理人となることができる者以外の者が，執行裁判所でする手続については，訴え又は執行抗告に係る手続を除き，執行裁判所の許可を受けて代理人となることができる。

2　執行裁判所は，いつでも前項の許可を取り消すことができる。

（費用の予納等）

第14条　執行裁判所に対し民事執行の申立てをするときは，申立人は，民事執行の手続に必要な費用として裁判所書記官の定める金額を予納しなければならない。予納した費用が不足する場合において，裁判所書記官が相当の期間を定めてその不足する費用の予納を命じたときも，同様とする。

2　前項の規定による裁判所書記官の処分に対しては，その告知を受けた日から1週間の不変期間内に，執行裁判所に異議を申し立てることができる。

3　第1項の規定による裁判所書記官の処分は，確定しなければその効力を生じない。

4　申立人が費用を予納しないときは，執行裁判所は，民事執行の申立てを却下し，又は民事執行の手続を取り消すことができる。

5　前項の規定により申立てを却下する決定に対しては，執行抗告をすることができる。

（担保の提供）

第15条　この法律の規定により担保を立てるには，担保を立てるべきことを命じた裁判所（以下この項において「発令裁判所」という。）又は執行裁判所の所在地を管轄する地方裁判所の管轄区域内の供託所に金銭又は発令裁判所が相当と認める有価証券（社債，株式等の振替に関する法律（平成13年法律第75号）第278条第1項に規定する振替債を含む。）を供託する方法その他最高裁判所規則で定める方法によらなければならない。ただし，当事者が特別の契約をしたときは，その契約による。

2　民事訴訟法第77条，第79条及び第80条の規定は，前項の担保について準用する。

（送達の特例）

第16条　民事執行の手続について，執行裁判所に対し申立て，申出若しくは届出をし，又は執行裁判所から文書の送達を受けた者は，送達を受けるべき場所（日本国内に限る。）を執行裁判所に届け出なければならない。この場合においては，送達受取人をも届け出ることができる。

2　民事訴訟法第104条第2項及び第3項並びに第107条の規定は，前項前段の場合について準用する。

3　第1項前段の規定による届出をしない者（前項において準用する民事訴訟法第104条第3項に規定する者を除く。）に対する送達は，事件の記録に表れたその者の住所，居所，営業所又は事務所においてする。

4　前項の規定による送達をすべき場合において，第20条において準用する民事訴訟法第106条の規定に

より送達をすることができないときは，裁判所書記官は，同項の住所，居所，営業所又は事務所にあてて，書類を書留郵便又は民間事業者による信書の送達に関する法律（平成14年法律第99号）第2条第6項に規定する一般信書便事業者若しくは同条第9項に規定する特定信書便事業者の提供する同条第2項に規定する信書便の役務のうち書留郵便に準ずるものとして最高裁判所規則で定めるものに付して発送することができる。この場合においては，民事訴訟法第107条第2項及び第3項の規定を準用する。

（民事執行の事件の記録の閲覧等）

第17条　執行裁判所の行う民事執行について，利害関係を有する者は，裁判所書記官に対し，事件の記録の閲覧若しくは謄写，その正本，謄本若しくは抄本の交付又は事件に関する事項の証明書の交付を請求することができる。

（官庁等に対する援助請求等）

第18条　民事執行のため必要がある場合には，執行裁判所又は執行官は，官庁又は公署に対し，援助を求めることができる。

2　前項に規定する場合には，執行裁判所又は執行官は，民事執行の目的である財産（財産が土地である場合にはその上にある建物を，財産が建物である場合にはその敷地を含む。）に対して課される租税その他の公課について，所管の官庁又は公署に対し，必要な証明書の交付を請求することができる。

3　前項の規定は，民事執行の申立てをしようとする者がその申立てのため同項の証明書を必要とする場合について準用する。

（専属管轄）

第19条　この法律に規定する裁判所の管轄は，専属とする。

（民事訴訟法の準用）

第20条　特別の定めがある場合を除き，民事執行の手続に関しては，民事訴訟法の規定を準用する。

（最高裁判所規則）

第21条　この法律に定めるもののほか，民事執行の手続に関し必要な事項は，最高裁判所規則で定める。

　　第2章　強制執行

　　　第1節　総則

（債務名義）

第22条　強制執行は，次に掲げるもの（以下「債務名義」という。）により行う。

一　確定判決

二　仮執行の宣言を付した判決

三　抗告によらなければ不服を申し立てることができない裁判（確定しなければその効力を生じない裁判にあつては，確定したものに限る。）

三の二　仮執行の宣言を付した損害賠償命令

三の三　仮執行の宣言を付した届出債権支払命令

四　仮執行の宣言を付した支払督促

四の二　訴訟費用，和解の費用若しくは非訟事件（他の法令の規定により非訟事件手続法（平成23年法律第51号）の規定を準用することとされる事件を含む。），家事事件若しくは国際的な子の奪取の民事上の側面に関する条約の実施に関する法律（平成25年法律第48号）第29条に規定する子の返

還に関する事件の手続の費用の負担の額を定める裁判所書記官の処分又は第42条第４項に規定する執行費用及び返還すべき金銭の額を定める裁判所書記官の処分（後者の処分にあつては，確定したものに限る。）

五　金銭の一定の額の支払又はその他の代替物若しくは有価証券の一定の数量の給付を目的とする請求について公証人が作成した公正証書で，債務者が直ちに強制執行に服する旨の陳述が記載されているもの（以下「執行証書」という。）

六　確定した執行判決のある外国裁判所の判決（家事事件における裁判を含む。第24条において同じ。）

六の二　確定した執行決定のある仲裁判断

七　確定判決と同一の効力を有するもの（第３号に掲げる裁判を除く。）

（強制執行をすることができる者の範囲）

第23条　執行証書以外の債務名義による強制執行は，次に掲げる者に対し，又はその者のためにすることができる。

一　債務名義に表示された当事者

二　債務名義に表示された当事者が他人のために当事者となつた場合のその他人

三　前二号に掲げる者の債務名義成立後の承継人（前条第１号，第２号又は第６号に掲げる債務名義にあつては口頭弁論終結後の承継人，同条第３号の２に掲げる債務名義又は同条第７号に掲げる債務名義のうち損害賠償命令に係るものにあつては審理終結後の承継人）

２　執行証書による強制執行は，執行証書に表示された当事者又は執行証書作成後のその承継人に対し，若しくはこれらの者のためにすることができる。

３　第１項に規定する債務名義による強制執行は，同項各号に掲げる者のために請求の目的物を所持する者に対しても，することができる。

（外国裁判所の判決の執行判決）

第24条　外国裁判所の判決についての執行判決を求める訴えは，債務者の普通裁判籍の所在地を管轄する地方裁判所（家事事件における裁判に係るものにあつては，家庭裁判所。以下この項において同じ。）が管轄し，この普通裁判籍がないときは，請求の目的又は差し押さえることができる債務者の財産の所在地を管轄する地方裁判所が管轄する。

２　前項に規定する地方裁判所は，同項の訴えの全部又は一部が家庭裁判所の管轄に属する場合においても，相当と認めるときは，同項の規定にかかわらず，申立てにより又は職権で，当該訴えに係る訴訟の全部又は一部について自ら審理及び裁判をすることができる。

３　第１項に規定する家庭裁判所は，同項の訴えの全部又は一部が地方裁判所の管轄に属する場合においても，相当と認めるときは，同項の規定にかかわらず，申立てにより又は職権で，当該訴えに係る訴訟の全部又は一部について自ら審理及び裁判をすることができる。

４　執行判決は，裁判の当否を調査しないでしなければならない。

５　第１項の訴えは，外国裁判所の判決が，確定したことが証明されないとき，又は民事訴訟法第118条各号（家事事件手続法（平成23年法律第52号）第79条の２において準用する場合を含む。）に掲げる要件を具備しないときは，却下しなければならない。

６　執行判決においては，外国裁判所の判決による強制執行を許す旨を宣言しなければならない。

（強制執行の実施）

第25条　強制執行は，執行文の付された債務名義の正本に基づいて実施する。ただし，少額訴訟における確定判決又は仮執行の宣言を付した少額訴訟の判決若しくは支払督促により，これに表示された当事者に対し，又はその者のためにする強制執行は，その正本に基づいて実施する。

（執行文の付与）

第26条　執行文は，申立てにより，執行証書以外の債務名義については事件の記録の存する裁判所の裁判所書記官が，執行証書についてはその原本を保存する公証人が付与する。

２　執行文の付与は，債権者が債務者に対しその債務名義により強制執行をすることができる場合に，その旨を債務名義の正本の末尾に付記する方法により行う。

第27条　請求が債権者の証明すべき事実の到来に係る場合においては，執行文は，債権者がその事実の到来したことを証する文書を提出したときに限り，付与することができる。

２　債務名義に表示された当事者以外の者を債権者又は債務者とする執行文は，その者に対し，又はその者のために強制執行をすることができることが裁判所書記官若しくは公証人に明白であるとき，又は債権者がそのことを証する文書を提出したときに限り，付与することができる。

３　執行文は，債務名義について次に掲げる事由のいずれかがあり，かつ，当該債務名義に基づく不動産の引渡し又は明渡しの強制執行をする前に当該不動産を占有する者を特定することを困難とする特別の事情がある場合において，債権者がこれらを証する文書を提出したときに限り，債務者を特定しないで，付与することができる。

一　債務名義が不動産の引渡し又は明渡しの請求権を表示したものであり，これを本案とする占有移転禁止の仮処分命令（民事保全法（平成元年法律第91号）第25条の２第１項に規定する占有移転禁止の仮処分命令をいう。）が執行され，かつ，同法第62条第１項の規定により当該不動産を占有する者に対して当該債務名義に基づく引渡し又は明渡しの強制執行をすることができるものであること。

二　債務名義が強制競売の手続（担保権の実行としての競売の手続を含む。以下この号において同じ。）における第83条第１項本文（第188条において準用する場合を含む。）の規定による命令（以下「引渡命令」という。）であり，当該強制競売の手続において当該引渡命令の引渡義務者に対し次のイからハまでのいずれかの保全処分及び公示保全処分（第55条第１項に規定する公示保全処分

をいう。以下この項において同じ。）が執行され，かつ，第83条の2第1項（第187条第5項又は第188条において準用する場合を含む。）の規定により当該不動産を占有する者に対して当該引渡命令に基づく引渡しの強制執行をすることができるものであること。

 イ 第55条第1項第3号（第188条において準用する場合を含む。）に掲げる保全処分及び公示保全処分

 ロ 第77条第1項第3号（第188条において準用する場合を含む。）に掲げる保全処分及び公示保全処分

 ハ 第187条第1項に規定する保全処分又は公示保全処分（第55条第1項第3号に掲げるものに限る。）

4 前項の執行文の付された債務名義の正本に基づく強制執行は，当該執行文の付与の日から4週間を経過する前であつて，当該強制執行において不動産の占有を解く際にその占有者を特定することができる場合に限り，することができる。

5 第3項の規定により付与された執行文については，前項の規定により当該執行文の付された債務名義の正本に基づく強制執行がされたときは，当該強制執行によつて当該不動産の占有を解かれた者が，債務者となる。

（執行文の再度付与等）

第28条 執行文は，債権の完全な弁済を得るため執行文の付された債務名義の正本が数通必要であるとき，又はこれが滅失したときに限り，更に付与することができる。

2 前項の規定は，少額訴訟における確定判決又は仮執行の宣言を付した少額訴訟の判決若しくは支払督促の正本を更に交付する場合について準用する。

（債務名義等の送達）

第29条 強制執行は，債務名義又は確定により債務名義となるべき裁判の正本又は謄本が，あらかじめ，又は同時に，債務者に送達されたときに限り，開始することができる。第27条の規定により執行文が付与された場合においては，執行文及び同条の規定により債権者が提出した文書の謄本も，あらかじめ，又は同時に，送達されなければならない。

（期限の到来又は担保の提供に係る場合の強制執行）

第30条 請求が確定期限の到来に係る場合においては，強制執行は，その期限の到来後に限り，開始することができる。

2 担保を立てることを強制執行の実施の条件とする債務名義による強制執行は，債権者が担保を立てたことを証する文書を提出したときに限り，開始することができる。

（反対給付又は他の給付の不履行に係る場合の強制執行）

第31条 債務者の給付が反対給付と引換えにすべきものである場合においては，強制執行は，債権者が反対給付又はその提供のあつたことを証明したときに限り，開始することができる。

2 債務者の給付が，他の給付について強制執行の目的を達することができない場合に，他の給付に代え

てすべきものであるときは，強制執行は，債権者が他の給付について強制執行の目的を達することができなかつたことを証明したときに限り，開始することができる。

（執行文の付与等に関する異議の申立て）

第32条 執行文の付与の申立てに関する処分に対しては，裁判所書記官の処分にあつてはその裁判所書記官の所属する裁判所に，公証人の処分にあつてはその公証人の役場の所在地を管轄する地方裁判所に異議を申し立てることができる。

2 執行文の付与に対し，異議の申立てがあつたときは，裁判所は，異議についての裁判をするまでの間，担保を立てさせ，若しくは立てさせないで強制執行の停止を命じ，又は担保を立てさせてその続行を命ずることができる。急迫の事情があるときは，裁判長も，これらの処分を命ずることができる。

3 第1項の規定による申立てについての裁判及び前項の規定による裁判は，口頭弁論を経ないですることができる。

4 前項に規定する裁判に対しては，不服を申し立てることができない。

5 前各項の規定は，第28条第2項の規定による少額訴訟における確定判決又は仮執行の宣言を付した少額訴訟の判決若しくは支払督促の正本の交付について準用する。

（執行文付与の訴え）

第33条 第27条第1項又は第2項に規定する文書の提出をすることができないときは，債権者は，執行文（同条第3項の規定により付与されるものを除く。）の付与を求めるために，執行文付与の訴えを提起することができる。

2 前項の訴えは，次の各号に掲げる債務名義の区分に応じ，それぞれ当該各号に定める裁判所が管轄する。

 一 第22条第1号から第3号まで，第6号又は第6号の2に掲げる債務名義並びに同条第7号に掲げる債務名義のうち次号，第1号の3及び第6号に掲げるもの以外のもの 第一審裁判所

 一の二 第22条第3号の2に掲げる債務名義並びに同条第7号に掲げる債務名義のうち損害賠償命令並びに損害賠償命令事件に関する手続における和解及び請求の認諾に係るもの 損害賠償命令事件が係属していた地方裁判所

 一の三 第22条第3号の3に掲げる債務名義並びに同条第7号に掲げる債務名義のうち届出債権支払命令並びに簡易確定手続における届出債権の認否及び和解に係るもの 簡易確定手続が係属していた地方裁判所

 二 第22条第4号に掲げる債務名義のうち次号に掲げるもの以外のもの 仮執行の宣言を付した支払督促を発した裁判所書記官の所属する簡易裁判所（仮執行の宣言を付した支払督促に係る請求が簡易裁判所の管轄に属しないものであるときは，その簡易裁判所の所在地を管轄する地方裁判所）

 三 第22条第4号に掲げる債務名義のうち民事訴訟法第132条の10第1項本文の規定による支払督促の申立て又は同法第402条第1項に規定する方式

により記載された書面をもつてされた支払督促の申立てによるもの　当該支払督促の申立てについて同法第398条（同法第402条第2項において準用する場合を含む。）の規定により訴えの提起があつたものとみなされる裁判所

四　第22条第4号の2に掲げる債務名義　同号の処分をした裁判所書記官の所属する裁判所

五　第22条第5号に掲げる債務名義　債務者の普通裁判籍の所在地を管轄する裁判所（この普通裁判籍がないときは，請求の目的又は差し押さえることができる債務者の財産の所在地を管轄する裁判所）

六　第22条第7号に掲げる債務名義のうち和解若しくは調停（上級裁判所において成立した和解及び調停を除く。）又は労働審判に係るもの（第1号の2及び第1号の3に掲げるものを除く。）　和解若しくは調停が成立した簡易裁判所，地方裁判所若しくは家庭裁判所（簡易裁判所において成立した和解又は調停に係る請求が簡易裁判所の管轄に属しないものであるときは，その簡易裁判所の所在地を管轄する地方裁判所）又は労働審判が行われた際に労働審判事件が係属していた地方裁判所

（執行文付与に対する異議の訴え）

第34条　第27条の規定により執行文が付与された場合において，債権者の証明すべき事実の到来したこと又は債務名義に表示された当事者以外の者に対し，若しくはその者のために強制執行をすることができることについて異議のある債務者は，その執行文の付された債務名義の正本に基づく強制執行の不許を求めるために，執行文付与に対する異議の訴えを提起することができる。

2　異議の事由が数個あるときは，債務者は，同時に，これを主張しなければならない。

3　前条第2項の規定は，第1項の訴えについて準用する。

（請求異議の訴え）

第35条　債務名義（第22条第2号又は第3号の2から第4号までに掲げる債務名義で確定前のものを除く。以下この項において同じ。）に係る請求権の存在又は内容について異議のある債務者は，その債務名義による強制執行の不許を求めるために，請求異議の訴えを提起することができる。裁判以外の債務名義の成立について異議のある債務者も，同様とする。

2　確定判決についての異議の事由は，口頭弁論の終結後に生じたものに限る。

3　第33条第2項及び前条第2項の規定は，第1項の訴えについて準用する。

（執行文付与に対する異議の訴え等に係る執行停止の裁判）

第36条　執行文付与に対する異議の訴え又は請求異議の訴えの提起があつた場合において，異議のため主張した事情が法律上理由があるとみえ，かつ，事実上の点について疎明があつたときは，受訴裁判所は，申立てにより，終局判決において次条第1項の裁判をするまでの間，担保を立てさせ，若しくは立てさせないで強制執行の停止を命じ，又はこれとともに，担保を立てさせて強制執行の続行を命じ，若しくは

担保を立てさせて既にした執行処分の取消しを命ずることができる。急迫の事情があるときは，裁判長も，これらの処分を命ずることができる。

2　前項の申立てについての裁判は，口頭弁論を経ないですることができる。

3　第1項に規定する事由がある場合において，急迫の事情があるときは，執行裁判所は，申立てにより，同項の規定による裁判の正本を提出すべき期間を定めて，同項に規定する処分を命ずることができる。この裁判は，執行文付与に対する異議の訴え又は請求異議の訴えの提起前においても，することができる。

4　前項の規定により定められた期間を経過したとき，又はその期間内に第1項の規定による裁判が執行裁判所若しくは執行官に提出されたときは，前項の裁判は，その効力を失う。

5　第1項又は第3項の申立てについての裁判に対しては，不服を申し立てることができない。

（終局判決における執行停止の裁判等）

第37条　受訴裁判所は，執行文付与に対する異議の訴え又は請求異議の訴えについての終局判決において，前条第1項に規定する処分を命じ，又は既にした同項の規定による裁判を取り消し，変更し，若しくは認可することができる。この裁判については，仮執行の宣言をしなければならない。

2　前項の規定による裁判に対しては，不服を申し立てることができない。

（第三者異議の訴え）

第38条　強制執行の目的物について所有権その他目的物の譲渡又は引渡しを妨げる権利を有する第三者は，債権者に対し，その強制執行の不許を求めるために，第三者異議の訴えを提起することができる。

2　前項に規定する第三者は，同項の訴えに併合して，債務者に対する強制執行の目的物についての訴えを提起することができる。

3　第1項の訴えは，執行裁判所が管轄する。

4　前二条の規定は，第1項の訴えに係る執行停止の裁判について準用する。

（強制執行の停止）

第39条　強制執行は，次に掲げる文書の提出があつたときは，停止しなければならない。

一　債務名義（執行証書を除く。）若しくは仮執行の宣言を取り消す旨又は強制執行を許さない旨を記載した執行力のある裁判の正本

二　債務名義に係る和解，認諾，調停又は労働審判の効力がないことを宣言する確定判決の正本

三　第22条第2号から第4号の2までに掲げる債務名義が訴えの取下げその他の事由により効力を失つたことを証する調書の正本その他の裁判所書記官の作成した文書

四　強制執行をしない旨又はその申立てを取り下げる旨を記載した裁判上の和解若しくは調停の調書の正本又は労働審判法（平成16年法律第45号）第21条第4項の規定により裁判上の和解と同一の効力を有する労働審判の審判書若しくは同法第20条第7項の調書の正本

五　強制執行を免れるための担保を立てたことを証

する文書

六 強制執行の停止及び執行処分の取消しを命ずる旨を記載した裁判の正本

七 強制執行の一時の停止を命ずる旨を記載した裁判の正本

八 債権者が，債務名義の成立後に，弁済を受け，又は弁済の猶予を承諾した旨を記載した文書

2 前項第8号に掲げる文書のうち弁済を受けた旨を記載した文書の提出による強制執行の停止は，4週間に限るものとする。

3 第1項第8号に掲げる文書のうち弁済の猶予を承諾した旨を記載した文書の提出による強制執行の停止は，二回に限り，かつ，通じて6月を超えることができない。

（執行処分の取消し）

第40条 前条第1項第1号から第6号までに掲げる文書が提出されたときは，執行裁判所又は執行官は，既にした執行処分をも取り消さなければならない。

2 第12条の規定は，前項の規定により執行処分を取り消す場合については適用しない。

（債務者が死亡した場合の強制執行の続行）

第41条 強制執行は，その開始後に債務者が死亡した場合においても，続行することができる。

2 前項の場合において，債務者の相続人の存在又はその所在が明らかでないときは，執行裁判所は，申立てにより，相続財産又は相続人のために，特別代理人を選任することができる。

3 民事訴訟法第35条第2項及び第3項の規定は，前項の特別代理人について準用する。

（執行費用の負担）

第42条 強制執行の費用で必要なもの（以下「執行費用」という。）は，債務者の負担とする。

2 金銭の支払を目的とする債権についての強制執行にあつては，執行費用は，その執行手続において，債務名義を要しないで，同時に，取り立てることができる。

3 強制執行の基本となる債務名義（執行証書を除く。）を取り消す旨の裁判又は債務名義に係る和解，認諾，調停若しくは労働審判の効力がないことを宣言する判決が確定したときは，債権者は，支払を受けた執行費用に相当する金銭を債務者に返還しなければならない。

4 第1項の規定により債務者が負担すべき執行費用で第2項の規定により取り立てられたもの以外のもの及び前項の規定により債権者が返還すべき金銭の額は，申立てにより，執行裁判所の裁判所書記官が定める。

5 前項の申立てについての裁判所書記官の処分に対しては，その告知を受けた日から1週間の不変期間内に，執行裁判所に異議を申し立てることができる。

6 執行裁判所は，第4項の規定による裁判所書記官の処分に対する異議の申立てを理由があると認める場合において，同項に規定する執行費用及び返還すべき金銭の額を定めるべきときは，自らその額を定めなければならない。

7 第5項の規定による異議の申立てについての決定に対しては，執行抗告をすることができる。

8 第4項の規定による裁判所書記官の処分は，確定しなければその効力を生じない。

9 民事訴訟法第74条第1項の規定は，第4項の規定による裁判所書記官の処分について準用する。この場合においては，第5項，第7項及び前項並びに同条第3項の規定を準用する。

第2節 金銭の支払を目的とする債権についての強制執行

第1款 不動産に対する強制執行（略）

第2款 船舶に対する強制執行（略）

第3款 動産に対する強制執行

（動産執行の開始等）

第122条 動産（登記することができない土地の定着物，土地から分離する前の天然果実で1月以内に収穫することが確実であるもの及び裏書の禁止されている有価証券以外の有価証券を含む。以下この節，次章及び第4章において同じ。）に対する強制執行（以下「動産執行」という。）は，執行官の目的物に対する差押えにより開始する。

2 動産執行においては，執行官は，差押債権者のためにその債権及び執行費用の弁済を受領することができる。

（債務者の占有する動産の差押え）

第123条 債務者の占有する動産の差押えは，執行官がその動産を占有して行う。

2 執行官は，前項の差押えをするに際し，債務者の住居その他債務者の占有する場所に立ち入り，その場所において，又は債務者の占有する金庫その他の容器について目的物を捜索することができる。この場合において，必要があるときは，閉鎖した戸及び金庫その他の容器を開くため必要な処分をすることができる。

3 執行官は，相当であると認めるときは，債務者に差し押さえた動産（以下「差押物」という。）を保管させることができる。この場合においては，差押えは，差押物について封印その他の方法で差押えの表示をしたときに限り，その効力を有する。

4 執行官は，前項の規定により債務者に差押物を保管させる場合において，相当であると認めるときは，その使用を許可することができる。

5 執行官は，必要があると認めるときは，第3項の規定により債務者に保管させた差押物を自ら保管し，又は前項の規定による許可を取り消すことができる。

（債務者以外の者の占有する動産の差押え）

第124条 前条第1項及び第3項から第5項までの規定は，債権者又は提出を拒まない第三者の占有する動産の差押えについて準用する。

（二重差押えの禁止及び事件の併合）

第125条 執行官は，差押物又は仮差押えの執行をした動産を更に差し押さえることができない。

2 差押えを受けた債務者に対しその差押えの場所について更に動産執行の申立てがあつた場合においては，執行官は，まだ差し押さえていない動産があるときはこれを差し押さえ，差し押さえるべき動産がないときはその旨を明らかにして，その動産執行事件と先の動産執行事件とを併合しなければならない。仮差押えの執行を受けた債務者に対しその執行の場

所について更に動産執行の申立てがあつたときも，同様とする。

3　前項前段の規定により二個の動産執行事件が併合されたときは，後の事件において差し押さえられた動産は，併合の時に，先の事件において差し押さえられたものとみなし，後の事件の申立ては，配当要求の効力を生ずる。先の差押債権者が動産執行の申立てを取り下げたとき，又はその申立てに係る手続が停止され，若しくは取り消されたときは，先の事件において差し押さえられた動産は，併合の時に，後の事件のために差し押さえられたものとみなす。

4　第２項後段の規定により仮差押執行事件と動産執行事件とが併合されたときは，仮差押えの執行がされた動産は，併合の時に，動産執行事件において差し押さえられたものとみなし，仮差押執行事件の申立ては，配当要求の効力を生ずる。差押債権者が動産執行の申立てを取り下げたとき，又はその申立てに係る手続が取り消されたときは，動産執行事件において差し押さえられた動産は，併合の時に，仮差押執行事件において仮差押えの執行がされたものとみなす。

（差押えの効力が及ぶ範囲）
第126条　差押えの効力は，差押物から生ずる天然の産出物に及ぶ。

（差押物の引渡命令）
第127条　差押物を第三者が占有することとなつたときは，執行裁判所は，差押債権者の申立てにより，その第三者に対し，差押物を執行官に引き渡すべき旨を命ずることができる。

2　前項の申立ては，差押物を第三者が占有していることを知つた日から１週間以内にしなければならない。

3　第１項の申立てについての裁判に対しては，執行抗告をすることができる。

4　第55条第８項から第10項までの規定は，第１項の規定による決定について準用する。

（超過差押えの禁止等）
第128条　動産の差押えは，差押債権者の債権及び執行費用の弁済に必要な限度を超えてはならない。

2　差押えの後にその差押えが前項の限度を超えることが明らかとなつたときは，執行官は，その超える限度において差押えを取り消さなければならない。

（剰余を生ずる見込みのない場合の差押えの禁止等）
第129条　差し押さえるべき動産の売得金の額が手続費用の額を超える見込みがないときは，執行官は，差押えをしてはならない。

2　差押物の売得金の額が手続費用及び差押債権者の債権に優先する債権の額の合計額以上となる見込みがないときは，執行官は，差押えを取り消さなければならない。

（売却の見込みのない差押物の差押えの取消し）
第130条　差押物について相当な方法による売却の実施をしてもなお売却の見込みがないときは，執行官は，その差押物の差押えを取り消すことができる。

（差押禁止動産）
第131条　次に掲げる動産は，差し押さえてはならない。

一　債務者等の生活に欠くことができない衣服，寝具，家具，台所用具，畳及び建具

二　債務者等の１月間の生活に必要な食料及び燃料

三　標準的な世帯の２月間の必要生計費を勘案して政令で定める額の金銭

四　主として自己の労力により農業を営む者の農業に欠くことができない器具，肥料，労役の用に供する家畜及びその飼料並びに次の収穫まで農業を続行するために欠くことができない種子その他これに類する農産物

五　主として自己の労力により漁業を営む者の水産物の採捕又は養殖に欠くことができない漁網その他の漁具，えさ及び稚魚その他これに類する水産物

六　技術者，職人，労務者その他の主として自己の知的又は肉体的な労働により職業又は営業に従事する者（前二号に規定する者を除く。）のその業務に欠くことができない器具その他の物（商品を除く。）

七　実印その他の印で職業又は生活に欠くことができないもの

八　仏像，位牌(はい)その他礼拝又は祭祀(し)に直接供するため欠くことができない物

九　債務者に必要な系譜，日記，商業帳簿及びこれらに類する書類

十　債務者又はその親族が受けた勲章その他の名誉を表章する物

十一　債務者等の学校その他の教育施設における学習に必要な書類及び器具

十二　発明又は著作に係る物で，まだ公表していないもの

十三　債務者等に必要な義手，義足その他の身体の補足に供する物

十四　建物その他の工作物について，災害の防止又は保安のため法令の規定により設備しなければならない消防用の機械又は器具，避難器具その他の備品

（差押禁止動産の範囲の変更）
第132条　執行裁判所は，申立てにより，債務者及び債権者の生活の状況その他の事情を考慮して，差押えの全部若しくは一部の取消しを命じ，又は前条各号に掲げる動産の差押えを許すことができる。

2　事情の変更があつたときは，執行裁判所は，申立てにより，前項の規定により差押えが取り消された動産の差押えを許し，又は同項の規定による差押えの全部若しくは一部の取消しを命ずることができる。

3　前二項の規定により差押えの取消しの命令を求める申立てがあつたときは，執行裁判所は，その裁判が効力を生ずるまでの間，担保を立てさせ，又は立てさせないで強制執行の停止を命ずることができる。

4　第１項又は第２項の申立てを却下する決定及びこれらの規定により差押えを許す決定に対しては，執行抗告をすることができる。

5　第３項の規定による決定に対しては，不服を申し立てることができない。

（先取特権者等の配当要求）
第133条　先取特権又は質権を有する者は，その権利

を証する文書を提出して，配当要求をすることができる。

（売却の方法）

第134条　執行官は，差押物を売却するには，入札又は競り売りのほか，最高裁判所規則で定める方法によらなければならない。

（売却の場所の秩序維持等に関する規定の準用）

第135条　第65条及び第68条の規定は，差押物を売却する場合について準用する。

（手形等の提示義務）

第136条　執行官は，手形，小切手その他の金銭の支払を目的とする有価証券でその権利の行使のため定められた期間内に引受け若しくは支払のための提示又は支払の請求（以下「提示等」という。）を要するもの（以下「手形等」という。）を差し押さえた場合において，その期間の始期が到来したときは，債務者に代わつて手形等の提示等をしなければならない。

（執行停止中の売却）

第137条　第39条第1項第7号又は第8号に掲げる文書の提出があつた場合において，差押物について著しい価額の減少を生ずるおそれがあるとき，又はその保管のために不相応な費用を要するときは，執行官は，その差押物を売却することができる。

2　執行官は，前項の規定により差押物を売却したときは，その売得金を供託しなければならない。

（有価証券の裏書等）

第138条　執行官は，有価証券を売却したときは，買受人のために，債務者に代わつて裏書又は名義書換えに必要な行為をすることができる。

（執行官による配当等の実施）

第139条　債権者が一人である場合又は債権者が二人以上であつて売得金，差押金銭若しくは手形等の支払金（以下「売得金等」という。）で各債権者の債権及び執行費用の全部を弁済することができる場合には，執行官は，債権者に弁済金を交付し，剰余金を債務者に交付する。

2　前項に規定する場合を除き，売得金等の配当について債権者間に協議が調つたときは，執行官は，その協議に従い配当を実施する。

3　前項の協議が調わないときは，執行官は，その事情を執行裁判所に届け出なければならない。

4　第84条第3項及び第4項並びに第88条の規定は，第1項又は第2項の規定により配当等を実施する場合について準用する。

（配当等を受けるべき債権者の範囲）

第140条　配当等を受けるべき債権者は，差押債権者のほか，売得金については執行官がその交付を受けるまで（第137条又は民事保全法第49条第3項の規定により供託された売得金については，動産執行が続行されることとなるまで）に，差押金銭についてはその差押えをするまでに，手形等の支払金についてはその支払を受けるまでに配当要求をした債権者とする。

（執行官の供託）

第141条　第139条第1項又は第2項の規定により配当等を実施する場合において，配当等を受けるべき債権者の債権について次に掲げる事由があるときは，執行官は，その配当等の額に相当する金銭を供託し，その事情を執行裁判所に届け出なければならない。

一　停止条件付又は不確定期限付であるとき。

二　仮差押債権者の債権であるとき。

三　第39条第1項第7号又は第192条において準用する第183条第1項第6号に掲げる文書が提出されているとき。

四　その債権に係る先取特権又は質権の実行を一時禁止する裁判の正本が提出されているとき。

2　執行官は，配当等の受領のために出頭しなかつた債権者に対する配当等の額に相当する金銭を供託しなければならない。

（執行裁判所による配当等の実施）

第142条　執行裁判所は，第139条第3項の規定による届出があつた場合には直ちに，前条第1項の規定による届出があつた場合には供託の事由が消滅したときに，配当等の手続を実施しなければならない。

2　第84条，第85条及び第88条から第92条までの規定は，前項の規定により執行裁判所が実施する配当等の手続について準用する。

　　　第4款　債権及びその他の財産権に対する強制執行

　　　　第1目　債権執行等

（債権執行の開始）

第143条　金銭の支払又は船舶若しくは動産の引渡しを目的とする債権（動産執行の目的となる有価証券が発行されている債権を除く。以下この節において「債権」という。）に対する強制執行（第167条の2第2項に規定する少額訴訟債権執行を除く。以下この節において「債権執行」という。）は，執行裁判所の差押命令により開始する。

（執行裁判所）

第144条　債権執行については，債務者の普通裁判籍の所在地を管轄する地方裁判所が，この普通裁判籍がないときは差し押さえるべき債権の所在地を管轄する地方裁判所が，執行裁判所として管轄する。

2　差し押さえるべき債権は，その債権の債務者（以下「第三債務者」という。）の普通裁判籍の所在地にあるものとする。ただし，船舶又は動産の引渡しを目的とする債権及び物上の担保権により担保される債権は，その物の所在地にあるものとする。

3　差押えに係る債権（差押命令により差し押さえられた債権に限る。以下この目において同じ。）について更に差押命令が発せられた場合において，差押命令を発した執行裁判所が異なるときは，執行裁判所は，事件を他の執行裁判所に移送することができる。

4　前項の規定による決定に対しては，不服を申し立てることができない。

（差押命令）

第145条　執行裁判所は，差押命令において，債務者に対し債権の取立てその他の処分を禁止し，かつ，第三債務者に対し債務者への弁済を禁止しなければならない。

2　差押命令は，債務者及び第三債務者を審尋しないで発する。

3　差押命令は，債務者及び第三債務者に送達しなければならない。

4　裁判所書記官は，差押命令を送達するに際し，債務者に対し，最高裁判所規則で定めるところにより，第153条第1項又は第2項の規定による当該差押命令の取消しの申立てをすることができる旨その他最高裁判所規則で定める事項を教示しなければならない。

5　差押えの効力は，差押命令が第三債務者に送達された時に生ずる。

6　差押命令の申立てについての裁判に対しては，執行抗告をすることができる。

7　執行裁判所は，債務者に対する差押命令の送達をすることができない場合には，差押債権者に対し，相当の期間を定め，その期間内に債務者の住所，居所その他差押命令の送達をすべき場所の申出（第20条において準用する民事訴訟法第110条第1項各号に掲げる場合にあつては，公示送達の申立て。次項において同じ。）をすべきことを命ずることができる。

8　執行裁判所は，前項の申出を命じた場合において，差押債権者が同項の申出をしないときは，差押命令を取り消すことができる。

（差押えの範囲）

第146条　執行裁判所は，差し押さえるべき債権の全部について差押命令を発することができる。

2　差し押さえた債権の価額が差押債権者の債権及び執行費用の額を超えるときは，執行裁判所は，他の債権を差し押さえてはならない。

（第三債務者の陳述の催告）

第147条　差押債権者の申立てがあるときは，裁判所書記官は，差押命令を送達するに際し，第三債務者に対し，差押命令の送達の日から2週間以内に差押えに係る債権の存否その他の最高裁判所規則で定める事項について陳述すべき旨を催告しなければならない。

2　第三債務者は，前項の規定による催告に対して，故意又は過失により，陳述をしなかつたとき，又は不実の陳述をしたときは，これによつて生じた損害を賠償する責めに任ずる。

（債権証書の引渡し）

第148条　差押えに係る債権について証書があるときは，債務者は，差押債権者に対し，その証書を引き渡さなければならない。

2　差押債権者は，差押命令に基づいて，第169条に規定する動産の引渡しの強制執行の方法により前項の証書の引渡しを受けることができる。

（差押えが一部競合した場合の効力）

第149条　債権の一部が差し押さえられ，又は仮差押えの執行を受けた場合において，その残余の部分を超えて差押命令が発せられたときは，各差押え又は仮差押えの執行の効力は，その債権の全部に及ぶ。債権の全部が差し押さえられ，又は仮差押えの執行を受けた場合において，その債権の一部について差押命令が発せられたときのその差押えの効力も，同様とする。

（先取特権等によつて担保される債権の差押えの登記等の嘱託）

第150条　登記又は登録（以下「登記等」という。）のされた先取特権，質権又は抵当権によつて担保される債権に対する差押命令が効力を生じたときは，裁判所書記官は，申立てにより，その債権について差押えがされた旨の登記等を嘱託しなければならない。

（継続的給付の差押え）

第151条　給料その他継続的給付に係る債権に対する差押えの効力は，差押債権者の債権及び執行費用の額を限度として，差押えの後に受けるべき給付に及ぶ。

（扶養義務等に係る定期金債権を請求する場合の特例）

第151条の2　債権者が次に掲げる義務に係る確定期限の定めのある定期金債権を有する場合において，その一部に不履行があるときは，第30条第1項の規定にかかわらず，当該定期金債権のうち確定期限が到来していないものについても，債権執行を開始することができる。

一　民法第752条の規定による夫婦間の協力及び扶助の義務

二　民法第760条の規定による婚姻から生ずる費用の分担の義務

三　民法第766条（同法第749条，第771条及び第788条において準用する場合を含む。）の規定による子の監護に関する義務

四　民法第877条から第880条までの規定による扶養の義務

2　前項の規定により開始する債権執行においては，各定期金債権について，その確定期限の到来後に弁済期が到来する給料その他継続的給付に係る債権のみを差し押さえることができる。

（差押禁止債権）

第152条　次に掲げる債権については，その支払期に受けるべき給付の4分の3に相当する部分（その額が標準的な世帯の必要生計費を勘案して政令で定める額を超えるときは，政令で定める額に相当する部分）は，差し押さえてはならない。

一　債務者が国及び地方公共団体以外の者から生計を維持するために支給を受ける継続的給付に係る債権

二　給料，賃金，俸給，退職年金及び賞与並びにこれらの性質を有する給与に係る債権

2　退職手当及びその性質を有する給与に係る債権については，その給付の4分の3に相当する部分は，差し押さえてはならない。

3　債権者が前条第1項各号に掲げる義務に係る金銭債権（金銭の支払を目的とする債権をいう。以下同じ。）を請求する場合における前二項の規定の適用については，前二項中「4分の3」とあるのは，「2分の1」とする。

（差押禁止債権の範囲の変更）

第153条　執行裁判所は，申立てにより，債務者及び債権者の生活の状況その他の事情を考慮して，差押命令の全部若しくは一部を取り消し，又は前条の規定により差し押さえてはならない債権の部分について差押命令を発することができる。

2　事情の変更があつたときは，執行裁判所は，申立てにより，前項の規定により差押命令が取り消された債権を差し押さえ，又は同項の規定による差押命令の全部若しくは一部を取り消すことができる。

3　前二項の申立てがあつたときは，執行裁判所は，その裁判が効力を生ずるまでの間，担保を立てさせ，又は立てさせないで，第三債務者に対し，支払その他の給付の禁止を命ずることができる。

4　第1項又は第2項の規定による差押命令の取消しの申立てを却下する決定に対しては，執行抗告をすることができる。

5　第3項の規定による決定に対しては，不服を申し立てることができない。

（配当要求）

第154条　執行力のある債務名義の正本を有する債権者及び文書により先取特権を有することを証明した債権者は，配当要求をすることができる。

2　前項の配当要求があつたときは，その旨を記載した文書は，第三債務者に送達しなければならない。

3　配当要求を却下する裁判に対しては，執行抗告をすることができる。

（差押債権者の金銭債権の取立て）

第155条　金銭債権を差し押さえた債権者は，債務者に対して差押命令が送達された日から1週間を経過したときは，その債権を取り立てることができる。ただし，差押債権者の債権及び執行費用の額を超えて支払を受けることができない。

2　差し押さえられた金銭債権が第152条第1項各号に掲げる債権又は同条第2項に規定する債権である場合（差押債権者の債権に第151条の2第1項各号に掲げる義務に係る金銭債権が含まれているときを除く。）における前項の規定の適用については，同項中「1週間」とあるのは，「4週間」とする。

3　差押債権者が第三債務者から支払を受けたときは，その債権及び執行費用は，支払を受けた額の限度で，弁済されたものとみなす。

4　差押債権者は，前項の支払を受けたときは，直ちに，その旨を執行裁判所に届け出なければならない。

5　差押債権者は，第1項の規定により金銭債権を取り立てることができることとなつた日（前項又はこの項の規定による届出をした場合にあつては，最後に当該届出をした日。次項において同じ。）から第3項の支払を受けることなく2年を経過したときは，同項の支払を受けていない旨を執行裁判所に届け出なければならない。

6　第1項の規定により金銭債権を取り立てることができることとなつた日から2年を経過した後4週間以内に差押債権者が前二項の規定による届出をしないときは，執行裁判所は，差押命令を取り消すことができる。

7　差押債権者が前項の規定により差押命令を取り消す旨の決定の告知を受けてから1週間の不変期間内に第4項の規定による届出（差し押さえられた金銭債権の全部の支払を受けた旨の届出を除く。）又は第5項の規定による届出をしたときは，当該決定は，その効力を失う。

8　差押債権者が第5項に規定する期間を経過する前

に執行裁判所に第3項の支払を受けていない旨の届出をしたときは，第5項及び第6項の規定の適用については，第5項の規定による届出があつたものとみなす。

（第三債務者の供託）

第156条　第三債務者は，差押えに係る金銭債権（差押命令により差し押さえられた金銭債権に限る。次項において同じ。）の全額に相当する金銭を債務の履行地の供託所に供託することができる。

2　第三債務者は，次条第1項に規定する訴えの訴状の送達を受ける時までに，差押えに係る金銭債権のうち差し押さえられていない部分を超えて発せられた差押命令，差押処分又は仮差押命令の送達を受けたときはその債権の全額に相当する金銭を，配当要求があつた旨を記載した文書の送達を受けたときは差し押さえられた部分に相当する金銭を債務の履行地の供託所に供託しなければならない。

3　第三債務者は，前二項の規定による供託をしたときは，その事情を執行裁判所に届け出なければならない。

（取立訴訟）

第157条　差押債権者が第三債務者に対し差し押さえた債権に係る給付を求める訴え（以下「取立訴訟」という。）を提起したときは，受訴裁判所は，第三債務者の申立てにより，他の債権者で訴状の送達の時までにその債権を差し押さえたものに対し，共同訴訟人として原告に参加すべきことを命ずることができる。

2　前項の裁判は，口頭弁論を経ないですることができる。

3　取立訴訟の判決の効力は，第1項の規定により参加すべきことを命じられた差押債権者で参加しなかつたものにも及ぶ。

4　前条第2項の規定により供託の義務を負う第三債務者に対する取立訴訟において，原告の請求を認容するときは，受訴裁判所は，請求に係る金銭の支払は供託の方法によりすべき旨を判決の主文に掲げなければならない。

5　強制執行又は競売において，前項に規定する判決の原告が配当等を受けるべきときは，その配当等の額に相当する金銭は，供託しなければならない。

（債権者の損害賠償）

第158条　差押債権者は，債務者に対し，差し押さえた債権の行使を怠つたことによつて生じた損害を賠償する責めに任ずる。

（転付命令）

第159条　執行裁判所は，差押債権者の申立てにより，支払に代えて券面額で差し押さえられた金銭債権を差押債権者に転付する命令（以下「転付命令」という。）を発することができる。

2　転付命令は，債務者及び第三債務者に送達しなければならない。

3　転付命令が第三債務者に送達される時までに，転付命令に係る金銭債権について，他の債権者が差押え，仮差押えの執行又は配当要求をしたときは，転付命令は，その効力を生じない。

4　第1項の申立てについての決定に対しては，執行

抗告をすることができる。

5　転付命令は，確定しなければその効力を生じない。

6　差し押さえられた金銭債権が第152条第１項各号に掲げる債権又は同条第２項に規定する債権である場合（差押債権者の債権に第151条の２第１項各号に掲げる義務に係る金銭債権が含まれているときを除く。）における前項の規定の適用については，同項中「確定しなければ」とあるのは，「確定し，かつ，債務者に対して差押命令が送達された日から４週間を経過するまでは，」とする。

7　転付命令が発せられた後に第39条第１項第７号又は第８号に掲げる文書を提出したことを理由として執行抗告がされたときは，抗告裁判所は，他の理由により転付命令を取り消す場合を除く，執行抗告についての裁判を留保しなければならない。

（転付命令の効力）

第160条　転付命令が効力を生じた場合においては，差押債権者の債権及び執行費用は，転付命令に係る金銭債権が存する限り，その券面額で，転付命令が第三債務者に送達された時に弁済されたものとみなす。

（譲渡命令等）

第161条　差し押さえられた債権が，条件付若しくは期限付であるとき，又は反対給付に係ることその他の事由によりその取立てが困難であるときは，執行裁判所は，差押債権者の申立てにより，その債権を執行裁判所が定めた価額で支払に代えて差押債権者に譲渡する命令（以下「譲渡命令」という。），取立てに代えて，執行裁判所の定める方法によりその債権の売却を執行官に命ずる命令（以下「売却命令」という。）又は管理人を選任してその債権の管理を命ずる命令（以下「管理命令」という。）その他相当な方法による換価を命ずる命令を発することができる。

2　執行裁判所は，前項の規定による決定をする場合には，債務者を審尋しなければならない。ただし，債務者が外国にあるとき，又はその住所が知れないときは，この限りでない。

3　第１項の申立てについての決定に対しては，執行抗告をすることができる。

4　第１項の規定による決定は，確定しなければその効力を生じない。

5　差し押さえられた債権が第152条第１項各号に掲げる債権又は同条第２項に規定する債権である場合（差押債権者の債権に第151条の２第１項各号に掲げる義務に係る金銭債権が含まれているときを除く。）における前項の規定の適用については，同項中「確定しなければ」とあるのは，「確定し，かつ，債務者に対して差押命令が送達された日から４週間を経過するまでは，」とする。

6　執行官は，差し押さえられた債権を売却したときは，債務者に代わり，第三債務者に対し，確定日付のある証書によりその譲渡の通知をしなければならない。

7　第159条第２項及び第３項並びに前条の規定は譲渡命令について，第159条第７項の規定は譲渡命令に対する執行抗告について，第65条及び第68条の規

定は売却命令に基づく執行官の売却について，第159条第２項の規定は管理命令について，第84条第３項及び第４項，第88条，第94条第２項，第95条第１項，第３項及び第４項，第98条から第104条まで並びに第106条から第110条までの規定は管理命令に基づく管理について，それぞれ準用する。この場合において，第84条第３項及び第４項中「代金の納付後」とあるのは，「第161条第７項において準用する第107条第１項の期間の経過後」と読み替えるものとする。

（船舶の引渡請求権の差押命令の執行）

第162条　船舶の引渡請求権を差し押さえた債権者は，債務者に対して差押命令が送達された日から１週間を経過したときは，第三債務者に対し，船舶の所在地を管轄する地方裁判所の選任する保管人にその船舶を引き渡すべきことを請求することができる。

2　前項の規定により保管人が引渡しを受けた船舶の強制執行は，船舶執行の方法により行う。

3　第１項に規定する保管人が船舶の引渡しを受けた場合において，その船舶について強制競売の開始決定がされたときは，その保管人は，第116条第１項の規定により選任された保管人とみなす。

（動産の引渡請求権の差押命令の執行）

第163条　動産の引渡請求権を差し押さえた債権者は，債務者に対して差押命令が送達された日から１週間を経過したときは，第三債務者に対し，差押債権者の申立てを受けた執行官にその動産を引き渡すべきことを請求することができる。

2　執行官は，動産の引渡しを受けたときは，動産執行の売却の手続によりこれを売却し，その売得金を執行裁判所に提出しなければならない。

（移転登記等の嘱託）

第164条　第150条に規定する債権について，転付命令若しくは譲渡命令が効力を生じたとき，又は売却命令による売却が終了したときは，裁判所書記官は，申立てにより，その債権を取得した差押債権者又は買受人のために先取特権，質権又は抵当権の移転の登記等を嘱託し，及び同条の規定による登記等の抹消を嘱託しなければならない。

2　前項の規定による嘱託をする場合（次項に規定する場合を除く。）においては，嘱託書に，転付命令若しくは譲渡命令の正本又は売却命令に基づく売却について執行官が作成した文書の謄本を添付しなければならない。

3　第１項の規定による嘱託をする場合において，不動産登記法（平成16年法律第123号）第16条第２項（他の法令において準用する場合を含む。）において準用する同法第18条の規定による嘱託をするときは，その嘱託情報と併せて転付命令若しくは譲渡命令があつたことを証する情報又は売却命令に基づく売却について執行官が作成した文書の内容を証する情報を提供しなければならない。

4　第１項の規定による嘱託に要する登録免許税その他の費用は，同項に規定する差押債権者又は買受人の負担とする。

5　第150条の規定により登記等がされた場合において，差し押さえられた債権について支払又は供託が

あつたことを証する文書が提出されたときは，裁判所書記官は，申立てにより，その登記等の抹消を嘱託しなければならない。債権執行の申立てが取り下げられたとき，又は差押命令の取消決定が確定したときも，同様とする。

6　前項の規定による嘱託に要する登録免許税その他の費用は，同項前段の場合にあつては債務者の負担とし，同項後段の場合にあつては差押債権者の負担とする。

（配当等を受けるべき債権者の範囲）

第165条　配当等を受けるべき債権者は，次に掲げる時までに差押え，仮差押えの執行又は配当要求をした債権者とする。

一　第三債務者が第156条第1項又は第2項の規定による供託をした時

二　取立訴訟の訴状が第三債務者に送達された時

三　売却命令により執行官が売得金の交付を受けた時

四　動産引渡請求権の差押えの場合にあつては，執行官がその動産の引渡しを受けた時

（配当等の実施）

第166条　執行裁判所は，第161条第7項において準用する第109条に規定する場合のほか，次に掲げる場合には，配当等を実施しなければならない。

一　第156条第1項若しくは第2項又は第157条第5項の規定による供託がされた場合

二　売却命令による売却がされた場合

三　第163条第2項の規定により売得金が提出された場合

2　第84条，第85条及び第88条から第92条までの規定は，前項の規定により執行裁判所が実施する配当等の手続について準用する。

3　差し押さえられた債権が第152条第1項各号に掲げる債権又は同条第2項に規定する債権である場合（差押債権者（数人あるときは，そのうち少なくとも一人以上）の債権に第151条の2第1項各号に掲げる義務に係る金銭債権が含まれているときを除く。）には，債務者に対して差押命令が送達された日から4週間を経過するまでは，配当等を実施してはならない。

（その他の財産権に対する強制執行）

第167条　不動産，船舶，動産及び債権以外の財産権（以下この条において「その他の財産権」という。）に対する強制執行については，特別の定めがあるもののほか，債権執行の例による。

2　その他の財産権で権利の移転について登記等を要するものは，強制執行の管轄については，その登記等の地にあるものとする。

3　その他の財産権で第三債務者又はこれに準ずる者がないものに対する差押えの効力は，差押命令が債務者に送達された時に生ずる。

4　その他の財産権で権利の移転について登記等を要するものについて差押えの登記等が差押命令の送達前にされた場合には，差押えの効力は，差押えの登記等がされた時に生ずる。ただし，その他の財産権で権利の処分の制限について登記等をしなければその効力が生じないものに対する差押えの効力は，差

押えの登記等が差押命令の送達後にされた場合においても，差押えの登記等がされた時に生ずる。

5　第48条，第54条及び第82条の規定は，権利の移転について登記等を要するその他の財産権の強制執行に関する登記等について準用する。

第2目　少額訴訟債権執行

（少額訴訟債権執行の開始等）

第167条の2　次に掲げる少額訴訟に係る債務名義による金銭債権に対する強制執行は，前目の定めるところにより裁判所が行うほか，第2条の規定にかかわらず，申立てにより，この目の定めるところにより裁判所書記官が行う。

一　少額訴訟における確定判決

二　仮執行の宣言を付した少額訴訟の判決

三　少額訴訟における訴訟費用又は和解の費用の負担の額を定める裁判所書記官の処分

四　少額訴訟における和解又は認諾の調書

五　少額訴訟における民事訴訟法第275条の2第1項の規定による和解に代わる決定

2　前項の規定により裁判所書記官が行う同項の強制執行（以下この目において「少額訴訟債権執行」という。）は，裁判所書記官の差押処分により開始する。

3　少額訴訟債権執行の申立ては，次の各号に掲げる債務名義の区分に応じ，それぞれ当該各号に定める簡易裁判所の裁判所書記官に対してする。

一　第1項第1号に掲げる債務名義　同号の判決をした簡易裁判所

二　第1項第2号に掲げる債務名義　同号の判決をした簡易裁判所

三　第1項第3号に掲げる債務名義　同号の処分をした裁判所書記官の所属する簡易裁判所

四　第1項第4号に掲げる債務名義　同号の和解が成立し，又は同号の認諾がされた簡易裁判所

五　第1項第5号に掲げる債務名義　同号の和解に代わる決定をした簡易裁判所

4　第144条第3項及び第4項の規定は，差押えに係る金銭債権（差押処分により差し押さえられた金銭債権に限る。以下この目において同じ。）について更に差押処分がされた場合について準用する。この場合において，同条第3項中「差押命令を発した執行裁判所」とあるのは「差押処分をした裁判所書記官の所属する簡易裁判所」と，「執行裁判所は」とあるのは「裁判所書記官は」と，「他の執行裁判所」とあるのは「他の簡易裁判所の裁判所書記官」と，同条第4項中「決定」とあるのは「裁判所書記官の処分」と読み替えるものとする。

（執行裁判所）

第167条の3　少額訴訟債権執行の手続において裁判所書記官が行う執行処分に関しては，その裁判所書記官の所属する簡易裁判所をもつて執行裁判所とする。

（裁判所書記官の執行処分の効力等）

第167条の4　少額訴訟債権執行の手続において裁判所書記官が行う執行処分は，特別の定めがある場合を除き，相当と認める方法で告知することによつて，その効力を生ずる。

2 　前項に規定する裁判所書記官が行う執行処分に対しては，執行裁判所に執行異議を申し立てることができる。

3 　第10条第6項前段及び第9項の規定は，前項の規定による執行異議の申立てがあつた場合について準用する。

（差押処分）

第167条の5 　裁判所書記官は，差押処分において，債務者に対し金銭債権の取立てその他の処分を禁止し，かつ，第三債務者に対し債務者への弁済を禁止しなければならない。

2 　第145条第2項，第3項，第5項，第7項及び第8項の規定は差押処分について，同条第4項の規定は差押処分を送達する場合について，それぞれ準用する。この場合において，同項中「第153条第1項又は第2項」とあるのは「第167条の8第1項又は第2項」と，同条第7項及び第8項中「執行裁判所」とあるのは「裁判所書記官」と読み替えるものとする。

3 　差押処分の申立てについての裁判所書記官の処分に対する執行異議の申立ては，その告知を受けた日から1週間の不変期間内にしなければならない。

4 　前項の執行異議の申立てについての裁判に対しては，執行抗告をすることができる。

5 　民事訴訟法第74条第1項の規定は，差押処分の申立てについての裁判所書記官の処分について準用する。この場合においては，前二項及び同条第3項の規定を準用する。

6 　第2項において読み替えて準用する第145条第8項の規定による裁判所書記官の処分に対する執行異議の申立ては，その告知を受けた日から1週間の不変期間内にしなければならない。

7 　前項の執行異議の申立てを却下する裁判に対しては，執行抗告をすることができる。

8 　第2項において読み替えて準用する第145条第8項の規定による裁判所書記官の処分は，確定しなければその効力を生じない。

（費用の予納等）

第167条の6 　少額訴訟債権執行についての第14条第1項及び第4項の規定の適用については，これらの規定中「執行裁判所」とあるのは，「裁判所書記官」とする。

2 　第14条第2項及び第3項の規定は，前項の規定により読み替えて適用する同条第1項の規定による裁判所書記官の処分については，適用しない。

3 　第1項の規定により読み替えて適用する第14条第4項の規定による裁判所書記官の処分に対する執行異議の申立ては，その告知を受けた日から1週間の不変期間内にしなければならない。

4 　前項の執行異議の申立てを却下する裁判に対しては，執行抗告をすることができる。

5 　第1項の規定により読み替えて適用する第14条第4項の規定により少額訴訟債権執行の手続を取り消す旨の裁判所書記官の処分は，確定しなければその効力を生じない。

（第三者異議の訴えの管轄裁判所）

第167条の7 　少額訴訟債権執行の不許を求める第三者異議の訴えは，第38条第3項の規定にかかわらず，執行裁判所の所在地を管轄する地方裁判所が管轄する。

（差押禁止債権の範囲の変更）

第167条の8 　執行裁判所は，申立てにより，債務者及び債権者の生活の状況その他の事情を考慮して，差押処分の全部若しくは一部を取り消し，又は第167条の14第1項において準用する第152条の規定により差し押さえてはならない金銭債権の部分について差押処分をすべき旨を命ずることができる。

2 　事情の変更があつたときは，執行裁判所は，申立てにより，前項の規定により差押処分が取り消された金銭債権について差押処分をすべき旨を命じ，又は同項の規定によりされた差押処分の全部若しくは一部を取り消すことができる。

3 　第153条第3項から第5項までの規定は，前二項の申立てがあつた場合について準用する。この場合において，同条第4項中「差押命令」とあるのは，「差押処分」と読み替えるものとする。

（配当要求）

第167条の9 　執行力のある債務名義の正本を有する債権者及び文書により先取特権を有することを証明した債権者は，裁判所書記官に対し，配当要求をすることができる。

2 　第154条第2項の規定は，前項の配当要求があつた場合について準用する。

3 　第1項の配当要求を却下する旨の裁判所書記官の処分に対する執行異議の申立ては，その告知を受けた日から1週間の不変期間内にしなければならない。

4 　前項の執行異議の申立てを却下する裁判に対しては，執行抗告をすることができる。

（転付命令等のための移行）

第167条の10 　差押えに係る金銭債権について転付命令又は譲渡命令，売却命令，管理命令その他相当な方法による換価を命ずる命令（以下この条において「転付命令等」という。）のいずれかの命令を求めようとするときは，差押債権者は，執行裁判所に対し，転付命令等のうちいずれの命令を求めるかを明らかにして，債権執行の手続に事件を移行させることを求める旨の申立てをしなければならない。

2 　前項に規定する命令の種別を明らかにしてされた同項の申立てがあつたときは，執行裁判所は，その所在地を管轄する地方裁判所における債権執行の手続に事件を移行させなければならない。

3 　前項の規定による決定が効力を生ずる前に，既にされた執行処分について執行異議の申立て又は執行抗告があつたときは，当該決定は，当該執行異議の申立て又は執行抗告についての裁判が確定するまでは，その効力を生じない。

4 　第2項の規定による決定に対しては，不服を申し立てることができない。

5 　第1項の申立てを却下する決定に対しては，執行抗告をすることができる。

6 　第2項の規定による決定が効力を生じたときは，差押処分の申立て又は第1項の申立てがあつた時に第2項に規定する地方裁判所にそれぞれ差押命令の申立て又は転付命令等の申立てがあつたものとみな

し，既にされた執行処分その他の行為は債権執行の手続においてされた執行処分その他の行為とみなす。

（配当等のための移行等）

第167条の11　第167条の14第１項において準用する第156条第１項若しくは第２項又は第157条第５項の規定により供託がされた場合において，債権者が二人以上であつて供託金で各債権者の債権及び執行費用の全部を弁済することができないため配当を実施すべきときは，執行裁判所は，その所在地を管轄する地方裁判所における債権執行の手続に事件を移行させなければならない。

2　前項に規定する場合において，差押えに係る金銭債権について更に差押命令又は差押処分が発せられたときは，執行裁判所は，同項に規定する地方裁判所における債権執行の手続のほか，当該差押命令を発した執行裁判所又は当該差押処分をした裁判所書記官の所属する簡易裁判所の所在地を管轄する地方裁判所における債権執行の手続にも事件を移行させることができる。

3　第１項に規定する供託がされた場合において，債権者が一人であるとき，又は債権者が二人以上であつて供託金で各債権者の債権及び執行費用の全部を弁済することができるときは，裁判所書記官は，供託金の交付計算書を作成して，債権者に弁済金を交付し，剰余金を債務者に交付する。

4　前項に規定する場合において，差押えに係る金銭債権について更に差押命令が発せられたときは，執行裁判所は，同項の規定にかかわらず，その所在地を管轄する地方裁判所又は当該差押命令を発した執行裁判所における債権執行の手続に事件を移行させることができる。

5　差押えに係る金銭債権について更に差押命令が発せられた場合において，当該差押命令を発した執行裁判所が第161条第７項において準用する第109条の規定又は第166条第１項第２号の規定により配当等を実施するときは，執行裁判所は，当該差押命令を発した執行裁判所における債権執行の手続に事件を移行させなければならない。

6　第１項，第２項，第４項又は前項の規定による決定に対しては，不服を申し立てることができない。

7　第84条第３項及び第４項，第88条，第91条（第１項第６号及び第７号を除く。），第92条第１項並びに第166条第３項の規定は第３項の規定により裁判所書記官が実施する弁済金の交付の手続について，前条第３項の規定は第１項，第２項，第４項又は第５項の規定による決定について，同条第６項の規定は第１項，第２項，第４項又は第５項の規定による決定が効力を生じた場合について，それぞれ準用する。この場合において，第166条第３項中「差押命令」とあるのは，「差押処分」と読み替えるものとする。

（裁量移行）

第167条の12　執行裁判所は，差し押さえるべき金銭債権の内容その他の事情を考慮して相当と認めるときは，その所在地を管轄する地方裁判所における債権執行の手続に事件を移行させることができる。

2　前項の規定による決定に対しては，不服を申し立てることができない。

3　第167条の10第３項の規定は第１項の規定による決定について，同条第６項の規定は第１項の規定による決定が効力を生じた場合について準用する。この場合において，同条第６項中「差押処分の申立て又は第１項の申立て」とあるのは「差押処分の申立て」と，「それぞれ差押命令の申立て又は転付命令等の申立て」とあるのは「差押命令の申立て」と読み替えるものとする。

（総則規定の適用関係）

第167条の13　少額訴訟債権執行についての第１章及び第２章第１節の規定の適用については，第13条第１項中「執行裁判所でする手続」とあるのは「第167条の２第２項に規定する少額訴訟債権執行の手続」と，第16条第１項中「執行裁判所」とあるのは「裁判所書記官」と，第17条中「執行裁判所の行う民事執行」とあるのは「第167条の２第２項に規定する少額訴訟債権執行」と，第40条第１項中「執行裁判所又は執行官」とあるのは「裁判所書記官」と，第42条第４項中「執行裁判所の裁判所書記官」とあるのは「裁判所書記官」とする。

（債権執行の規定の準用）

第167条の14　第146条から第152条まで，第155条から第158条まで，第164条第５項及び第６項並びに第165条（第３号及び第４号を除く。）の規定は，少額訴訟債権執行について準用する。この場合において，第146条，第155条第４項から第６項まで及び第８項並びに第156条第３項中「執行裁判所」とあるのは「裁判所書記官」と，第146条第１項中「差押命令を発する」とあるのは「差押処分をする」と，第147条第１項，第148条第２項，第150条，第155条第１項，第６項及び第７項並びに第156条第１項中「差押命令」とあるのは「差押処分」と，第147条第１項及び第148条第１項中「差押えに係る債権」とあるのは「差押えに係る金銭債権」と，第149条中「差押命令が発せられたとき」とあるのは「差押処分がされたとき」と，第155条第７項中「決定」とあるのは「裁判所書記官の処分」と，第164条第５項中「差押命令の取消決定」とあるのは「差押処分の取消決定若しくは差押処分を取り消す旨の裁判所書記官の処分」と，第165条（見出しを含む。）中「配当等」とあるのは「弁済金の交付」と読み替えるものとする。

2　第167条の５第６項から第８項までの規定は，前項において読み替えて準用する第155条第６項の規定による裁判所書記官の処分がされた場合について準用する。

　　　第５款　扶養義務等に係る金銭債権についての強制執行の特例

（扶養義務等に係る金銭債権についての間接強制）

第167条の15　第151条の２第１項各号に掲げる義務に係る金銭債権についての強制執行は，前各款の規定により行うほか，債権者の申立てがあるときは，執行裁判所が第172条第１項に規定する方法により行う。ただし，債務者が，支払能力を欠くためにその金銭債権に係る債務を弁済することができないとき，又はその債務を弁済することによつてその生活が著しく窮迫するときは，この限りでない。

2　前項の規定により同項に規定する金銭債権について第172条第１項に規定する方法により強制執行を行う場合において，債務者が債権者に支払うべき金銭の額を定めるに当たつては，執行裁判所は，債務不履行により債権者が受けるべき不利益並びに債務者の資力及び従前の債務の履行の態様を特に考慮しなければならない。

3　事情の変更があつたときは，執行裁判所は，債務者の申立てにより，その申立てがあつた時（その申立てがあつた後に事情の変更があつたときは，その事情の変更があつた時）までさかのぼつて，第１項の規定による決定を取り消すことができる。

4　前項の申立てがあつたときは，執行裁判所は，その裁判が効力を生ずるまでの間，担保を立てさせ，又は立てさせないで，第１項の規定による決定の執行の停止を命ずることができる。

5　前項の規定による決定に対しては，不服を申し立てることができない。

6　第172条第２項から第５項までの規定は第１項の場合について，同条第３項及び第５項の規定は第３項の場合について，第173条第２項の規定は第１項の執行裁判所について準用する。

（扶養義務等に係る定期金債権を請求する場合の特例）

第167条の16　債権者が第151条の２第１項各号に掲げる義務に係る確定期限の定めのある定期金債権を有する場合において，その一部に不履行があるときは，第30条第１項の規定にかかわらず，当該定期金債権のうち６月以内に確定期限が到来するものについても，前条第１項に規定する方法による強制執行を開始することができる。

　　　第３節　金銭の支払を目的としない請求権についての強制執行

（不動産の引渡し等の強制執行）

第168条　不動産等（不動産又は人の居住する船舶等をいう。以下この条及び次条において同じ。）の引渡し又は明渡しの強制執行は，執行官が債務者の不動産等に対する占有を解いて債権者にその占有を取得させる方法により行う。

2　執行官は，前項の強制執行をするため同項の不動産等の占有者を特定する必要があるときは，当該不動産等に在る者に対し，当該不動産等又はこれに近接する場所において，質問をし，又は文書の提示を求めることができる。

3　第１項の強制執行は，債権者又はその代理人が執行の場所に出頭したときに限り，することができる。

4　執行官は，第１項の強制執行をするに際し，債務者の占有する不動産等に立ち入り，必要があるときは，閉鎖した戸を開くため必要な処分をすることができる。

5　執行官は，第１項の強制執行においては，その目的物でない動産を取り除いて，債務者，その代理人又は同居の親族若しくは使用人その他の従業者で相当のわきまえのあるものに引き渡さなければならない。この場合において，その動産をこれらの者に引き渡すことができないときは，執行官は，最高裁判所規則で定めるところにより，これを売却すること

ができる。

6　執行官は，前項の動産のうちに同項の規定による引渡し又は売却をしなかつたものがあるときは，これを保管しなければならない。この場合においては，前項後段の規定を準用する。

7　前項の規定による保管の費用は，執行費用とする。

8　第５項（第６項後段において準用する場合を含む。）の規定により動産を売却したときは，執行官は，その売得金から売却及び保管に要した費用を控除し，その残余を供託しなければならない。

9　第57条第５項の規定は，第１項の強制執行について準用する。

（明渡しの催告）

第168条の２　執行官は，不動産等の引渡し又は明渡しの強制執行の申立てがあつた場合において，当該強制執行を開始することができるときは，次条に規定する引渡し期限を定めて，明渡しの催告（不動産等の引渡し又は明渡しの催告をいう。以下この条において同じ。）をすることができる。ただし，債務者が当該不動産等を占有していないときは，この限りでない。

2　引渡し期限（明渡しの催告に基づき第６項の規定による強制執行をすることができる期限をいう。以下この条において同じ。）は，明渡しの催告があつた日から１月を経過する日とする。ただし，執行官は，執行裁判所の許可を得て，当該日以後の日を引渡し期限とすることができる。

3　執行官は，明渡しの催告をしたときは，その旨，引渡し期限及び第５項の規定により債務者が不動産等の占有を移転することを禁止されている旨を，当該不動産等の所在する場所に公示書その他の標識を掲示する方法により，公示しなければならない。

4　執行官は，引渡し期限が経過するまでの間においては，執行裁判所の許可を得て，引渡し期限を延長することができる。この場合においては，執行官は，引渡し期限の変更があつた旨及び変更後の引渡し期限を，当該不動産等の所在する場所に公示書その他の標識を掲示する方法により，公示しなければならない。

5　明渡しの催告があつたときは，債務者は，不動産等の占有を移転してはならない。ただし，債権者に対して不動産等の引渡し又は明渡しをする場合は，この限りでない。

6　明渡しの催告後に不動産等の占有の移転があつたときは，引渡し期限が経過するまでの間においては，占有者（第１項の不動産等を占有する者であつて債務者以外のものをいう。以下この条において同じ。）に対して，第１項の申立てに基づく強制執行をすることができる。この場合において，第42条及び前条の規定の適用については，当該占有者を債務者とみなす。

7　明渡しの催告後に不動産等の占有の移転があつたときは，占有者は，明渡しの催告があつたことを知らず，かつ，債務者の占有の承継人でないことを理由として，債権者に対し，強制執行の不許を求める訴えを提起することができる。この場合においては，第36条，第37条及び第38条第３項の規定を準用する。

8　明渡しの催告後に不動産等を占有した占有者は，明渡しの催告があつたことを知つて占有したものと推定する。

9　第6項の規定により占有者に対して強制執行がされたときは，当該占有者は，執行異議の申立てにおいて，債権者に対抗することができる権原により目的物を占有していること，又は明渡しの催告があつたことを知らず，かつ，債務者の占有の承継人でないことを理由とすることができる。

10　明渡しの催告に要した費用は，執行費用とする。
（動産の引渡しの強制執行）

第169条　第168条第1項に規定する動産以外の動産（有価証券を含む。）の引渡しの強制執行は，執行官が債務者からこれを取り上げて債権者に引き渡す方法により行う。

2　第122条第2項，第123条第2項及び第168条第5項から第8項までの規定は，前項の強制執行について準用する。
（目的物を第三者が占有する場合の引渡しの強制執行）

第170条　第三者が強制執行の目的物を占有している場合においてその物を債務者に引き渡すべき義務を負つているときは，物の引渡しの強制執行は，執行裁判所が，債務者の第三者に対する引渡請求権を差し押さえ，請求権の行使を債権者に許す旨の命令を発する方法により行う。

2　第144条，第145条（第4項を除く。），第147条，第148条，第155条第1項及び第3項並びに第158条の規定は，前項の強制執行について準用する。
（代替執行）

第171条　次の各号に掲げる強制執行は，執行裁判所がそれぞれ当該各号に定める旨を命ずる方法により行う。
　一　作為を目的とする債務についての強制執行　債務者の費用で第三者に当該作為をさせること。
　二　不作為を目的とする債務についての強制執行　債務者の費用で，債務者がした行為の結果を除去し，又は将来のため適当な処分をすべきこと。

2　前項の執行裁判所は，第33条第2項第1号又は第6号に掲げる債務名義の区分に応じ，それぞれ当該各号に定める裁判所とする。

3　執行裁判所は，第1項の規定による決定をする場合には，債務者を審尋しなければならない。

4　執行裁判所は，第1項の規定による決定をする場合には，申立てにより，債務者に対し，その決定に掲げる行為をするために必要な費用をあらかじめ債権者に支払うべき旨を命ずることができる。

5　第1項の強制執行の申立て又は前項の申立てについての裁判に対しては，執行抗告をすることができる。

6　第6条第2項の規定は，第1項の規定による決定を執行する場合について準用する。
（間接強制）

第172条　作為又は不作為を目的とする債務で前条第1項の強制執行ができないものについての強制執行は，執行裁判所が，債務者に対し，遅延の期間に応じ，又は相当と認める一定の期間内に履行しないと

きは直ちに，債務の履行を確保するために相当と認める一定の額の金銭を債権者に支払うべき旨を命ずる方法により行う。

2　事情の変更があつたときは，執行裁判所は，申立てにより，前項の規定による決定を変更することができる。

3　執行裁判所は，前二項の規定による決定をする場合には，申立ての相手方を審尋しなければならない。

4　第1項の規定により命じられた金銭の支払があつた場合において，債務不履行により生じた損害の額が支払額を超えるときは，債権者は，その超える額について損害賠償の請求をすることを妨げられない。

5　第1項の強制執行の申立て又は第2項の申立てについての裁判に対しては，執行抗告をすることができる。

6　前条第2項の規定は，第1項の執行裁判所について準用する。

第173条　第168条第1項，第169条第1項，第170条第1項及び第171条第1項に規定する強制執行は，それぞれ第168条から第171条までの規定により行うほか，債権者の申立てがあるときは，執行裁判所が前条第1項に規定する方法により行う。この場合においては，同条第2項から第5項までの規定を準用する。

2　前項の執行裁判所は，第33条第2項各号（第1号の2，第1号の3及び第4号を除く。）に掲げる債務名義の区分に応じ，それぞれ当該債務名義についての執行文付与の訴えの管轄裁判所とする。
（子の引渡しの強制執行）

第174条　子の引渡しの強制執行は，次の各号に掲げる方法のいずれかにより行う。
　一　執行裁判所が決定により執行官に子の引渡しを実施させる方法
　二　第172条第1項に規定する方法

2　前項第1号に掲げる方法による強制執行の申立ては，次の各号のいずれかに該当するときでなければすることができない。
　一　第172条第1項の規定による決定が確定した日から2週間を経過したとき（当該決定において定められた債務を履行すべき一定の期間の経過がこれより後である場合にあつては，その期間を経過したとき）。
　二　前項第2号に掲げる方法による強制執行を実施しても，債務者が子の監護を解く見込みがあるとは認められないとき。
　三　子の急迫の危険を防止するため直ちに強制執行をする必要があるとき。

3　執行裁判所は，第1項第1号の規定による決定をする場合には，債務者を審尋しなければならない。ただし，子に急迫した危険があるときその他の審尋をすることにより強制執行の目的を達することができない事情があるときは，この限りでない。

4　執行裁判所は，第1項第1号の規定による決定において，執行官に対し，債務者による子の監護を解くために必要な行為をすべきことを命じなければならない。

5　第171条第2項の規定は第1項第1号の執行裁判

所について，同条第４項の規定は同号の規定による決定をする場合について，それぞれ準用する。

6　第２項の強制執行の申立て又は前項において準用する第171条第４項の申立てについての裁判に対しては，執行抗告をすることができる。

（執行官の権限等）

第175条　執行官は，債務者による子の監護を解くために必要な行為として，債務者に対し説得を行うほか，債務者の住居その他債務者の占有する場所において，次に掲げる行為をすることができる。

　一　その場所に立ち入り，子を捜索すること。この場合において，必要があるときは，閉鎖した戸を開くため必要な処分をすること。

　二　債権者若しくはその代理人と子を面会させ，又は債権者若しくはその代理人と債務者を面会させること。

　三　その場所に債権者又はその代理人を立ち入らせること。

2　執行官は，子の心身に及ぼす影響，当該場所及びその周囲の状況その他の事情を考慮して相当と認めるときは，前項に規定する場所以外の場所においても，債務者による子の監護を解くために必要な行為として，当該場所の占有者の同意を得て又は次項の規定による許可を受けて，前項各号に掲げる行為をすることができる。

3　執行裁判所は，子の住居が第１項に規定する場所以外の場所である場合において，債務者と当該場所の占有者との関係，当該占有者の私生活又は業務に与える影響その他の事情を考慮して相当と認めるときは，債権者の申立てにより，当該占有者の同意に代わる許可をすることができる。

4　執行官は，前項の規定による許可を受けて第１項各号に掲げる行為をするときは，職務の執行に当たり，当該許可を受けたことを証する文書を提示しなければならない。

5　第１項又は第２項の規定による債務者による子の監護を解くために必要な行為は，債権者が第１項又は第２項に規定する場所に出頭した場合に限り，することができる。

6　執行裁判所は，債権者が第１項又は第２項に規定する場所に出頭することができない場合であつても，その代理人が債権者に代わつて当該場所に出頭することが，当該代理人と子との関係，当該代理人の知識及び経験その他の事情に照らして子の利益の保護のために相当と認めるときは，前項の規定にかかわらず，債権者の申立てにより，当該代理人が当該場所に出頭した場合においても，第１項又は第２項の規定による債務者による子の監護を解くために必要な行為をすることができる旨の決定をすることができる。

7　執行裁判所は，いつでも前項の決定を取り消すことができる。

8　執行官は，第６条第１項の規定にかかわらず，子に対して威力を用いることはできない。子以外の者に対して威力を用いることが子の心身に有害な影響を及ぼすおそれがある場合においては，当該子以外の者についても，同様とする。

9　執行官は，第１項又は第２項の規定による債務者による子の監護を解くために必要な行為をするに際し，債権者又はその代理人に対し，必要な指示をすることができる。

（執行裁判所及び執行官の責務）

第176条　執行裁判所及び執行官は，第174条第１項第１号に掲げる方法による子の引渡しの強制執行の手続において子の引渡しを実現するに当たつては，子の年齢及び発達の程度その他の事情を踏まえ，できる限り，当該強制執行が子の心身に有害な影響を及ぼさないように配慮しなければならない。

（意思表示の擬制）

第177条　意思表示をすべきことを債務者に命ずる判決その他の裁判が確定し，又は和解，認諾，調停若しくは労働審判に係る債務名義が成立したときは，債務者は，その確定又は成立の時に意思表示をしたものとみなす。ただし，債務者の意思表示が，債権者の証明すべき事実の到来に係るときは第27条第１項の規定により執行文が付与された時に，反対給付との引換え又は債務の履行その他の債務者の証明すべき事実のないことに係るときは次項又は第３項の規定により執行文が付与された時に意思表示をしたものとみなす。

2　債務者の意思表示が反対給付との引換えに係る場合においては，執行文は，債権者が反対給付又はその提供のあつたことを証する文書を提出したときに限り，付与することができる。

3　債務者の意思表示が債務者の証明すべき事実のないことに係る場合において，執行文の付与の申立てがあつたときは，裁判所書記官は，債務者に対し一定の期間を定めてその事実を証明する文書を提出すべき旨を催告し，債務者がその期間内にその文書を提出しないときに限り，執行文を付与することができる。

第178条及び第179条　削除

　第３章　担保権の実行としての競売等（略）

　第４章　債務者の財産状況の調査

　　第１節　財産開示手続

（管轄）

第196条　この節の規定による債務者の財産の開示に関する手続（以下「財産開示手続」という。）については，債務者の普通裁判籍の所在地を管轄する地方裁判所が，執行裁判所として管轄する。

（実施決定）

第197条　執行裁判所は，次の各号のいずれかに該当するときは，執行力のある債務名義の正本を有する金銭債権の債権者の申立てにより，債務者について，財産開示手続を実施する旨の決定をしなければならない。ただし，当該執行力のある債務名義の正本に基づく強制執行を開始することができないときは，この限りでない。

　一　強制執行又は担保権の実行における配当等の手続（申立ての日より６月以上前に終了したものを除く。）において，申立人が当該金銭債権の完全な弁済を得ることができなかつたとき。

　二　知れている財産に対する強制執行を実施しても，申立人が当該金銭債権の完全な弁済を得られない

ことの疎明があつたとき。

2　執行裁判所は，次の各号のいずれかに該当するときは，債務者の財産について一般の先取特権を有することを証する文書を提出した債権者の申立てにより，当該債務者について，財産開示手続を実施する旨の決定をしなければならない。

一　強制執行又は担保権の実行における配当等の手続（申立ての日より6月以上前に終了したものを除く。）において，申立人が当該先取特権の被担保債権の完全な弁済を得ることができなかつたとき。

二　知れている財産に対する担保権の実行を実施しても，申立人が前号の被担保債権の完全な弁済を得られないことの疎明があつたとき。

3　前二項の規定にかかわらず，債務者（債務者に法定代理人がある場合にあつては当該法定代理人，債務者が法人である場合にあつてはその代表者。第1号において同じ。）が前二項の申立ての日前3年以内に財産開示期日（財産を開示すべき期日をいう。以下同じ。）においてその財産について陳述をしたものであるときは，財産開示手続を実施する旨の決定をすることができない。ただし，次の各号に掲げる事由のいずれかがある場合は，この限りでない。

一　債務者が当該財産開示期日において一部の財産を開示しなかつたとき。

二　債務者が当該財産開示期日の後に新たに財産を取得したとき。

三　当該財産開示期日の後に債務者と使用者との雇用関係が終了したとき。

4　第1項又は第2項の決定がされたときは，当該決定（同項の決定にあつては，当該決定及び同項の文書の写し）を債務者に送達しなければならない。

5　第1項又は第2項の申立てについての裁判に対しては，執行抗告をすることができる。

6　第1項又は第2項の決定は，確定しなければその効力を生じない。

（期日指定及び期日の呼出し）

第198条　執行裁判所は，前条第1項又は第2項の決定が確定したときは，財産開示期日を指定しなければならない。

2　財産開示期日には，次に掲げる者を呼び出さなければならない。

一　申立人

二　債務者（債務者に法定代理人がある場合にあつては当該法定代理人，債務者が法人である場合にあつてはその代表者）

（財産開示期日）

第199条　開示義務者（前条第2項第2号に掲げる者をいう。以下同じ。）は，財産開示期日に出頭し，債務者の財産（第131条第1号又は第2号に掲げる動産を除く。）について陳述しなければならない。

2　前項の陳述においては，陳述の対象となる財産について，第2章第2節の規定による強制執行又は前章の規定による担保権の実行の申立てをするのに必要となる事項その他申立人に開示する必要があるものとして最高裁判所規則で定める事項を明示しなければならない。

3　執行裁判所は，財産開示期日において，開示義務者に対し質問を発することができる。

4　申立人は，財産開示期日に出頭し，債務者の財産の状況を明らかにするため，執行裁判所の許可を得て開示義務者に対し質問を発することができる。

5　執行裁判所は，申立人が出頭しないときであつても，財産開示期日における手続を実施することができる。

6　財産開示期日における手続は，公開しない。

7　民事訴訟法第195条及び第206条の規定は前各項の規定による手続について，同法第201条第1項及び第2項の規定は開示義務者について準用する。

（陳述義務の一部の免除）

第200条　財産開示期日において債務者の財産の一部を開示した開示義務者は，申立人の同意がある場合又は当該開示によつて第197条第1項の金銭債権若しくは同条第2項各号の被担保債権の完全な弁済に支障がなくなつたことが明らかである場合において，執行裁判所の許可を受けたときは，前条第1項の規定にかかわらず，その余の財産について陳述することを要しない。

2　前項の許可の申立てについての裁判に対しては，執行抗告をすることができる。

（財産開示事件の記録の閲覧等の制限）

第201条　財産開示事件の記録中財産開示期日に関する部分についての第17条の規定による請求は，次に掲げる者に限り，することができる。

一　申立人

二　債務者に対する金銭債権について執行力のある債務名義の正本を有する債権者

三　債務者の財産について一般の先取特権を有することを証する文書を提出した債権者

四　債務者又は開示義務者

（財産開示事件に関する情報の目的外利用の制限）

第202条　申立人は，財産開示手続において得られた債務者の財産又は債務に関する情報を，当該債務者に対する債権をその本旨に従つて行使する目的以外の目的のために利用し，又は提供してはならない。

2　前条第2号又は第3号に掲げる者であつて，財産開示事件の記録中の財産開示期日に関する部分の情報を得たものは，当該情報を当該財産開示事件の債務者に対する債権をその本旨に従つて行使する目的以外の目的のために利用し，又は提供してはならない。

（強制執行及び担保権の実行の規定の準用）

第203条　第39条及び第40条の規定は執行力のある債務名義の正本に基づく財産開示手続について，第42条（第2項を除く。）の規定は財産開示手続について，第182条及び第183条の規定は一般の先取特権に基づく財産開示手続について準用する。

　　　第2節　第三者からの情報取得手続

（管轄）

第204条　この節の規定による債務者の財産に係る情報の取得に関する手続（以下「第三者からの情報取得手続」という。）については，債務者の普通裁判籍の所在地を管轄する地方裁判所が，この普通裁判籍がないときはこの節の規定により情報の提供を命

じられるべき者の所在地を管轄する地方裁判所が，執行裁判所として管轄する。

（債務者の不動産に係る情報の取得）

第205条　執行裁判所は，次の各号のいずれかに該当するときは，それぞれ当該各号に定める者の申立てにより，法務省令で定める登記所に対し，債務者が所有権の登記名義人である土地又は建物その他これらに準ずるものとして法務省令で定めるものに対する強制執行又は担保権の実行の申立てをするのに必要となる事項として最高裁判所規則で定めるものについて情報の提供をすべき旨を命じなければならない。ただし，第１号に掲げる場合において，同号に規定する執行力のある債務名義の正本に基づく強制執行を開始することができないときは，この限りでない。

　一　第197条第１項各号のいずれかに該当する場合　執行力のある債務名義の正本を有する金銭債権の債権者

　二　第197条第２項各号のいずれかに該当する場合　債務者の財産について一般の先取特権を有することを証する文書を提出した債権者

２　前項の申立ては，財産開示期日における手続が実施された場合（当該財産開示期日に係る財産開示手続において第200条第１項の許可がされたときを除く。）において，当該財産開示期日から３年以内に限り，することができる。

３　第１項の申立てを認容する決定がされたときは，当該決定（同項第２号に掲げる場合にあつては，当該決定及び同号に規定する文書の写し）を債務者に送達しなければならない。

４　第１項の申立てについての裁判に対しては，執行抗告をすることができる。

５　第１項の申立てを認容する決定は，確定しなければその効力を生じない。

（債務者の給与債権に係る情報の取得）

第206条　執行裁判所は，第197条第１項各号のいずれかに該当するときは，第151条の２第１項各号に掲げる義務に係る請求権又は人の生命若しくは身体の侵害による損害賠償請求権について執行力のある債務名義の正本を有する債権者の申立てにより，次の各号に掲げる者であつて最高裁判所規則で定めるところにより当該債権者が選択したものに対し，それぞれ当該各号に定める事項について情報の提供をすべき旨を命じなければならない。ただし，当該執行力のある債務名義の正本に基づく強制執行を開始することができないときは，この限りでない。

　一　市町村（特別区を含む。以下この号において同じ。）　債務者が支払を受ける地方税法（昭和25年法律第226号）第317条の２第１項ただし書に規定する給与に係る債権に対する強制執行又は担保権の実行の申立てをするのに必要となる事項として最高裁判所規則で定めるもの（当該市町村が債務者の市町村民税（特別区民税を含む。）に係る事務に関して知り得たものに限る。）

　二　日本年金機構，国家公務員共済組合，国家公務員共済組合連合会，地方公務員共済組合，全国市町村職員共済組合連合会又は日本私立学校振興・共済事業団　債務者（厚生年金保険の被保険者であるものに限る。以下この号において同じ。）が支払を受ける厚生年金保険法（昭和29年法律第115号）第３条第１項第３号に規定する報酬又は同項第４号に規定する賞与に係る債権に対する強制執行又は担保権の実行の申立てをするのに必要となる事項として最高裁判所規則で定めるもの（情報の提供を命じられた者が債務者の厚生年金保険に係る事務に関して知り得たものに限る。）

２　前条第２項から第５項までの規定は，前項の申立て及び当該申立てについての裁判について準用する。

（債務者の預貯金債権等に係る情報の取得）

第207条　執行裁判所は，第197条第１項各号のいずれかに該当するときは，執行力のある債務名義の正本を有する金銭債権の債権者の申立てにより，次の各号に掲げる者であつて最高裁判所規則で定めるところにより当該債権者が選択したものに対し，それぞれ当該各号に定める事項について情報の提供をすべき旨を命じなければならない。ただし，当該執行力のある債務名義の正本に基づく強制執行を開始することができないときは，この限りでない。

　一　銀行等（銀行，信用金庫，信用金庫連合会，労働金庫，労働金庫連合会，信用協同組合，信用協同組合連合会，農業協同組合，農業協同組合連合会，漁業協同組合，漁業協同組合連合会，水産加工業協同組合，水産加工業協同組合連合会，農林中央金庫，株式会社商工組合中央金庫又は独立行政法人郵便貯金簡易生命保険管理・郵便局ネットワーク支援機構をいう。以下この号において同じ。）　債務者の当該銀行等に対する預貯金債権（民法第466条の５第１項に規定する預貯金債権をいう。）に対する強制執行又は担保権の実行の申立てをするのに必要となる事項として最高裁判所規則で定めるもの

　二　振替機関等（社債，株式等の振替に関する法律第２条第５項に規定する振替機関等をいう。以下この号において同じ。）　債務者の有する振替社債等（同法第279条に規定する振替社債等であつて，当該振替機関等の備える振替口座簿における債務者の口座に記載され，又は記録されたものに限る。）に関する強制執行又は担保権の実行の申立てをするのに必要となる事項として最高裁判所規則で定めるもの

２　執行裁判所は，第197条第２項各号のいずれかに該当するときは，債務者の財産について一般の先取特権を有することを証する文書を提出した債権者の申立てにより，前項各号に掲げる者であつて最高裁判所規則で定めるところにより当該債権者が選択したものに対し，それぞれ当該各号に定める事項について情報の提供をすべき旨を命じなければならない。

３　前二項の申立てを却下する裁判に対しては，執行抗告をすることができる。

（情報の提供の方法等）

第208条　第205条第１項，第206条第１項又は前条第１項若しくは第２項の申立てを認容する決定により命じられた情報の提供は，執行裁判所に対し，書面でしなければならない。

2　前項の情報の提供がされたときは，執行裁判所は，最高裁判所規則で定めるところにより，申立人に同項の書面の写しを送付し，かつ，債務者に対し，同項に規定する決定に基づいてその財産に関する情報の提供がされた旨を通知しなければならない。

（第三者からの情報取得手続に係る事件の記録の閲覧等の制限）

第209条　第205条又は第207条の規定による第三者からの情報取得手続に係る事件の記録中前条第1項の情報の提供に関する部分についての第17条の規定による請求は，次に掲げる者に限り，することができる。

一　申立人

二　債務者に対する金銭債権について執行力のある債務名義の正本を有する債権者

三　債務者の財産について一般の先取特権を有することを証する文書を提出した債権者

四　債務者

五　当該情報の提供をした者

2　第206条の規定による第三者からの情報取得手続に係る事件の記録中前条第1項の情報の提供に関する部分についての第17条の規定による請求は，次に掲げる者に限り，することができる。

一　申立人

二　債務者に対する第151条の2第1項各号に掲げる義務に係る請求権又は人の生命若しくは身体の侵害による損害賠償請求権について執行力のある債務名義の正本を有する債権者

三　債務者

四　当該情報の提供をした者

（第三者からの情報取得手続に係る事件に関する情報の目的外利用の制限）

第210条　申立人は，第三者からの情報取得手続において得られた債務者の財産に関する情報を，当該債務者に対する債権をその本旨に従つて行使する目的以外の目的のために利用し，又は提供してはならない。

2　前条第1項第2号若しくは第3号又は第2項第2号に掲げる者であつて，第三者からの情報取得手続に係る事件の記録中の第208条第1項の情報の提供に関する部分の情報を得たものは，当該情報を当該事件の債務者に対する債権をその本旨に従つて行使する目的以外の目的のために利用し，又は提供してはならない。

（強制執行及び担保権の実行の規定の準用）

第211条　第39条及び第40条の規定は執行力のある債務名義の正本に基づく第三者からの情報取得手続について，第42条（第2項を除く。）の規定は第三者からの情報取得手続について，第182条及び第183条の規定は一般の先取特権に基づく第三者からの情報取得手続について，それぞれ準用する。

　　第5章　罰則

（公示書等損壊罪）

第212条　次の各号のいずれかに該当する者は，1年以下の懲役又は100万円以下の罰金に処する。

一　第55条第1項（第1号に係る部分に限る。），第68条の2第1項若しくは第77条第1項（第1号に係る部分に限る。）（これらの規定を第121条（第189条（第195条の規定によりその例によることとされる場合を含む。）において準用する場合を含む。）及び第188条（第195条の規定によりその例によることとされる場合を含む。）において準用する場合を含む。）又は第187条第1項（第195条の規定によりその例によることとされる場合を含む。）の規定による命令に基づき執行官が公示するために施した公示書その他の標識（刑法第96条に規定する封印及び差押えの表示を除く。）を損壊した者

二　第168条の2第3項又は第4項の規定により執行官が公示するために施した公示書その他の標識を損壊した者

（陳述等拒絶の罪）

第213条　次の各号のいずれかに該当する者は，6月以下の懲役又は50万円以下の罰金に処する。

一　売却基準価額の決定に関し，執行裁判所の呼出しを受けた審尋の期日において，正当な理由なく，出頭せず，若しくは陳述を拒み，又は虚偽の陳述をした者

二　第57条第2項（第121条（第189条（第195条の規定によりその例によることとされる場合を含む。）において準用する場合を含む。）及び第188条（第195条の規定によりその例によることとされる場合を含む。）において準用する場合を含む。）の規定による執行官の質問又は文書の提出の要求に対し，正当な理由なく，陳述をせず，若しくは文書の提示を拒み，又は虚偽の陳述をし，若しくは虚偽の記載をした文書を提示した者

三　第65条の2（第188条（第195条の規定によりその例によることとされる場合を含む。）において準用する場合を含む。）の規定により陳述すべき事項について虚偽の陳述をした者

四　第168条第2項の規定による執行官の質問又は文書の提出の要求に対し，正当な理由なく，陳述をせず，若しくは文書の提示を拒み，又は虚偽の陳述をし，若しくは虚偽の記載をした文書を提示した債務者又は同項に規定する不動産等を占有する第三者

五　執行裁判所の呼出しを受けた財産開示期日において，正当な理由なく，出頭せず，又は宣誓を拒んだ開示義務者

六　第199条第7項において準用する民事訴訟法第201条第1項の規定により財産開示期日において宣誓した開示義務者であつて，正当な理由なく第199条第1項から第4項までの規定により陳述すべき事項について陳述をせず，又は虚偽の陳述をしたもの

2　不動産（登記することができない土地の定着物を除く。以下この項において同じ。）の占有者であつて，その占有の権原を差押債権者，仮差押債権者又は第59条第1項（第188条（第195条の規定によりその例によることとされる場合を含む。）において準用する場合を含む。）の規定により消滅する権利を有する者に対抗することができないものが，正当な理由なく，第64条の2第5項（第188条（第195条の

規定によりその例によることとされる場合を含む。）において準用する場合を含む。）の規定による不動産の立入りを拒み，又は妨げたときは，30万円以下の罰金に処する。

（過料に処すべき場合）

第214条　第202条の規定に違反して，同条の情報を同条に規定する目的以外の目的のために利用し，又は提供した者は，30万円以下の過料に処する。

2　第210条の規定に違反して，同条の情報を同条に規定する目的以外の目的のために利用し，又は提供した者も，前項と同様とする。

（管轄）

第215条　前条に規定する過料の事件は，執行裁判所の管轄とする。

　　附　則（抄）

（施行期日）

第1条　この法律は，昭和55年10月1日から施行する。

（競売法の廃止）

第2条　競売法（明治31年法律第15号）は，廃止する。

（経過措置）

第4条　この法律の施行前に申し立てられた民事執行の事件については，なお従前の例による。

2　この法律の施行前にした前条の規定による改正前の民事訴訟法又は附則第2条の規定による廃止前の競売法の規定による執行処分その他の行為は，この法律の適用については，この法律の相当規定によつてした執行処分その他の行為とみなす。

3　前二項に規定するもののほか，この法律の施行の際，現に裁判所に係属し，又は執行官が取り扱つている事件の処理に関し必要な事項は，最高裁判所規則で定める。

（以降略）

　　附　則（令和元年5月17日法律第2号）（抄）

（施行期日）

第1条　この法律は，公布の日から起算して1年を超えない範囲内において政令で定める日から施行する。ただし，次の各号に掲げる規定は，当該各号に定める日から施行する。

一　附則第20条の規定　公布の日

二　（略）

三　（略）

（売却の手続に関する経過措置）

第2条　第1条の規定による改正後の民事執行法（以下「新民事執行法」という。）第65条の2及び第68条の4（これらを準用し，又はその例による場合を含む。）の規定は，施行日前に裁判所書記官が売却を実施させる旨の処分をした場合における当該処分に係る売却の手続については，適用しない。

2　施行日前に裁判所書記官が売却を実施させる旨の処分をした場合における売却不許可事由については，新民事執行法第71条（これを準用し，又はその例による場合を含む。）の規定にかかわらず，なお従前の例による。

（差押債権者の金銭債権の取立て等に関する経過措置）

第3条　施行日前に申し立てられた民事執行の事件に係る金銭債権を差し押さえた債権者がその債権を取り立てることができるようになるための期間については，新民事執行法第155条第2項（これを準用し，又はその例による場合を含む。）の規定にかかわらず，なお従前の例による。

2　施行日前に第1条の規定による改正前の民事執行法第155条第1項（これを準用し，又はその例による場合を含む。）の規定により差押債権者が金銭債権を取り立てることができることとなった場合における新民事執行法第155条第5項から第8項まで（これらを準用し，又はその例による場合を含む。以下この項において同じ。）の規定の適用については，同条第5項中「第1項の規定により金銭債権を取り立てることができることとなつた日（」とあるのは「民事執行法及び国際的な子の奪取の民事上の側面に関する条約の実施に関する法律の一部を改正する法律（令和元年法律第2号。以下「民事執行法等一部改正法」という。）の施行の日（同日以降に」と，同条第6項中「第1項の規定により金銭債権を取り立てることができることとなつた日」とあるのは「民事執行法等一部改正法の施行の日」とする。

3　施行日前に申し立てられた民事執行の事件に係る新民事執行法第159条第1項又は第161条第1項（これらを準用し，又はその例による場合を含む。）の規定による決定の効力については，新民事執行法第159条第6項及び第161条第5項（これらを準用し，又はその例による場合を含む。）の規定にかかわらず，なお従前の例による。

4　施行日前に申し立てられた民事執行の事件に係る配当又は弁済金の交付を実施すべき時期については，新民事執行法第166条第3項（これを準用し，又はその例による場合を含む。）の規定にかかわらず，なお従前の例による。

（子の引渡しの強制執行に関する経過措置）

第4条　新民事執行法第174条から第176条までの規定は，施行日前に申し立てられた子の引渡しを目的とする請求権についての強制執行の事件については，適用しない。

（第三者からの情報取得手続に関する経過措置）

第5条　新民事執行法第205条の規定は，この法律の公布の日から起算して2年を超えない範囲内において政令で定める日までの間は，適用しない。

（調整規定）

第6条　施行日が附則第1条第2号に定める日前となる場合には，同日の前日までの間における新民事執行法第207条第1項の規定の適用については，同項第1号中「民法第466条の5第1項に規定する預貯金債権」とあるのは，「預金口座又は貯金口座に係る預金又は貯金に係る債権」とする。

（罰則に関する経過措置）

第7条　施行日前にした行為に対する罰則の適用については，なお従前の例による。

（政令への委任）

第20条　この附則に規定するもののほか，この法律の施行に関し必要な経過措置は，政令で定める。

【巻末資料３】民事執行規則（抄）

（昭和54年最高裁判所規則第５号）

（最近改正　令和元年最高裁判所規則第５号）

第１章　総則

（民事執行の申立ての方式）

第１条　強制執行，担保権の実行及び民法（明治29年法律第89号），商法（明治32年法律第48号）その他の法律の規定による換価のための競売並びに債務者の財産状況の調査（以下「民事執行」という。）の申立ては，書面でしなければならない。

（裁判を告知すべき者の範囲）

第２条　次に掲げる裁判は，当該裁判が申立てに係る場合にあつてはその裁判の申立人及び相手方に対して，その他の場合にあつては民事執行の申立人及び相手方に対して告知しなければならない。

一　移送の裁判

二　執行抗告をすることができる裁判（申立てを却下する裁判を除く。）

三　民事執行法（昭和54年法律第４号。以下「法」という。）第40条第１項，法第117条第１項又は法第183条第２項（これらを準用し，又はその例による場合を含む。）の規定による裁判

四　次に掲げる裁判

イ　法第11条第２項，法第47条第５項，法第49条第６項，法第62条第４項，法第64条第７項，法第78条第７項又は法第167条の４第３項（これらを準用し，又はその例による場合を含む。）において準用する法第10条第６項前段の規定による裁判及びこの裁判がされた場合における法第11条第１項，法第47条第４項，法第49条第５項，法第62条第３項，法第64条第６項，法第78条第６項又は法第167条の４第２項（これらを準用し，又はその例による場合を含む。）の規定による申立てについての裁判

ロ　法第132条第３項又は法第153条第３項（これらを準用し，又はその例による場合を含む。）の規定による裁判及びこれらの裁判がされた場合における法第132条第１項若しくは第２項，法第153条第１項若しくは第２項又は法第167条の８第１項若しくは第２項（これらを準用し，又はその例による場合を含む。）の申立てを却下する裁判

ハ　法第167条の15第４項の規定による裁判及びこの裁判がされた場合における同条第３項の申立てを却下する裁判

五　法第167条の10第２項，法第167条の11第１項，第２項，第４項若しくは第５項又は法第167条の12第１項の規定による裁判

２　民事執行の手続に関する裁判で前項各号に掲げるもの以外のものは，当該裁判が申立てに係るときは，申立人に対して告知しなければならない。

（催告及び通知）

第３条　民事訴訟規則（平成８年最高裁判所規則第５号）第４条の規定は，民事執行の手続における催告及び通知について準用する。この場合において，同条第２項，第５項及び第６項中「裁判所書記官」とあるのは「裁判所書記官又は執行官」と読み替えるものとする。

２　前項の規定にかかわらず，民事訴訟規則第４条第３項の規定は，法第177条第３項の規定による催告については準用せず，同規則第４条第５項の規定は，第56条第２項又は第59条第３項（これらの規定を準用し，又はその例による場合を含む。）の規定による通知については準用しない。

（公告及び公示）

第４条　民事執行の手続における公告は，公告事項を記載した書面を裁判所の掲示場その他裁判所内の公衆の見やすい場所に掲示して行う。

２　裁判所書記官又は執行官は，公告をしたときは，その旨及び公告の年月日を記録上明らかにしなければならない。

３　裁判所書記官又は執行官は，相当と認めるときは，次に掲げる事項を，日刊新聞紙に掲載し，又はインターネットを利用する等の方法により公示することができる。

一　公告事項の要旨

二　法又はこの規則の規定により執行裁判所に備え置かれた文書に記録されている情報の全部又は一部

三　前二号に掲げるもののほか，公示することが民事執行の手続の円滑な進行に資することとなる事項

（執行抗告の提起期間の始期の特例）

第５条　執行抗告の提起期間は，執行抗告をすることができる者が裁判の告知を受けるべき者でないときは，その裁判の告知を受けるべきすべての者に告知された日から進行する。

（執行抗告の理由の記載方法）

第６条　執行抗告の理由には，原裁判の取消し又は変更を求める事由を具体的に記載しなければならない。

２　前項の事由が，法令の違反であるときはその法令の条項又は内容及び法令に違反する事由を，事実の誤認であるときは誤認に係る事実を摘示しなければならない。

（執行抗告に係る事件記録の送付）

第７条　執行抗告があつた場合において，執行裁判所が民事執行の事件の記録を送付する必要がないと認めたときは，執行裁判所の裁判所書記官は，抗告事件の記録のみを抗告裁判所の裁判所書記官に送付すれば足りる。

２　前項の規定により抗告事件の記録が送付された場合において，抗告裁判所が民事執行の事件の記録が必要であると認めたときは，抗告裁判所の裁判所書記官は，速やかに，その送付を執行裁判所の裁判所書記官に求めなければならない。

（民事執行事件記録の送付の特例）

第７条の２　法第10条第８項の規定による執行抗告があつたときは，前条の規定にかかわらず，執行裁判所の裁判所書記官は，抗告事件の記録のみを抗告裁判所の裁判所書記官に送付するものとする。

２　前項の場合には，同項の記録に，抗告事件についての執行裁判所の意見を記載した書面及び抗告事件の審理に参考となる資料を添付しなければならない。

（執行異議の申立ての方式）

第８条　執行異議の申立ては，期日においてする場合を除き，書面でしなければならない。

２　執行異議の申立てをするときは，異議の理由を明

らかにしなければならない。

（代理人の許可の申立ての方式）

第9条　法第13条第1項の許可の申立ては，代理人となるべき者の氏名，住所，職業及び本人との関係並びにその者を代理人とすることが必要であることの理由を記載した書面でしなければならない。

2　前項の書面には，本人と代理人となるべき者との関係を証する文書を添付しなければならない。

（法第15条第1項の最高裁判所規則で定める担保提供の方法）

第10条　法第15条第1項の規定による担保は，発令裁判所（同項に規定する発令裁判所をいう。以下この条において同じ。）の許可を得て，担保を立てるべきことを命じられた者が銀行，保険会社，株式会社商工組合中央金庫，農林中央金庫，全国を地区とする信用金庫連合会，信用金庫又は労働金庫（以下「銀行等」という。）との間において次に掲げる要件を満たす支払保証委託契約を締結する方法によつて立てることができる。

一　銀行等は，担保を立てるべきことを命じられた者のために，発令裁判所が定めた金額を限度として，担保に係る損害賠償請求権についての債務名義又はその損害賠償請求権の存在を確認する確定判決若しくはこれと同一の効力を有するものに表示された額の金銭を担保権利者に支払うものであること。

二　担保取消しの決定が確定した時に契約の効力が消滅するものであること。

三　契約の変更又は解除をすることができないものであること。

四　担保権利者の申出があつたときは，銀行等は，契約が締結されたことを証する文書を担保権利者に交付するものであること。

（送達場所等の届出の方式等）

第10条の2　民事訴訟規則第41条及び第42条の規定は，法第16条第1項の規定による送達を受けるべき場所の届出及び送達受取人の届出について準用する。

（送達できなかつた場合の調査）

第10条の3　民事執行の手続において文書を送達することができないときは，裁判所書記官は，差押債権者その他当該文書の送達について利害関係を有する者に対し，送達すべき場所について必要な調査を求めることができる。

（執行官が民事執行を開始する日時の指定）

第11条　執行官は，民事執行の申立てがあつたときは，速やかに，民事執行を開始する日時を定め，申立人が通知を要しない旨を申し出た場合を除き，これを申立人に通知しなければならない。

2　前項の規定により定める日は，やむを得ない事由がある場合を除き，申立てがあつた日から1週間以内の日としなければならない。

（民事執行の調書）

第12条　執行裁判所における期日については，裁判所書記官は，調書を作成しなければならない。

2　民事訴訟法（平成8年法律第109号）第160条第2項及び第3項並びに民事訴訟規則第66条（第1項第3号及び第6号を除く。）から第69条までの規定は，前項の調書について準用する。

第13条　執行官は，民事執行を実施したときは，次に掲げる事項を記載した調書を作成しなければならない。

一　民事執行に着手した日時及びこれを終了した日時

二　民事執行の場所及び目的物

三　民事執行に立ち会つた者の表示

四　実施した民事執行の内容

五　民事執行に着手した後これを停止したときは，その事由

六　民事執行に際し抵抗を受けたときは，その旨及びこれに対して採つた措置

七　民事執行の目的を達することができなかつたときは，その事由

八　民事執行を続行することとしたときは，その事由

2　執行官は，民事執行に立ち会つた者に，調書に署名押印させなければならない。この場合において，その者が署名押印しなかつたときは，執行官は，その事由を調書に記載しなければならない。

3　前二項の規定は，配当等（法第84条第3項に規定する配当等をいう。以下同じ。）の実施については，適用しない。

4　第1項及び第2項の規定は，次に掲げる場合について準用する。

一　執行官が法第55条第1項，法第64条の2第1項，法第68条の2第1項，法第77条第1項，法第114条第1項，法第115条第1項，法第127条第1項，法第171条第1項，法第174条第1項第1号若しくは法第187条第1項又は第81条，第89条第1項若しくは第174条第2項（これらを準用し，又はその例による場合を含む。）の規定による決定を執行した場合

二　執行官が法第168条の2第1項の規定による明渡しの催告を実施した場合

（執行裁判所に対する民事執行の申立ての取下げの通知）

第14条　執行裁判所に対する民事執行の申立てが取り下げられたときは，裁判所書記官は，民事執行を開始する決定の送達を受けた相手方に対し，その旨を通知しなければならない。

（執行官がした民事執行の手続の取消しの通知）

第15条　執行官は，民事執行の手続を取り消したときは，民事執行の申立人に対し，その理由を通知しなければならない。

（民事訴訟規則の準用）

第15条の2　特別の定めがある場合を除き，民事執行の手続に関しては，民事訴訟規則の規定を準用する。

　　第2章　強制執行

　　　第1節　総則

（執行文付与の申立ての方式等）

第16条　執行文付与の申立ては，次に掲げる事項を記載した書面でしなければならない。

一　債権者及び債務者の氏名又は名称及び住所（債務者を特定することができない場合にあつては，その旨）並びに代理人の氏名及び住所

二　債務名義の表示

三　法第27条第1項から第3項まで又は法第28条第1項の規定による執行文の付与を求めるときは，その旨及びその事由

２　確定しなければその効力を生じない裁判に係る債務名義について前項の申立てをするときは，その裁判が確定したことが記録上明らかであるときを除き，申立書にその裁判の確定を証する文書を添付しなければならない。

３　第１項の規定は，少額訴訟における確定判決又は仮執行の宣言を付した少額訴訟の判決若しくは支払督促の正本の交付を更に求める場合について準用する。

（執行文の記載事項）

第17条　債務名義に係る請求権の一部について執行文を付与するときは，強制執行をすることができる範囲を執行文に記載しなければならない。

２　法第27条第２項の規定により債務名義に表示された当事者以外の者を債権者又は債務者とする執行文を付与する場合において，その者に対し，又はその者のために強制執行をすることができることが裁判所書記官又は公証人に明白であるときは，その旨を執行文に記載しなければならない。

３　法第28条第１項の規定により執行文を付与するときは，その旨を執行文に記載しなければならない。

４　執行文には，付与の年月日を記載して裁判所書記官又は公証人が記名押印しなければならない。

（債務名義の原本への記入）

第18条　裁判所書記官又は公証人は，執行文を付与したときは，債務名義の原本にその旨，付与の年月日及び執行文の通数を記載し，並びに次の各号に掲げる場合に応じ，それぞれ当該各号に定める事項を記載しなければならない。

一　債務名義に係る請求権の一部について付与したとき　強制執行をすることができる範囲

二　債務名義に表示された当事者以外の者が債権者又は債務者であるとき　その旨及びその者の氏名又は名称

三　法第27条第３項の規定により付与したとき　その旨

２　裁判所書記官は，少額訴訟における確定判決又は仮執行の宣言を付した少額訴訟の判決若しくは支払督促の正本を更に交付したときは，当該判決又は当該支払督促の原本にその旨，交付の年月日及び交付した正本の通数を記載しなければならない。

（執行文の再度付与等の通知）

第19条　裁判所書記官又は公証人は，法第28条第１項の規定により執行文を付与したときは，債務者に対し，その旨，その事由及び執行文の通数を通知しなければならない。

２　前項の規定は，少額訴訟における確定判決又は仮執行の宣言を付した少額訴訟の判決若しくは支払督促の正本を更に交付した場合について準用する。

（公証人法第57条ノ２第１項の最高裁判所規則で定める執行証書の正本等の送達方法）

第20条　公証人法（明治41年法律第53号）第57条ノ２第１項の最高裁判所規則で定める方法は，次項から第４項までの申立てに基づいてされる公証人による送達，執行官による送達及び公示送達とする。

２　債務者が執行証書の作成を公証人に嘱託するためにその役場に出頭したときは，債権者は，当該公証人に対し，当該執行証書に係る公証人法第57条ノ２第１項に規定する書類について，公証人自らがその

場で債務者に交付してする送達の申立てをすることができる。

３　債権者は，送達と同時に強制執行を実施することを求めるときその他必要があるときは，執行官に対し，前項の書類の送達の申立てをすることができる。

４　債務者の住所，居所その他送達をすべき場所が知れないとき，若しくは次項及び公証人法第57条ノ２第３項において準用する民事訴訟法第107条第１項の規定による送達をすることができないとき，又は外国においてすべき送達についてその送達が著しく困難であるときは，債権者は，第２項の書類の公示送達について，債務者の普通裁判籍の所在地を管轄する地方裁判所（この普通裁判籍がないときは，請求の目的又は差し押さえることができる債務者の財産の所在地を管轄する地方裁判所）の許可を受けて，その地方裁判所に所属する執行官に対し，その書類の公示送達の申立てをすることができる。

５　民事訴訟法第102条第１項及び第２項の規定は第２項の送達について，同法第101条から第103条まで，第105条，第106条並びに第107条第１項及び第３項並びに民事訴訟規則第43条及び第44条の規定は第３項の送達について，同法第111条及び第112条並びに同規則第46条第２項の規定は前項の公示送達について準用する。

（強制執行の申立書の記載事項及び添付書類）

第21条　強制執行の申立書には，次に掲げる事項を記載し，執行力のある債務名義の正本を添付しなければならない。

一　債権者及び債務者の氏名又は名称及び住所並びに代理人の氏名及び住所

二　債務名義の表示

三　第５号に規定する場合を除き，強制執行の目的とする財産の表示及び求める強制執行の方法

四　金銭の支払を命ずる債務名義に係る請求権の一部について強制執行を求めるときは，その旨及びその範囲

五　法第171条第１項各号，法第172条第１項又は法第174条第１項第１号に規定する方法による強制執行を求めるときは，求める裁判

（強制執行開始後の申立債権者の承継）

第22条　強制執行の開始後に申立債権者に承継があつた場合において，承継人が自己のために強制執行の続行を求めるときは，法第27条第２項に規定する執行文の付された債務名義の正本を提出しなければならない。

２　前項の規定により債務名義の正本が提出されたときは，裁判所書記官又は執行官は，債務者に対し，その旨を通知しなければならない。

（特別代理人についての民事訴訟規則の準用）

第22条の２　民事訴訟規則第16条の規定は，法第41条第２項（法第194条において準用する場合を含む。）の特別代理人について準用する。

（執行費用等の額を定める手続への民事訴訟規則の準用）

第22条の３　民事訴訟規則第24条，第25条第１項及び第26条の規定は法第42条第４項（法第194条，法第203条及び法第211条において準用する場合を含む。以下この条において同じ。）の申立て及び同項の規定による裁判所書記官の処分について，同規則第28

条の規定は法第42条第9項（法第194条，法第203条及び法第211条において準用する場合を含む。）において準用する民事訴訟法第74条第1項の申立てについて準用する。

第2節　金銭の支払を目的とする債権についての強制執行
第1款　不動産に対する強制執行（略）
第2款　船舶に対する強制執行（略）
第3款　航空機に対する強制執行（略）
第4款　自動車に対する強制執行（略）
第5款　建設機械及び小型船舶に対する強制執行（略）
第6款　動産に対する強制執行

（申立書の記載事項）
第99条　動産執行の申立書には，第21条各号に掲げる事項のほか，差し押さえるべき動産が所在する場所を記載しなければならない。

（差し押さえるべき動産の選択）
第100条　執行官は，差し押さえるべき動産の選択に当たつては，債権者の利益を害しない限り，債務者の利益を考慮しなければならない。

（職務執行区域外における差押え）
第101条　執行官は，同時に差し押さえようとする数個の動産の所在する場所が所属の地方裁判所の管轄区域の内外にまたがつているときは，管轄区域外にある動産についても，差押えをすることができる。

（差押調書の記載事項）
第102条　動産の差押えをしたときに作成すべき差押調書には，第13条第1項各号に掲げる事項のほか，債務者から自己の所有に属しない旨の申出があつた差押物については，その旨を記載しなければならない。
2　差押調書に係る第13条第1項第2号の民事執行の目的物の記載については，種類，材質その他の差押物を特定するに足りる事項のほか，差押物の数量及び評価額（土地から分離する前の天然果実にあつては，その果実の収穫時期，予想収穫量及び収穫時の評価額）を明らかにしなければならない。

（差押えの通知等）
第103条　執行官は，差押えをしたときは，債務者に対し，その旨を通知しなければならない。
2　執行官は，未完成の手形等（法第136条に規定する手形等をいう。以下同じ。）を差し押さえたときは，債務者に対し，期限を定めて，当該手形等に記載すべき事項を補充するよう催告しなければならない。
3　債務者が前項の事項を補充したときは，執行官は，その旨及び補充の内容を記録上明らかにしなければならない。

（差押物の保管の方法等）
第104条　執行官は，法第124条において準用する法第123条第3項前段の場合のほか，相当と認めるときは，差押債権者又は第三者に差押物を保管させることができる。
2　執行官は，差押物を債務者，差押債権者又は第三者に保管させるときは，差押物件封印票による封印若しくは差押物件標目票のちよう付又はこれらの方法によることが困難な場合にあつては，その他の方法によりその物が差押物である旨，差押えの年月日

並びに執行官の職及び氏名を表示しておかなければならない。
3　執行官は，差押物を債務者，差押債権者又は第三者に保管させるときは，これらの者に対し，差押物の処分，差押えの表示の損壊その他の行為に対する法律上の制裁を告げなければならない。
4　執行官は，差押物を保管させた者にその使用を許可したときは，その旨を第2項の規定による表示に明らかにしなければならない。
5　執行官は，特に必要があると認めるときは，所属の地方裁判所の管轄区域外で差押物を保管させることができる。

（差押物の保管に関する調書等）
第105条　執行官は，債務者，差押債権者又は第三者に差押物を保管させたときは，保管者の氏名又は名称及び住所，保管させた年月日，場所及び差押物，差押えの表示の方法並びに保管に関する定めを記載した調書を作成し，保管者に署名押印させなければならない。
2　執行官は，保管者から差押物の返還を受けたときは，その旨を記録上明らかにしなければならない。
3　前項に規定する場合において，差押物に不足又は損傷があるときは，執行官は，保管者でない差押債権者及び債務者に対しその旨を通知するとともに，不足する差押物又は差押物の損傷の程度及びこれらの差押物について執行官が採つた措置を記載した調書を作成しなければならない。

（事件併合の通知）
第106条　執行官は，事件を併合したときは，差押債権者，仮差押債権者及び債務者に対し，その旨を通知しなければならない。

（事件併合のための移送）
第107条　法第125条第2項前段の規定により二個の動産執行事件を併合すべき場合において，先に差押えをした執行官と後に動産執行の申立てを受けた執行官とがその所属する地方裁判所を異にするときは，後に動産執行の申立てを受けた執行官は，差押調書又は差し押さえるべき動産がないことを記載した調書を作成した後，先に差押えをした執行官に事件を移送しなければならない。
2　法第125条第2項後段の規定により仮差押執行事件と動産執行事件とを併合すべき場合において，仮差押えの執行をした執行官と動産執行の申立てを受けた執行官とがその所属する地方裁判所を異にするときは，動産執行の申立てを受けた執行官は，仮差押えの執行をした執行官に対し，事件を移送すべき旨を求めなければならない。
3　前項の規定により事件の移送を求められた執行官は，遅滞なく，移送を求めた執行官に当該事件を移送しなければならない。

（差押物の点検）
第108条　執行官は，債務者，差押債権者又は第三者に差押物を保管させた場合において，差押債権者又は債務者の申出があるときその他必要があると認めるときは，差押物の保管の状況を点検することができる。
2　執行官は，差押物の点検をしたときは，差押物の不足又は損傷の有無及び程度並びに不足又は損傷に係る差押物について執行官が採つた措置を記載した

点検調書を作成し，かつ，差押物に不足又は損傷があるときは，保管者でない差押債権者及び債務者に対し，その旨を通知しなければならない。
（職務執行区域外における差押物の取戻し）
第109条　差押物が差押えをした執行官の所属する地方裁判所の管轄区域外に所在することとなつた場合において，これを取り戻すため必要があるときは，執行官は，所属の地方裁判所の管轄区域外で職務を行うことができる。
（差押物の引渡命令を執行した場合の措置等）
第110条　法第127条第1項の規定による引渡命令の執行をした執行官は，当該差押物の差押えをした執行官が他の地方裁判所に所属するときは，その執行官に対し，引渡命令の執行をした旨を通知しなければならない。
2　前項の規定による通知を受けた執行官は，差押物を引き取らなければならない。ただし，差押物の引取りのために不相応な費用を要すると認めるときは，引渡命令の執行をした執行官に動産執行事件を移送することができる。
（差押物の評価）
第111条　執行官は，高価な動産を差し押さえたときは，評価人を選任し，その動産の評価をさせなければならない。
2　執行官は，必要があると認めるときは，評価人を選任し，差押物の評価をさせることができる。
3　評価人は，差押物の評価をしたときは，評価書を所定の日までに執行官に提出しなければならない。
（未分離果実の売却）
第112条　土地から分離する前に差し押さえた天然果実は，収穫時期が到来した後でなければ，売却してはならない。
（一括売却）
第113条　執行官は，売却すべき数個の動産の種類，数量等を考慮してこれらの動産を一括して同一の買受人に買い受けさせることが相当であると認めるときは，これらの動産を一括して売却することができる。
（競り売り期日の指定等）
第114条　執行官は，競り売りの方法により動産を売却するときは，競り売り期日を開く日時及び場所を定めなければならない。この場合において，競り売り期日は，やむを得ない事由がある場合を除き，差押えの日から1週間以上1月以内の日としなければならない。
2　執行官は，執行裁判所の許可を受けたときは，所属の地方裁判所の管轄区域外の場所で競り売り期日を開くことができる。
（競り売りの公告等）
第115条　執行官は，競り売り期日を定めたときは，次に掲げる事項を公告し，各債権者及び債務者に対し，第3号に掲げる事項を通知しなければならない。
一　事件の表示
二　売却すべき動産の表示
三　競り売り期日を開く日時及び場所
四　第132条において準用する第33条の規定により買受けの申出をすることができる者の資格を制限したときは，その制限の内容
五　売却すべき動産を競り売り期日前に一般の見分

に供するときは，その日時及び場所
六　代金支払の日を定めたときは，買受けの申出の保証の額及び提供の方法並びに代金支払の日
七　売却すべき動産が貴金属又はその加工品であるときは，その貴金属の地金としての価額
（競り売り期日の手続）
第116条　競り売り期日においては，執行官は，買受けの申出の額のうち，最高のものを3回呼び上げた後，その申出をした者の氏名又は名称，買受けの申出の額及びその者に買受けを許す旨を告げなければならない。ただし，買受けの申出の額が不相当と認められるときは，この限りでない。
2　第118条第2項の規定により代金支払の日を定めて数個の動産を売却する場合において，あるものの代金で各債権者の債権及び執行費用の全部を弁済することができる見込みがあるときは，執行官は，他の動産の競り売りを留保しなければならない。
3　第38条第3項から第5項まで，第43条中身分に関する証明に係る部分並びに第50条第1項及び第2項の規定は動産の競り売りについて，第43条中援助の求めに係る部分の規定は執行官がその所属する地方裁判所内において競り売りを実施する場合について準用する。
（競り売りの方法により売却すべき動産の見分）
第117条　執行官は，競り売り期日又はその期日前に，売却すべき動産を一般の見分に供しなければならない。
2　売却すべき動産を競り売り期日前に一般の見分に供する場合において，その動産が債務者の占有する建物内にあるときは，執行官は，見分に立ち会わなければならない。前段に規定する場合以外の場合において，当該動産の保管者から立会いの申出があつたときも，同様とする。
3　執行官は，売却すべき動産を競り売り期日前に一般の見分に供したとき，及び前項の規定により見分に立ち会つたときは，その旨を記録上明らかにしなければならない。
（競り売りにおける代金の支払等）
第118条　競り売り期日において買受けが許されたときは，買受人は，次項の規定により定められた代金支払の日に代金を支払う場合を除き，直ちに代金を支払わなければならない。
2　執行官は，差押物の売却価額が高額になると見込まれるときは，競り売り期日から1週間以内の日を代金支払の日と定めることができる。
3　前項の規定により代金支払の日が定められた場合においては，買受けの申出をしようとする者は，執行官に対し，差押物の評価額の10分の2に相当する額の保証を提供しなければならない。
4　前項の規定により買受人が買受けの申出の保証として提供した金銭は，代金に充てる。
5　執行官は，代金支払の日を定めて競り売りを実施したときは，代金支払の日，買受人の保証の提供の方法及び代金の支払の有無を記録上明らかにしなければならない。
6　買受人は，代金支払の日に代金を支払わなかつたときは，買受けの申出の保証のうち次項の規定により売得金とされた額に相当する部分の返還を請求することができない。

7　買受人が代金支払の日に代金を支払わなかつたため更に動産を売却した場合において，後の売却価額が前の売却価額に満たないときは，前の買受人が提供した買受けの申出の保証は，その差額を限度として売得金とする。

8　買受けの申出の保証が次項において準用する第40条第1項第4号の文書を提出する方法により提供されている場合において，買受人が代金を支払わなかつたときは，執行官は，銀行等に対し，執行官の定める額の金銭を支払うべき旨を催告しなければならない。

9　第40条の規定は，第3項の買受けの申出の保証について準用する。

（競り売り調書）

第119条　競り売りを実施したときに作成すべき競り売り調書に係る第13条第1項第4号の実施した民事執行の内容の記載については，次に掲げる事項を明らかにしなければならない。

一　買受人の氏名又は名称及び住所，買受けの申出の額並びに代金の支払の有無

二　適法な買受けの申出がなかつたときは，その旨

2　執行官は，第13条第2項に規定する者のほか，買受人又はその代表者若しくは代理人に競り売り調書に署名押印させなければならない。この場合においては，同項後段の規定を準用する。

（入札）

第120条　動産を売却するための入札は，入札期日に入札をさせた後開札を行う方法による。

2　開札が終わつたときは，執行官は，最高の価額で買受けの申出をした入札人の氏名又は名称，入札価額及びその者に買受けを許す旨を告げなければならない。

3　第38条（第7項を除く。），第41条第1項及び第2項，第42条第1項及び第2項，第43条中身分に関する証明に係る部分，第114条，第115条，第116条第1項ただし書及び第2項並びに前三条の規定は動産の入札について，第43条中援助の求めに係る部分の規定は執行官がその所属する地方裁判所内において入札を実施する場合について準用する。

（競り売り又は入札以外の方法による売却）

第121条　執行官は，動産の種類，数量等を考慮して相当と認めるときは，執行裁判所の許可を受けて，競り売り又は入札以外の方法により差押物の売却を実施することができる。

2　執行官は，前項の許可を受けようとするときは，あらかじめ，差押債権者の意見を聴かなければならない。

3　第1項の許可の申出においては，売却の実施の方法を明らかにしなければならない。

4　執行官は，第1項の許可を受けたときは，各債権者及び債務者に対し，その旨を通知しなければならない。

5　第119条の規定は，第1項の規定により差押物の売却を実施したときに作成すべき調書について準用する。

第122条　執行官は，動産の種類，数量等を考慮して相当と認めるときは，執行裁判所の許可を受けて，執行官以外の者に差押物の売却を実施させることができる。

2　前項の許可の申出においては，売却を実施する者及び売却の実施の方法を明らかにしなければならない。

3　執行官は，売却を実施した者から売得金の交付を受けたときは，売却を実施した者の表示並びに売得金の額及び交付を受けた年月日を記録上明らかにしなければならない。

4　前条第2項及び第4項の規定は，第1項の許可について準用する。

（相場のある有価証券の売却価額等）

第123条　取引所の相場のある有価証券は，その日の相場以上の価額で売却しなければならない。

2　前二条中執行裁判所の許可に係る部分は，前項の有価証券については，適用しない。

（貴金属の売却価額）

第124条　貴金属又はその加工品は，地金としての価額以上の価額で売却しなければならない。

（代金を支払わなかつた買受人の買受けの申出の禁止）

第125条　買受人が代金を支払わなかつたため更に動産を売却するときは，前の買受人は，買受けの申出をすることができない。

（買受人に対する動産の引渡し）

第126条　買受人が代金を支払つたときは，執行官は，売却した動産を買受人に引き渡さなければならない。この場合において，その動産が執行官以外の者の保管に係るものであるときは，執行官は，買受人の同意を得て，買受人に対し売却の事実を証する文書を交付し，かつ，保管者に対し買受人にその動産を引き渡すべき旨を通知する方法により引き渡すことができる。

2　執行官は，売却した動産の引渡しをしたときは，その旨及びその年月日を記録上明らかにしなければならない。

（差押えの取消しの方法等）

第127条　動産の差押えの取消しは，執行官が，債務者その他のその動産を受け取る権利を有する者に対し，差押えを取り消す旨を通知し，その動産の所在する場所においてこれを引き渡して行う。ただし，動産を受け取る権利を有する者がその動産を保管しているときは，その者に対し，差押えを取り消す旨を通知すれば足りる。

2　執行官は，動産の差押えを取り消した場合において，取消しに係る動産を受け取る権利を有する者が債務者以外の者であるときは，債務者に対し，当該動産に係る差押えを取り消した旨を通知しなければならない。

3　差押えの取消しに係る動産を引き渡すことができないときは，執行官は，執行裁判所の許可を受けて，動産執行の手続によりこれを売却することができる。

4　法第168条第8項の規定は，前項の規定により動産を売却した場合について準用する。

（配当協議の日の指定）

第128条　執行官は，売得金の交付を受けた場合，金銭を差し押さえた場合又は手形等について支払を受けた場合においては，法第139条第1項に規定する場合を除き，2週間以内の日を配当協議の日と定め，各債権者に対し，その日時及び場所を通知しなければならない。

（執行力のある債務名義の正本の交付）

第129条　差押債権者の債権の全額について，弁済され，又は配当等がされたときは，債務者は，執行官に対し，執行力のある債務名義の正本の交付を求めることができる。

2　前項に規定する場合を除き，事件が終了したときは，差押債権者は，執行官に対し，執行力のある債務名義の正本の交付を求めることができる。

3　前項の規定により執行力のある債務名義の正本の交付を求める差押債権者が債権の一部について弁済を受け，又は配当等を受けた者であるときは，執行官は，当該債務名義の正本に弁済を受け，又は配当等を受けた額を記載して，これを交付しなければならない。

4　前三項の規定は，法第139条第3項又は法第141条第1項の規定による届出がされた後は，適用しない。

（事情届の方式）

第130条　法第139条第3項の規定による届出は，次に掲げる事項を記載した書面でしなければならない。

一　事件の表示

二　差押債権者及び債務者の氏名又は名称

三　配当に充てるべき金銭の額

四　執行費用の額

五　配当協議が調わない旨及びその事情の要旨

2　前項の書面には，事件の記録を添付しなければならない。

第131条　法第141条第1項の規定による届出は，次に掲げる事項を記載した書面でしなければならない。

一　前条第1項第1号及び第2号に掲げる事項

二　供託の事由及び供託した金額

2　前項の書面には，供託書正本及び事件の記録を添付しなければならない。

（不動産執行の規定の準用）

第132条　第26条，第27条，第33条及び第70条の規定は動産執行について，第59条から第62条までの規定は動産執行につき執行裁判所が実施する配当等の手続について準用する。この場合において，第59条第1項中「不動産の代金が納付された」とあり，及び同条第2項中「代金が納付された」とあるのは，「配当等を実施すべきこととなつた」と読み替えるものとする。

第7款　債権及びその他の財産権に対する強制執行

第1目　債権執行等

（差押命令の申立書の記載事項）

第133条　債権執行についての差押命令の申立書には，第21条各号に掲げる事項のほか，第三債務者の氏名又は名称及び住所を記載しなければならない。

2　前項の申立書に強制執行の目的とする財産を表示するときは，差し押さえるべき債権の種類及び額その他の債権を特定するに足りる事項並びに債権の一部を差し押さえる場合にあつては，その範囲を明らかにしなければならない。

（債務者に対する教示の方式等）

第133条の2　法第145条第4項の規定による教示は，書面でしなければならない。

2　法第145条第4項の最高裁判所規則で定める事項は，法第153条第1項又は第2項の規定による差押命令の取消しの申立てに係る手続の内容とする。

（差押命令の送達の通知）

第134条　差押命令が債務者及び第三債務者に送達されたときは，裁判所書記官は，差押債権者に対し，その旨及び送達の年月日を通知しなければならない。

（第三債務者に対し陳述を催告すべき事項等）

第135条　法第147条第1項の規定により第三債務者に対し陳述を催告すべき事項は，次に掲げる事項とする。

一　差押えに係る債権の存否並びにその債権が存在するときは，その種類及び額（金銭債権以外の債権にあつては，その内容）

二　弁済の意思の有無及び弁済する範囲又は弁済しない理由

三　当該債権について差押債権者に優先する権利を有する者があるときは，その者の氏名又は名称及び住所並びにその権利の種類及び優先する範囲

四　当該債権に対する他の債権者の差押え又は仮差押えの執行の有無並びにこれらの執行がされているときは，当該差押命令，差押処分又は仮差押命令の事件の表示，債権者の氏名又は名称及び住所並びに送達の年月日並びにこれらの執行がされた範囲

五　当該債権に対する滞納処分による差押えの有無並びに差押えがされているときは，当該差押えをした徴収職員等の属する庁その他の事務所の名称及び所在，債権差押通知書の送達の年月日並びに差押えがされた範囲

2　法第147条第1項の規定による催告に対する第三債務者の陳述は，書面でしなければならない。

（申立ての取下げ等の通知）

第136条　債権執行の申立てが取り下げられたときは，裁判所書記官は，差押命令の送達を受けた第三債務者に対しても，その旨を通知しなければならない。

2　差押命令が第三債務者に送達された場合において，法第39条第1項第7号又は第8号に掲げる文書が提出されたときは，裁判所書記官は，差押債権者及び第三債務者に対し，これらの文書が提出された旨及びその要旨並びにこれらの文書の提出による執行停止が効力を失うまで，差押債権者は差し押さえた債権について取立て又は引渡しの請求をしてはならず，第三債務者は差し押さえられた債権について支払又は引渡しをしてはならない旨を通知しなければならない。

3　債権執行の手続を取り消す旨の決定がされたときは，裁判所書記官は，差押命令の送達を受けた第三債務者に対し，その旨を通知しなければならない。

（差押債権者の取立届の方式）

第137条　法第155条第4項の規定による届出は，次に掲げる事項を記載した書面でしなければならない。

一　事件の表示

二　債務者及び第三債務者の氏名又は名称

三　第三債務者から支払を受けた額及び年月日

（支払を受けていない旨の届出の方式）

第137条の2　法第155条第5項の規定による届出は，次に掲げる事項を記載した書面でしなければならない。

一　事件の表示

二　債務者及び第三債務者の氏名又は名称

三　第三債務者から支払を受けていない旨

２　前項の書面には，第三債務者から支払を受けていない理由を記載するものとする。
（差押命令の取消しの予告）
第137条の３　執行裁判所が法第155条第６項の規定により差押命令を取り消すに当たつては，裁判所書記官は，あらかじめ，差押債権者に対し，同条第４項又は第５項の規定による届出をしないときは差押命令が取り消されることとなる旨を通知するものとする。
（第三債務者の事情届の方式等）
第138条　法第156条第３項の規定による届出は，次に掲げる事項を記載した書面でしなければならない。
　一　事件の表示
　二　差押債権者及び債務者の氏名又は名称
　三　供託の事由及び供託した金額
２　前項の書面には，供託書正本を添付しなければならない。
３　差し押さえられた債権について更に差押命令，差押処分又は仮差押命令の送達を受けた場合においては，第１項の届出は，先に送達された差押命令を発した裁判所（差押処分が先に送達された場合にあつては，当該差押処分をした裁判所書記官）に対してしなければならない。
（債権の評価）
第139条　執行裁判所は，法第161条第１項に規定する命令を発する場合において，必要があると認めるときは，評価人を選任し，債権の評価を命ずることができる。
２　評価人は，債権の評価をしたときは，評価書を所定の日までに執行裁判所に提出しなければならない。
（譲渡命令に係る金銭の納付及び交付）
第140条　譲渡命令において定めるべき価額が差押債権者の債権及び執行費用の額を超えるときは，執行裁判所は，譲渡命令を発する前に，差押債権者にその超える額に相当する金銭を納付させなければならない。
２　譲渡命令が効力を生じたときは，執行裁判所は，前項の規定により納付された金銭を債務者に交付しなければならない。
（売却命令に基づく売却）
第141条　執行裁判所は，差し押さえた債権の売得金の額が手続費用及び差押債権者の債権に優先する債権の額の合計額以上となる見込みがないと認めるときは，売却命令を発してはならない。
２　執行官は，手続費用及び差押債権者の債権に優先する債権の額の合計額以上の価額でなければ，債権を売却してはならない。
３　執行官は，代金の支払を受けた後でなければ，買受人に債権証書を引き渡し，及び法第161条第６項の通知をしてはならない。
４　執行官は，売却の手続を終了したときは，速やかに，売得金及び売却に係る調書を執行裁判所に提出しなければならない。
（航空機の引渡請求権に対する差押命令後の執行）
　第142条　（略）
（受領調書）
第142条の２　執行官は，法第163条第１項の規定により動産の引渡しを受けたときは，速やかに，次に掲げる事項を記載した受領調書を作成し，執行裁判所

に提出しなければならない。
　一　債権執行の申立てに係る事件の表示
　二　差押債権者，債務者及び第三債務者の氏名又は名称
　三　引渡しを受けた動産
　四　引渡しをした者の表示
　五　引渡しに立ち会つた者の表示
２　執行官は，前項の動産の引渡しが強制執行の方法により行われた場合を除き，動産の引渡しをした者に，受領調書に署名押印させなければならない。この場合においては，第13条第２項後段の規定を準用する。
３　第102条第２項の規定は，第１項第３号の引渡しを受けた動産の記載について準用する。
（自動車等の引渡請求権に対する差押命令後の執行）
　第143条　（略）
（移転登記等の嘱託の申立てについて提出すべき文書）
第144条　転付命令又は譲渡命令が効力を生じた場合において，法第164条第１項の申立てをするときは，記録上明らかな場合を除き，差し押さえられた債権に関し，これらの命令が第三債務者に送達された時までに他の差押え及び仮差押えの執行がないことを証する文書を提出しなければならない。
（不動産執行等の規定の準用）
第145条　第26条及び第27条の規定は債権執行について，第63条及び第65条から第72条までの規定は管理命令について，第141条第４項中調書に係る部分の規定は執行官が法第163条第２項の規定により動産を売却した場合について，第59条から第62条までの規定は債権執行につき執行裁判所が実施する配当等の手続について準用する。この場合において，第27条中「及び債務者」とあるのは，管理命令が発せられている場合にあつては「，債務者及び管理人」と，第59条第１項中「不動産の代金が納付された」とあるのは「配当等を実施すべきこととなつた」と，同条第２項中「代金が納付された日から，同項後段」とあるのは「配当等を実施すべきこととなつた日（差し押さえられた債権が法第152条第１項各号に掲げる債権又は同条第２項に規定する債権である場合（差押債権者（数人あるときは，そのうち少なくとも一人以上）の債権に法第151条の２第１項各号に掲げる義務に係る金銭債権が含まれているときを除く。）には，配当等を実施すべきこととなつた日又は債務者に対して差押命令が送達された日から４週間を経過した日のいずれか遅い日）から，前項後段」と読み替えるものとする。
（電話加入権執行の申立書の記載事項及び添付書類）
第146条　（略）
（東日本電信電話株式会社又は西日本電信電話株式会社に対する照会等）
第147条　（略）
（電話加入権の質権者に対する通知等）
第148条　（略）
（電話加入権の売却についての嘱託）
第149条　（略）
（権利移転について登記等を要するその他の財産権に対する強制執行）
第149条の２　第58条の２，第146条第２項，第147条

第２項及び前二条の規定は，その他の財産権（法第167条第１項に規定するその他の財産権をいう。以下同じ。）で権利の移転について登記又は登録を要するものに対する強制執行について準用する。この場合において，第148条中「質権」とあるのは「差押えの登記又は登録の前に登記又は登録がされた担保権で換価により消滅するもの」と，「質権者」とあるのは「当該担保権者」と読み替えるものとする。

　　　　第２目　少額訴訟債権執行
（裁判所書記官の執行処分を告知すべき者の範囲等）
第149条の３　少額訴訟債権執行の手続において裁判所書記官が行う執行処分のうち，次に掲げるものは，少額訴訟債権執行の申立人及び相手方に対して告知しなければならない。
　一　移送の処分
　二　少額訴訟債権執行の手続を取り消す旨の処分
２　少額訴訟債権執行の手続において裁判所書記官が行う執行処分のうち，前項各号に掲げるもの以外のもので申立てに係るものは，その申立人に対して告知しなければならない。
３　裁判所書記官は，少額訴訟債権執行の手続における執行処分の告知をしたときは，その旨及び告知の方法を事件の記録上明らかにしなければならない。
（差押処分の原本及び送達）
第149条の４　差押処分の原本には，当該差押処分をした裁判所書記官が記名押印しなければならない。
２　差押処分の債務者及び第三債務者に対する送達は，その正本によってする。
（債権執行の手続への移行の手続）
第149条の５　法第167条の10第１項の申立ては，書面でしなければならない。
２　法第167条の10第２項，法第167条の11第１項，第２項，第４項若しくは第５項又は法第167条の12第１項の規定による決定が効力を生じたときは，裁判所書記官は，差押処分の送達を受けた第三債務者に対し，その旨を通知しなければならない。
３　裁判所書記官は，前項に規定する場合には，遅滞なく，法第167条の10第６項（法第167条の11第７項及び法第167条の12第３項において準用する場合を含む。）の規定により差押命令の申立てがあつたものとみなされる地方裁判所の裁判所書記官に対し，事件の記録を送付しなければならない。
（弁済金の交付の手続）
第149条の６　裁判所書記官は，法第167条の11第３項の規定により弁済金及び剰余金を交付するときは，弁済金の交付の日を定めなければならない。
２　弁済金の交付の日は，特別の事情がある場合を除き，弁済金及び剰余金を交付すべきこととなつた日（差し押さえられた債権が法第167条の14第１項において準用する法第152条第１項各号に掲げる債権又は同条第２項に規定する債権である場合（差押債権者（数人あるときは，そのうち少なくとも１人以上）の債権に法第167条の14第１項において準用する法第151条の２第１項各号に掲げる義務に係る金銭債権が含まれているときを除く。）には，弁済金及び剰余金を交付すべきこととなつた日又は債務者に対して差押処分が送達された日から４週間を経過した日のいずれか遅い日）から１月以内の日としなければならない。

３　第59条第３項及び第60条から第62条までの規定は，法第167条の11第３項の規定により裁判所書記官が弁済金及び剰余金を交付する場合について準用する。この場合において，第60条中「配当期日等が定められたときは，裁判所書記官」とあるのは「裁判所書記官は，弁済金の交付の日を定めたとき」と，「配当期日等まで」とあるのは「弁済金の交付の日まで」と，「執行裁判所に提出する」とあるのは「提出する」と，第62条中「配当等」とあるのは「弁済金の交付」と読み替えるものとする。
（総則規定の適用関係）
第149条の７　少額訴訟債権執行についての第１章の規定の適用については，第14条中「執行裁判所に対する民事執行」とあるのは「少額訴訟債権執行」と，「民事執行を開始する決定」とあるのは「差押処分」とする。
（不動産執行及び債権執行の規定の準用）
第150条　第26条，第27条及び第133条から第138条までの規定は，少額訴訟債権執行について準用する。この場合において，第133条第１項，第133条の２第２項，第134条，第136条及び第137条の３中「差押命令」とあるのは「差押処分」と，第133条の２中「法第145条第４項」とあるのは「法第167条の５第２項において準用する法第145条第４項」と，同条第２項中「法第153条第１項又は第２項」とあるのは「法第167条の８第１項又は第２項」と，第135条中「法第147条第１項」とあるのは「法第167条の14第１項において準用する法第147条第１項」と，同条第１項第１号中「差押えに係る債権」とあるのは「差押えに係る金銭債権」と，「その債権」とあるのは「その金銭債権」と，「その種類及び額（金銭債権以外の債権にあつては，その内容）」とあるのは「その種類及び額」と，同項第３号から第５号まで中「当該債権」とあるのは「当該金銭債権」と，第136条第３項中「債権執行の手続を取り消す旨の決定がされたとき」とあるのは「少額訴訟債権執行の手続を取り消す旨の決定がされたとき，又は少額訴訟債権執行の手続を取り消す旨の処分をしたとき」と，第137条中「法第155条第４項」とあるのは「法第167条の14第１項において準用する法第155条第４項」と，第137条の２第１項中「法第155条第５項」とあるのは「法第167条の14第１項において準用する法第155条第５項」と，第137条の３中「執行裁判所が法第155条第６項」とあるのは「法第167条の14第１項において準用する法第155条第６項」と，「同条第４項又は第５項」とあるのは「法第167条の14第１項において準用する法第155条第４項又は第５項」と，第138条第１項中「法第156条第３項」とあるのは「法第167条の14第１項において準用する法第156条第３項」と読み替えるものとする。
　　　　第８款　振替社債等に関する強制執行（抄）
　　　　第９款　電子記録債権に関する強制執行（抄）
　　　第３節　金銭の支払を目的としない請求権についての強制執行
（不動産の引渡し等の強制執行の際に採つた措置の通知）
第151条　執行官は，不動産等（法第168条第１項に規定する不動産等をいう。以下この節において同じ。）の引渡し又は明渡しの強制執行をした場合において，

不動産等の中に差押え又は仮差押え若しくは仮処分の執行に係る動産があつたときは，これらの執行をした執行官に対し，その旨及び当該動産について採つた措置を通知しなければならない。

（職務執行区域外における不動産の引渡し等の強制執行）

第152条　執行官は，所属の地方裁判所の管轄区域の内外にまたがる不動産等について引渡し又は明渡しの強制執行をするときは，所属の地方裁判所の管轄区域外で職務を行うことができる。

（不動産の引渡し等の執行調書）

第153条　不動産等の引渡し又は明渡しの強制執行をしたときに作成すべき調書には，第13条第１項各号に掲げる事項のほか，次に掲げる事項を記載しなければならない。

　一　強制執行の目的物でない動産を法第168条第５項前段に規定する者に引き渡したときは，その旨

　二　前号の動産を売却したときは，その旨

　三　第１号の動産を保管したときは，その旨及び保管した動産の表示

（不動産の引渡し等の執行終了の通知）

第154条　前条の強制執行が終了したときは，執行官は，債務者に対し，その旨を通知しなければならない。

（強制執行の目的物でない動産の売却の手続等）

第154条の２　法第168条第５項後段（同条第６項後段において準用する場合を含む。）の規定による売却の手続については，この条に定めるもののほか，動産執行の例による。

２　執行官は，不動産等の引渡し又は明渡しの強制執行の申立てがあつた場合において，法第168条の２第１項に規定する明渡しの催告を実施したときは，これと同時に，当該申立てに基づく強制執行の実施予定日を定めた上，当該実施予定日に強制執行の目的物でない動産であつて法第168条第５項の規定による引渡しをすることができなかつたものが生じたときは，当該実施予定日にこれを同項後段の規定により強制執行の場所において売却する旨を決定することができる。この場合において，執行官は，売却すべき動産の表示の公告に代えて，当該実施予定日において法第168条第５項の規定による引渡しをすることができなかつた動産を売却する旨を公告すれば足りる。

３　執行官は，不動産等の引渡し又は明渡しの強制執行を行つた日（以下この項において「断行日」という。）において，強制執行の目的物でない動産であつて法第168条第５項の規定による引渡しをすることができなかつたものが生じ，かつ，相当の期間内に当該動産を同項前段に規定する者に引き渡すことができる見込みがないときは，即日当該動産を売却し，又は断行日から１週間未満の日を当該動産の売却の実施の日として指定することができる。この場合において，即日当該動産を売却するときは，第115条（第120条第３項において準用する場合を含む。）各号に掲げる事項を公告することを要しない。

４　前項の規定は，高価な動産については，適用しない。

５　執行官は，不動産等の引渡し又は明渡しの強制執行の申立てをした債権者に対し，明渡しの催告の実施又は強制執行の開始の前後を問わず，債務者の占有の状況，引渡し又は明渡しの実現の見込み等についての情報の提供その他の手続の円滑な進行のために必要な協力を求めることができる。

（明渡しの催告等）

第154条の３　法第168条の２第１項に規定する明渡しの催告は，やむを得ない事由がある場合を除き，不動産等の引渡し又は明渡しの強制執行の申立てがあつた日から２週間以内の日に実施するものとする。

２　第27条の３の規定は，法第168条の２第３項の規定による公示をする場合について準用する。

（動産の引渡しの強制執行）

第155条　執行官は，動産（法第169条第１項に規定する動産をいう。以下この条において同じ。）の引渡しの強制執行の場所に債権者又はその代理人が出頭しない場合において，当該動産の種類，数量等を考慮してやむを得ないと認めるときは，強制執行の実施を留保することができる。

２　執行官は，動産の引渡しの強制執行の場所に債権者又はその代理人が出頭しなかつた場合において，債務者から動産を取り上げたときは，これを保管しなければならない。

３　第101条及び第153条から第154条の２（同条第２項を除く。）までの規定は，動産の引渡しの強制執行について準用する。

（目的物を第三者が占有する場合の引渡しの強制執行）

第156条　第133条，第134条及び第135条の規定は，第三者が強制執行の目的物を占有している場合における物の引渡しの強制執行について準用する。

（子の引渡しの強制執行の申立書の記載事項及び添付書類）

第157条　子の引渡しの強制執行（法第174条第１項に規定する子の引渡しの強制執行をいう。以下同じ。）の申立書には，第21条第１号，第２号及び第５号に掲げる事項のほか，次に掲げる事項を記載しなければならない。

　一　子の氏名

　二　法第174条第１項第１号に掲げる方法による子の引渡しの強制執行を求めるときは，その理由及び子の住所

　三　法第174条第２項第２号又は第３号に該当することを理由として同条第１項第１号に掲げる方法による子の引渡しの強制執行を求めるときは，同条第２項第２号又は第３号に掲げる事由に該当する具体的な事実

２　前項の申立書には，次に掲げる書類を添付しなければならない。

　一　執行力のある債務名義の正本

　二　法第174条第２項第１号に該当することを理由として同条第１項第１号に掲げる方法による子の引渡しの強制執行を求めるときは，法第172条第１項の規定による決定の謄本及び当該決定の確定についての証明書

（引渡実施の申立書の記載事項及び添付書類）

第158条　法第175条第１項又は第２項に規定する子の監護を解くために必要な行為（以下「引渡実施」という。）を求める旨の申立書には，次に掲げる事項を記載しなければならない。

一　債権者及び債務者の氏名又は名称及び住所，代理人の氏名及び住所並びに債権者の生年月日
二　債権者又はその代理人の郵便番号及び電話番号（ファクシミリの番号を含む。）
三　子の氏名，生年月日，性別及び住所
四　債務者の住居その他債務者の占有する場所において引渡実施を求めるときは，当該場所
五　前号に規定する場所以外の場所において引渡実施を求めるときは，当該場所，当該場所の占有者の氏名又は名称及び当該場所において引渡実施を行うことを相当とする理由並びに法第175条第3項の許可があるときは，その旨
六　法第175条第6項の決定があるときは，その旨並びに同項の代理人の氏名及び生年月日
七　引渡実施を希望する期間
2　前項の申立書には，法第174条第1項第1号の規定による決定の正本のほか，次に掲げる書類を添付しなければならない。
一　債務者及び子の写真その他の執行官が引渡実施を行うべき場所においてこれらの者を識別することができる資料
二　債務者及び子の生活状況に関する資料
三　法第175条第3項の許可があるときは，当該許可を受けたことを証する文書
四　法第175条第6項の決定があるときは，当該決定の謄本
（法第175条第1項に規定する場所以外の場所の占有者の同意に代わる許可の申立ての方式等）
第159条　法第175条第3項の申立ては，次に掲げる事項を記載した書面でしなければならない。
一　子の住居及びその占有者の氏名又は名称
二　申立ての理由
2　第27条の2第2項の規定は，前項の書面について準用する。
（法第175条第6項の申立ての方式等）
第160条　法第175条第6項の申立ては，次に掲げる事項を記載した書面でしなければならない。
一　法第175条第6項の代理人となるべき者の氏名及び住所
二　申立ての理由
2　第27条の2第2項の規定は，前項の書面について準用する。
（引渡実施に関する債権者等の協力等）
第161条　執行官は，引渡実施を求める申立てをした債権者に対し，引渡実施を行うべき期日の前後を問わず，債務者及び子の生活状況，引渡実施を行うべき場所の状況並びに引渡実施の実現の見込みについての情報並びに債権者及び法第175条第6項の代理人を識別することができる情報の提供その他の引渡実施に係る手続の円滑な進行のために必要な協力を求めることができる。
2　子の引渡しの申立てに係る事件の係属した裁判所又は子の引渡しの強制執行をした裁判所は，引渡実施に関し，執行官に対し，当該事件又は子の引渡しの強制執行に係る事件に関する情報の提供その他の必要な協力をすることができる。
3　子の引渡しの申立てに係る事件の係属した家庭裁判所又は高等裁判所は，前項の規定による協力をするに際し，必要があると認めるときは，人事訴訟法

（平成15年法律第109号）第34条第1項若しくは第2項又は家事事件手続法（平成23年法律第52号）第58条第1項若しくは第2項（同法第93条第1項及び第258条第1項において準用する場合を含む。）の事実の調査をした家庭裁判所調査官及び同法第60条第1項（同法第93条第1項及び第258条第1項において準用する場合を含む。）の診断をした裁判所技官に意見を述べさせることができる。
4　前二項の規定による協力に際して執行官が作成し，又は取得した書類については，その閲覧又はその謄本若しくは抄本の交付の請求をすることができない。
（引渡実施の終了の通知）
第162条　引渡実施が終了したとき（執行官が次条の規定により引渡実施に係る事件を終了させた場合を除く。）は，執行官は，債務者（債務者の住居その他債務者が占有する場所以外の場所において引渡実施を行つたときは，債務者及び当該場所の占有者）に対し，その旨を通知しなければならない。
（引渡実施の目的を達することができない場合の引渡実施に係る事件の終了）
第163条　次に掲げる場合において，引渡実施の目的を達することができないときは，執行官は，引渡実施に係る事件を終了させることができる。
一　引渡実施を行うべき場所において子に出会わないとき。
二　引渡実施を行うべき場所において子に出会つたにもかかわらず，子の監護を解くことができないとき。
三　債権者又はその代理人が法第175条第9項の指示に従わないことその他の事情により，執行官が円滑に引渡実施を行うことができないおそれがあるとき。
（引渡実施に係る調書の記載事項）
第164条　引渡実施を行つたときに作成すべき調書には，第13条第4項第1号において準用する同条第1項第1号及び第3号から第8号までに掲げる事項のほか，次に掲げる事項を記載しなければならない。
一　引渡実施を行つた場所
二　引渡実施を行つた場所が債務者の住居その他債務者の占有する場所以外の場所であり，当該場所における引渡実施を相当と認めた場合には，その事由
三　子の表示
（執行文付与の申立書の記載事項）
第165条　法第177条第2項又は第3項の規定による執行文の付与の申立書には，第16条第1項各号に掲げる事項のほか，これらの規定による執行文の付与を求める旨及びその事由を記載しなければならない。
第166条から第169条まで　削除
　第3章　担保権の実行としての競売等（略）
　第4章　債務者の財産状況の調査
　　第1節　財産開示手続
（財産開示手続の申立書の記載事項）
第182条　法第197条第1項又は第2項の規定による財産開示手続の申立書には，当事者の氏名又は名称及び住所，代理人の氏名及び住所並びに申立ての理由を記載しなければならない。
2　第27条の2第2項の規定は，前項の申立書について準用する。

（財産目録）

第183条　執行裁判所は，法第198条第1項の規定により財産開示期日を指定するときは，当該財産開示期日以前の日を法第199条第1項に規定する開示義務者が財産目録を執行裁判所に提出すべき期限として定め，これを当該開示義務者に通知しなければならない。

2　前項の開示義務者は，財産開示期日における陳述の対象となる債務者の財産を，財産目録に記載しなければならない。この場合においては，法第199条第2項の規定を準用する。

3　第1項の開示義務者は，同項の期限までに，執行裁判所に財産目録を提出しなければならない。

（財産開示期日における陳述において明示すべき事項）

第184条　法第199条第2項（前条第2項後段において準用する場合を含む。）の最高裁判所規則で定める事項は，次に掲げる事項とする。

　一　第2章第2節第3款から第5款まで，第8款及び第9款の規定による強制執行の申立てをするのに必要となる事項

　二　第175条から第177条の2まで，第180条の2及び第180条の3の規定による担保権の実行の申立てをするのに必要となる事項

　三　債務者の財産が動産である場合にあつては，その所在場所ごとに，主要な品目，その数量及び価格（他から購入した動産にあつては購入時期及び購入価格を含む。）

（開示義務者の宣誓）

第185条　執行裁判所が法第199条第7項において準用する民事訴訟法第201条第1項の規定により開示義務者に宣誓をさせる場合には，裁判長は，宣誓の前に，開示義務者に対して，宣誓の趣旨及び法第213条第1項第6号の規定の内容を説明しなければならない。

2　民事訴訟規則第112条第1項から第4項までの規定は，開示義務者の宣誓について準用する。

（受命裁判官等の権限）

第186条　法第199条第7項において準用する民事訴訟法第195条の規定により受命裁判官又は受託裁判官が財産開示期日における手続を実施する場合における法第200条第1項の許可の申立てについての裁判は，執行裁判所がする。

　　第2節　第三者からの情報取得手続

（第三者からの情報取得手続の申立書の記載事項及び添付書類）

第187条　法第205条第1項，法第206条第1項又は法第207条第1項若しくは第2項の規定による第三者からの情報取得手続の申立書には，次に掲げる事項を記載しなければならない。

　一　申立人，債務者及び情報の提供を命じられるべき者の氏名又は名称及び住所並びに代理人の氏名及び住所

　二　申立ての理由

　三　法第205条第1項の申立てをするときは，情報の提供を命じられた登記所が検索すべき債務者が所有権の登記名義人である土地等（同項に規定する土地又は建物その他これらに準ずるものとして法務省令で定めるものをいう。第189条において

同じ。）の所在地の範囲

2　前項の申立書には，できる限り，債務者の氏名又は名称の振り仮名，生年月日及び性別その他の債務者の特定に資する事項を記載しなければならない。

3　第1項の申立書（法第205条第1項又は法第206条第1項の規定による第三者からの情報取得手続の申立書に限る。）には，申立ての日前3年以内に財産開示期日における手続が実施されたことを証する書面を添付しなければならない。

4　第27条の2第2項の規定は，第1項の申立書について準用する。

（裁判を告知すべき者の範囲）

第188条　第2条の規定にかかわらず，法第208条第1項に規定する決定は，申立人及び当該決定により情報の提供を命じられた者に対して告知しなければならない。

（情報の提供を命じられた者が提供すべき情報）

第189条　法第205条第1項の最高裁判所規則で定める事項は，債務者が所有権の登記名義人である土地等の存否及びその土地等が存在するときは，その土地等を特定するに足りる事項とする。

第190条　法第206条第1項第1号の最高裁判所規則で定める事項は，同号の給与の支払をする者の存否並びにその者が存在するときは，その者の氏名又は名称及び住所（その者が国である場合にあつては，債務者の所属する部局の名称及び所在地）とする。

2　法第206条第1項第2号の最高裁判所規則で定める事項は，同号の報酬又は賞与の支払をする者の存否並びにその者が存在するときは，その者の氏名又は名称及び住所（その者が国である場合にあつては，債務者の所属する部局の名称及び所在地）とする。

第191条　法第207条第1項第1号の最高裁判所規則で定める事項は，同号の預貯金債権の存否並びにその預貯金債権が存在するときは，その預貯金債権を取り扱う店舗並びにその預貯金債権の種別，口座番号及び額とする。

2　法第207条第1項第2号の最高裁判所規則で定める事項は，債務者の有する振替社債等（社債，株式等の振替に関する法律第279条に規定する振替社債等であつて，情報の提供を命じられた振替機関等（法第207条第1項第2号に規定する振替機関等をいう。）の備える振替口座簿における債務者の口座に記載され，又は記録されたものに限る。以下この項において同じ。）の存否並びにその振替社債等が存在するときは，その振替社債等の銘柄及び額又は数とする。

（情報の提供の方法等）

第192条　法第208条第1項の情報の提供をするときは，同時に，同項の書面の写しを提出しなければならない。ただし，申立人にその書面の写しを発送したときは，この限りでない。

2　申立人が法第208条第1項に規定する決定により情報の提供を命じられた者から同項の書面の写しを受領したときは，執行裁判所は，同条第2項の規定による送付をすることを要しない。

（申立ての取下げの通知等）

第193条　法第205条第1項，法第206条第1項又は法第207条第1項若しくは第2項の申立てが取り下げられたときは，裁判所書記官は，法第208条第1項

に規定する決定の告知を受けた情報の提供を命じられた者及び法第205条第1項又は法第206条第1項の申立てを認容する決定の送達を受けた債務者に対して，その旨を通知しなければならない。

2 法第208条第1項に規定する決定が情報の提供を命じられた者に告知された場合において，法第211条において準用する法第39条第1項第7号若しくは第8号又は法第183条第1項第6号若しくは第7号に掲げる文書が提出されたときは，裁判所書記官は，申立人及び当該情報の提供を命じられた者に対し，これらの文書が提出された旨及びその要旨並びにこれらの文書の提出による執行停止が効力を失うまで，当該情報の提供を命じられた者は債務者の財産に係る情報を提供してはならない旨を通知しなければならない。

3 第2条第1項の規定にかかわらず，法第208条第1項に規定する決定を取り消す旨の決定は，申立人，同項に規定する決定の告知を受けた情報の提供を命じられた者及び法第205条第1項又は法第206条第1項の申立てを認容する決定の送達を受けた債務者に告知しなければならない。

附　則（抄）

（施行期日）

第1条　この規則は，法の施行の日（昭和55年10月1日）から施行する。

（以降略）

附　則（令和元年11月27日最高裁判所規則第5号）

（施行期日）

第1条　この規則は，民事執行法及び国際的な子の奪取の民事上の側面に関する条約の実施に関する法律の一部を改正する法律（令和元年法律第2号。以下「民事執行法等改正法」という。）の施行の日から施行する。ただし，次の各号に掲げる規定は，当該各号に定める日から施行する。

一　第1条中民事執行規則第21条の改正規定　民事執行法等改正法の施行の日又は民法の一部を改正する法律（平成29年法律第44号。以下「民法改正法」という。）の施行の日のいずれか早い日

二　第1条中民事執行規則第150条の16の改正規定

及び第7条中犯罪収益に係る保全手続等に関する規則第11条の2の改正規定　民法改正法の施行の日

（売却の手続に関する経過措置）

第2条　この規則の施行の日前に裁判所書記官が民事執行法（昭和54年法律第4号）第64条第4項に規定する売却を実施させる旨の処分をした場合における当該処分に係る売却の手続については，なお従前の例による。

（子の引渡しの強制執行に関する経過措置）

第3条　第1条の規定による改正後の民事執行規則（以下「新民事執行規則」という。）第157条から第164条までの規定は，この規則の施行の日前に申し立てられた子の引渡しを目的とする請求権についての強制執行の事件については，適用しない。

（調整規定）

第4条　民事執行法等改正法の施行の日が民法改正法の施行の日前となる場合には，同日の前日までの間における新民事執行規則第21条の規定の適用については，同条第5号中「法第171条第1項各号，法第172条第1項又は法第174条第1項第1号に規定する方法による」とあるのは，「法第174条第1項第1号に規定する方法による強制執行又は民法第414条第2項本文若しくは第3項に規定する請求に係る」とする。

2 民法改正法の施行の日が民事執行法等改正法の施行の日前となる場合には，同日の前日までの間における新民事執行規則第21条の規定の適用については，同条第5号中「，法第172条第1項又は法第174条第1項第1号」とあるのは，「又は法第172条第1項」とする。

第5条　民事執行法等改正法の施行の日が民法改正法の施行の日前となる場合には，同日の前日までの間における新民事執行規則第191条第1項の規定の適用については，同項中「同号の預貯金債権」とあるのは「預金口座又は貯金口座に係る預金又は貯金に係る債権（以下この項において「預金等に係る債権」という。）」と，「その預貯金債権」とあるのは「その預金等に係る債権」とする。

【巻末資料４】国際的な子の奪取の民事上の側面に関する条約の実施に関する法律による子の返還に関する事件の手続等に関する規則（抄）

（平成25年最高裁判所規則５号）

（改正　令和元年最高裁判所規則５号）

第１章　子の返還に関する事件の手続
　　第１節　通則
（当事者等が裁判所に提出すべき書面の記載事項）
第１条　申立書その他の当事者，子の返還に関する事件の手続に参加した子（以下この条において単に「手続に参加した子」という。）又は代理人が裁判所に提出すべき書面には，次に掲げる事項を記載し，当事者，手続に参加した子又は代理人が記名押印するものとする。
　一　当事者及び手続に参加した子の氏名又は名称及び住所並びに代理人の氏名及び住所
　二　手続代理人の郵便番号及び電話番号（ファクシミリの番号を含む。次項において同じ。）
　三　事件の表示
　四　附属書類の表示
　五　年月日
　六　裁判所の表示
２　前項の規定にかかわらず，当事者，手続に参加した子又は代理人からその住所を記載した同項の書面が提出されているときは，以後裁判所に提出する同項の書面については，これを記載することを要しない。手続代理人からその郵便番号及び電話番号を記載した同項の書面が提出されているときも，同様とする。
（裁判所に提出すべき書面のファクシミリによる提出）
第２条　裁判所に提出すべき書面は，次に掲げるものを除き，ファクシミリを利用して送信することにより提出することができる。
　一　民事訴訟費用等に関する法律（昭和46年法律第40号）の規定により手数料を納付しなければならない申立てに係る書面
　二　その提出により子の返還に関する事件の手続の開始，続行，停止又は完結をさせる書面（前号に該当する書面を除く。）
　三　法定代理権，子の返還に関する事件の手続における手続上の行為をするのに必要な授権又は手続代理人の権限を証明する書面その他の子の返還に関する事件の手続上重要な事項を証明する書面
　四　特別抗告の抗告理由書又は国際的な子の奪取の民事上の側面に関する条約の実施に関する法律（平成25年法律第48号。以下「法」という。）第111条第２項（法第116条第１項（法第133三条において準用する場合を含む。）及び第133条において準用する場合を含む。）の申立てに係る理由書
２　ファクシミリを利用して書面が提出されたときは，裁判所が受信した時に，当該書面が裁判所に提出されたものとみなす。
３　裁判所は，前項に規定する場合において，必要が

あると認めるときは，提出者に対し，送信に使用した書面を提出させることができる。
（裁判所に提出する書面に記載した情報の電磁的方法による提供等）
第３条　裁判所は，書面を裁判所に提出した者又は提出しようとする者が当該書面に記載されている情報の内容を記録した電磁的記録（電子的方式，磁気的方式その他人の知覚によっては認識することができない方式で作られる記録であって，電子計算機による情報処理の用に供されるものをいう。以下この項において同じ。）を有している場合において，必要があると認めるときは，その者に対し，当該電磁的記録に記録された情報を電磁的方法（電子情報処理組織を使用する方法その他の情報通信の技術を利用する方法をいう。）であって裁判所の定めるものにより裁判所に提供することを求めることができる。
２　裁判所は，申立書その他の書面を送付しようとするときその他必要があると認めるときは，当該書面を裁判所に提出した者又は提出しようとする者に対し，その写しを提出することを求めることができる。
（申立てその他の申述の方式等に関する民事訴訟規則の準用）
第４条　民事訴訟規則（平成８年最高裁判所規則第５号）第１条の規定は子の返還に関する事件の手続における申立てその他の申述の方式について，同規則第４条の規定は子の返還に関する事件の手続における催告及び通知について，同規則第５条の規定は子の返還に関する事件の手続における書類の記載の仕方について準用する。
　　第２節　子の返還申立事件の手続
　　　第１款　総則
　　　　第１目　管轄
（移送の申立ての方式・法第37条）
第５条　移送の申立ては，子の返還申立事件の手続の期日においてする場合を除き，書面でしなければならない。
２　前項の申立てをするときは，申立ての理由を明らかにしなければならない。
（移送等における取扱い・法第37条）
第６条　家庭裁判所は，法第37条第２項又は第４項の規定による移送の裁判をするときは，当事者及び子の返還申立事件の手続に参加した子（以下この節において単に「手続に参加した子」という。）の意見を聴くことができる。
２　家庭裁判所は，法第37条第３項の規定による裁判をするときは，当事者及び手続に参加した子の意見を聴かなければならない。
（移送に関する民事訴訟規則の準用・法第37条）
第７条　民事訴訟規則第９条の規定は，子の返還申立事件の移送の裁判について準用する。
　　　　第２目　裁判所職員の除斥，忌避及び回避
（除斥又は忌避の申立ての方式等・法第38条等）
第８条　裁判官に対する除斥又は忌避の申立ては，その原因を明示して，裁判官の所属する裁判所にしなければならない。
２　前項の申立ては，子の返還申立事件の手続の期日においてする場合を除き，書面でしなければならな

国際的な子の奪取の民事上の側面に関する条約の実施に関する法律による子の返還に関する事件の手続等に関する規則（抄）

い。

3　除斥又は忌避の原因は，申立てをした日から3日以内に疎明しなければならない。法第39条第2項ただし書に規定する事実についても，同様とする。

（除斥又は忌避についての裁判官の意見陳述・法第40条）

第9条　裁判官は，その除斥又は忌避の申立てについて意見を述べることができる。

（裁判官の回避）

第10条　裁判官は，法第38条第1項又は第39条第1項に規定する場合には，監督権を有する裁判所の許可を得て，回避することができる。

（裁判所書記官の除斥等・法第41条）

第11条　裁判所書記官の除斥，忌避及び回避については，前三条の規定を準用する。

（家庭裁判所調査官の除斥及び回避・法第42条）

第12条　家庭裁判所調査官の除斥及び回避については，第8条から第10条までの規定（忌避に関する部分を除く。）を準用する。

第3目　当事者能力及び手続行為能力

（法人でない社団又は財団の当事者能力の判断資料の提出等・法第43条）

第13条　子の返還申立事件の手続における法人でない社団又は財団の当事者能力の判断資料の提出については民事訴訟規則第14条の規定を，子の返還申立事件の手続における法定代理権及び手続上の行為をするのに必要な授権の証明については同規則第15条前段の規定を，子の返還申立事件の手続における法定代理権の消滅の届出については同規則第17条前段の規定を準用する。

（法人の代表者等への準用・法第46条）

第14条　法人の代表者及び法人でない社団又は財団で当事者能力を有するものの代表者又は管理人については，この規則中法定代理及び法定代理人に関する規定を準用する。

第4目　参加

（参加の申出の方式等・法第47条等）

第15条　法第47条第3項の書面には，子の返還申立事件の手続に参加する者が当事者となる資格を有する者であることを明らかにする資料を添付しなければならない。

2　法第47条第1項の規定による参加の申出があった場合には，当該申出を却下する裁判があったときを除き，裁判所書記官は，その旨を当事者及び手続に参加した子に通知しなければならない。

3　法第47条第2項の規定による参加の裁判があったときは，裁判所書記官は，その旨を当事者及び手続に参加した子に通知しなければならない。

4　第2項の規定は法第48条第1項の規定による参加の申出があった場合について，前項の規定は同条第2項の規定による参加の裁判があった場合について準用する。

（手続からの排除の通知・法第49条）

第16条　法第49条第1項の規定による排除の裁判があったときは，裁判所書記官は，その旨を当事者及び手続に参加した子に通知しなければならない。

第5目　手続代理人

（手続代理人の代理権の証明等・法第50条等）

第17条　手続代理人の権限の証明及び消滅の届出については，民事訴訟規則第23条の規定を準用する。

第6目　手続費用

（手続費用に関する民事訴訟規則の準用・法第58条）

第18条　民事訴訟規則第1編第4章第1節の規定は，子の返還申立事件の手続の費用の負担について準用する。この場合において，同規則第24条第2項中「第47条（書類の送付）第1項」とあるのは，「国際的な子の奪取の民事上の側面に関する条約の実施に関する法律による子の返還に関する事件の手続等に関する規則（平成25年最高裁判所規則第5号）第33条第1項」と読み替えるものとする。

（手続上の救助の申立ての方式等・法第59条）

第19条　手続上の救助の申立ては，書面でしなければならない。

2　手続上の救助の事由は，疎明しなければならない。

第7目　子の返還申立事件の審理等

（受命裁判官の指定及び裁判所の嘱託の手続）

第20条　子の返還申立事件の手続における受命裁判官の指定及び裁判所がする嘱託の手続については，民事訴訟規則第31条の規定を準用する。

（期日調書の形式的記載事項・法第61条）

第21条　法第61条の調書（以下「期日調書」という。）には，次に掲げる事項を記載しなければならない。

一　事件の表示

二　裁判官及び裁判所書記官の氏名

三　出頭した当事者，手続に参加した子，代理人，補佐人，通訳人及びその他の関係人の氏名

四　期日の日時及び場所

2　期日調書には，裁判所書記官が記名押印し，裁判長が認印しなければならない。

3　前項の場合において，裁判長に支障があるときは，陪席裁判官がその事由を付記して認印しなければならない。裁判官に支障があるときは，裁判所書記官がその旨を記載すれば足りる。

（期日調書の実質的記載事項・法第61条）

第22条　期日調書には，手続の要領を記載し，特に，次に掲げる事項を明確にしなければならない。

一　申立ての趣旨の変更，申立ての取下げ及び和解

二　証人，当事者本人及び鑑定人の陳述

三　証人，当事者本人及び鑑定人の宣誓の有無並びに証人及び鑑定人に宣誓をさせなかった理由

四　検証の結果

五　裁判長が記載を命じた事項及び当事者の請求により記載を許した事項

六　書面を作成しないでした裁判

2　前項の規定にかかわらず，子の返還申立事件の手続が裁判によらないで完結した場合には，裁判長の許可を得て，証人，当事者本人及び鑑定人の陳述並びに検証の結果の記載を省略することができる。ただし，当事者が子の返還申立事件の手続の完結を知った日から1週間以内にその記載をすべき旨の申出をしたときは，この限りでない。

3　期日調書には，手続の要領のほか，当事者及び手続に参加した子による書面の提出の予定その他手続

の進行に関する事項を記載することができる。

（期日及び期日調書に関する民事訴訟規則の準用・法第61条）

第23条　民事訴訟規則第68条から第77条までの規定は，子の返還申立事件の手続の期日及び期日調書について準用する。この場合において，同規則第68条第1項中「前条（口頭弁論調書の実質的記載事項）第1項」とあるのは「国際的な子の奪取の民事上の側面に関する条約の実施に関する法律による子の返還に関する事件の手続等に関する規則第22条第1項」と，同規則第74条第1項第3号中「上訴の提起又は上告受理」とあるのは「終局決定に対する即時抗告若しくは特別抗告の提起又は国際的な子の奪取の民事上の側面に関する条約の実施に関する法律（平成25年法律第48号）第111条第2項」と，同規則第77条中「法廷」とあるのは「子の返還申立事件の手続の期日」と読み替えるものとする。

（子の返還申立事件の記録の正本等の様式・法第62条）

第24条　子の返還申立事件の記録の正本，謄本又は抄本には，正本，謄本又は抄本であることを記載し，裁判所書記官が記名押印しなければならない。

（住所等表示部分の閲覧等又はその複製の許可の申立て・法第62条）

第25条　当事者が子の返還申立事件の記録中住所等表示部分（法第62条第4項に規定する住所等表示部分をいう。第95条第1項において同じ。）の閲覧等（法第62条第1項に規定する閲覧等をいう。次条において同じ。）又はその複製の許可の申立てをするときは，同条第4項第1号又は第2号に該当することを明らかにする資料を提出しなければならない。

（子の返還申立事件の記録の閲覧等又はその複製の許可・法第62条）

第26条　法第62条第3項又は第6項の規定による許可の裁判においては，子の返還申立事件の記録中閲覧等又はその複製を許可する部分を特定しなければならない。

（受命裁判官又は受託裁判官の期日指定・法第63条）

第27条　受命裁判官又は受託裁判官が行う子の返還申立事件の手続の期日は，その裁判官が指定する。

（期日変更の制限・法第63条）

第28条　子の返還申立事件の手続の期日の変更は，次に掲げる事由に基づいては，してはならない。ただし，やむを得ない事由があるときは，この限りでない。

　一　当事者又は手続に参加した子の一人につき手続代理人が数人ある場合において，その一部の代理人について変更の事由が生じたこと。

　二　期日指定後にその期日と同じ日時が他の事件の期日に指定されたこと。

（裁判長等が定めた期間の伸縮・法第63条）

第29条　裁判長，受命裁判官又は受託裁判官が定めた期間の伸縮については，民事訴訟規則第38条の規定を準用する。

（受継の申立ての方式等・法第65条等）

第30条　法第65条第1項又は第3項の規定による受継の申立ては，書面でしなければならない。

2　前項の書面には，子の返還申立事件の手続を受け継ぐ者が法令により手続を続行する資格のある者であることを明らかにする資料を添付しなければならない。

3　法第65条第1項又は第3項の規定による受継があったときは，裁判所書記官は，その旨を当事者及び手続に参加した子に通知しなければならない。

4　第1項及び第2項の規定は法第66条第1項又は第3項の規定による受継の申立てについて，前項の規定は同条第1項又は第3項の規定による受継があった場合について準用する。この場合において，第2項中「法令により手続を続行する資格のある者」とあるのは，「当該子の返還申立事件において申立人となることができる者又は相手方の死亡後に子を監護している者」と読み替えるものとする。

（当事者の死亡の届出・法第66条）

第31条　当事者が死亡したときは，その手続代理人は，その旨を裁判所に書面で届け出なければならない。

（送達・法第67条）

第32条　送達については，民事訴訟規則第1編第5章第4節の規定（同規則第41条第2項及び第47条の規定を除く。）を準用する。この場合において，同規則第39条中「地方裁判所」とあるのは，「家庭裁判所」と読み替えるものとする。

（書類の送付）

第33条　直送（当事者又は手続に参加した子（以下この条及び第46条第2項において「当事者等」という。）の他の当事者等に対する直接の送付をいう。以下この条及び同項において同じ。）その他の送付は，送付すべき書類の写しの交付又はその書類のファクシミリを利用しての送信によってする。

2　裁判所が当事者等その他の関係人に対し送付すべき書類の送付に関する事務は，裁判所書記官が取り扱う。

3　裁判所が当事者等の提出に係る書類の他の当事者等への送付をしなければならない場合（送達をしなければならない場合を除く。）において，当事者等がその書類について直送をしたときは，その送付は，することを要しない。

4　当事者等が直送をしなければならない書類について，直送を困難とする事由その他相当とする事由があるときは，当該当事者等は，裁判所に対し，当該書類の他の当事者等への送付を裁判所書記官に行わせるよう申し出ることができる。

　　　第2款　第一審裁判所における子の返還申立事件の手続

　　　　第1目　子の返還の申立て

（子の返還申立書の記載事項等・法第70条等）

第34条　子の返還申立書には，申立ての趣旨及び子の返還申立事件の手続による旨を記載するほか，次に掲げる事項を記載しなければならない。

　一　法第27条各号に掲げる事由

　二　予想される争点及び当該争点に関連する重要な事実

　三　第1号に掲げる事由及び予想される争点ごとの証拠

　四　返還を求める子について親権者の指定若しくは

変更又は子の監護に関する処分についての審判事件（人事訴訟法（平成15年法律第109号）第32条第1項に規定する附帯処分についての裁判及び同条第3項の親権者の指定についての裁判に係る事件を含む。第41条第1項第6号において同じ。）が係属している場合には，当該審判事件が係属している裁判所及び当該審判事件の表示

2　前項第1号に掲げる事由及び予想される争点についての証拠書類があるときは，その写しを子の返還申立書に添付しなければならない。

3　子の返還申立書には，相手方の数と同数の写しを添付しなければならない。

4　家庭裁判所は，子の返還の申立てをした者に対し，前二項の写しのほか，子の返還申立事件の手続の円滑な進行を図るために必要な資料の提出を求めることができる。

（申立ての通知）

第35条　子の返還の申立てがあったときは，裁判所書記官は，速やかに，その旨を外務大臣に通知しなければならない。

（子の返還申立書の補正の促し・法第70条）

第36条　裁判長は，子の返還申立書の記載について必要な補正を促す場合には，裁判所書記官に命じて行わせることができる。

（子の返還申立書の却下の命令に対する即時抗告・法第70条等）

第37条　子の返還申立書の却下の命令に対し即時抗告をするときは，抗告状には，却下された子の返還申立書を添付しなければならない。

（参考事項の聴取・法第70条）

第38条　裁判長は，子の返還の申立てがあったときは，当事者から，子の返還申立事件の手続の進行に関する意見その他手続の進行について参考とすべき事項の聴取をすることができる。

2　裁判長は，前項の聴取をする場合には，裁判所書記官に命じて行わせることができる。

（申立ての変更の通知・法第71条）

第39条　申立人が法第71条第1項の規定により申立ての趣旨を変更した場合には，同条第3項又は第4項の規定による裁判があったときを除き，裁判所書記官は，その旨を当事者及び手続に参加した子に通知しなければならない。

（答弁書の提出期限）

第40条　法第72条第1項の規定により子の返還申立書の写しが相手方に送付されるときは，裁判長は，答弁書の提出をすべき期限を定めなければならない。

（答弁書の提出等）

第41条　相手方は，前条の期限までに，次に掲げる事項を記載した答弁書を提出しなければならない。

一　申立ての趣旨に対する答弁

二　子の返還申立書に記載された事実に対する認否

三　法第28条第1項各号に掲げる事由であって答弁を理由付けるもの

四　予想される争点及び当該争点に関連する重要な事実

五　第3号に掲げる事由及び予想される争点ごとの証拠

六　返還を求める子について親権者の指定若しくは変更又は子の監護に関する処分についての審判事件が係属している場合には，当該審判事件が係属している裁判所及び当該審判事件の表示

2　前項第3号に掲げる事由及び予想される争点についての証拠書類があるときは，その写しを答弁書に添付しなければならない。

第2目　子の返還申立事件の手続の期日

（音声の送受信による通話の方法による手続・法第75条）

第42条　家庭裁判所及び当事者双方が音声の送受信により同時に通話をすることができる方法によって子の返還申立事件の手続の期日における手続（証拠調べを除く。）を行うときは，家庭裁判所又は受命裁判官は，通話者及び通話先の場所の確認をしなければならない。

2　前項の手続を行ったときは，その旨及び通話先の電話番号を子の返還申立事件の記録上明らかにしなければならない。この場合においては，通話先の電話番号に加えてその場所を明らかにすることができる。

（手続代理人の陳述禁止等の通知・法第76条）

第43条　手続代理人の陳述禁止等の通知については，民事訴訟規則第65条の規定を準用する。

第3目　事実の調査及び証拠調べ

（事実の調査・法第77条等）

第44条　事実の調査は，必要に応じ，事件の関係人の性格，経歴，生活状況，財産状態及び家庭環境その他の環境等について，医学，心理学，社会学，経済学その他の専門的知識を活用して行うように努めなければならない。

2　事実の調査については，裁判所書記官は，その要旨を子の返還申立事件の記録上明らかにしておかなければならない。

（審問の期日の通知・法第85条）

第45条　法第85条第2項の審問の期日は，当事者及び手続に参加した子に通知しなければならない。ただし，その通知をすることにより事実の調査に支障を生ずるおそれがあると認められるときは，この限りでない。

（証拠調べ・法第86条）

第46条　子の返還申立事件の手続における証拠調べについては，民事訴訟規則第2編第3章第1節から第6節までの規定（同規則第99条第2項，第100条，第101条，第121条及び第139条の規定を除く。）を準用する。この場合において，これらの規定中「直送」とあるのは「国際的な子の奪取の民事上の側面に関する条約の実施に関する法律による子の返還に関する事件の手続等に関する規則第33条第1項の直送」と，同規則第104条中「地方裁判所又は簡易裁判所」とあるのは「家庭裁判所」と，同規則第129条の2中「口頭弁論若しくは弁論準備手続の期日又は進行協議期日」とあるのは「子の返還申立事件の手続の期日」と，同規則第140条第3項中「第99条（証拠の申出）第2項」とあるのは「国際的な子の奪取の民事上の側面に関する条約の実施に関する法

律による子の返還に関する事件の手続等に関する規則第46条第2項」と読み替えるものとする。

2　当事者等が前項において準用する民事訴訟規則第99条第1項の証拠の申出を記載した書面を裁判所に提出する場合には，当該書面について直送をしなければならない。

3　裁判長は，必要があると認めるときは，第1項の証拠調べの期日において家庭裁判所調査官又は医師である裁判所技官が証人，当事者本人又は鑑定人に対し直接に問いを発することを許すことができる。

　　　　　第4目　裁判
（終局決定の確定証明書等・法第93条等）

第47条　家庭裁判所の裁判所書記官は，法第62条第1項又は第7項の規定による請求により，子の返還申立事件の記録に基づいて終局決定の確定についての証明書を交付する。

2　子の返還申立事件がなお抗告審に係属中であるときは，前項の規定にかかわらず，当該子の返還申立事件の記録の存する裁判所の裁判所書記官が，終局決定の確定した部分のみについて同項の証明書を交付する。

3　前二項の規定は，終局決定以外の裁判について準用する。
（終局決定の確定の通知）

第48条　終局決定が確定したときは，裁判所書記官は，速やかに，その旨を外務大臣に通知しなければならない。
（終局決定の方式等・法第94条等）

第49条　終局決定の裁判書には，終局決定をした裁判官が記名押印しなければならない。

2　合議体の構成員である裁判官が終局決定の裁判書に記名押印することに支障があるときは，他の裁判官が終局決定の裁判書にその事由を付記して記名押印しなければならない。

3　終局決定の告知がされたときは，裁判所書記官は，その旨及び告知の方法を子の返還申立事件の記録上明らかにしなければならない。

4　前三項の規定は，終局決定以外の裁判について準用する。
（脱漏した手続費用の負担の裁判を求める申立て・法第96条）

第50条　手続費用の負担の裁判を脱漏した場合における手続費用の負担の裁判を求める申立てについては，民事訴訟規則第161条の規定を準用する。

　　　　第5目　裁判によらない子の返還申立事件の終了
（裁判によらない子の返還申立事件の終了の通知）

第51条　子の返還申立事件が裁判によらないで終了したときは，裁判所書記官は，速やかに，その旨を外務大臣に通知しなければならない。
（子の返還の申立ての取下げがあった場合等の取扱い・法第99条等）

第52条　子の返還の申立ての取下げがあった場合において，相手方の同意を要しないときは，裁判所書記官は，申立ての取下げがあった旨を当事者及び手続に参加した子に通知しなければならない。

2　子の返還の申立ての取下げについて相手方の同意を要する場合において，相手方が申立ての取下げに同意したとき（法第99条第3項の規定により同意したものとみなされた場合を含む。）は，裁判所書記官は，その旨を当事者及び手続に参加した子に通知しなければならない。

3　法第147条の規定により子の返還申立事件について申立ての取下げがあったものとみなされたときは，裁判所書記官は，遅滞なく，その旨を手続に参加した子（子の返還申立事件に係る家事調停の手続に参加したものを除く。）に通知しなければならない。
（和解・法第百条）

第53条　子の返還申立事件における和解については，民事訴訟規則第32条，第163条及び第164条の規定を準用する。

2　当事者が裁判所において和解をしたときは，裁判所書記官は，遅滞なく，その旨を手続に参加した子に通知しなければならない。

　　　　第3款　不服申立て
　　　第1目　終局決定に対する即時抗告
（抗告状の記載事項等・法第101条等）

第54条　終局決定に対する即時抗告をするときは，抗告状には，原決定の取消し又は変更を求める事由を具体的に記載しなければならない。

2　前項の抗告状には，原審における当事者及び手続に参加した子（抗告人を除く。）の数と同数の写しを添付しなければならない。
（抗告裁判所への事件送付）

第55条　終局決定に対する即時抗告があった場合には，原裁判所は，抗告却下の決定をしたときを除き，遅滞なく，事件を抗告裁判所に送付しなければならない。

2　前項の規定による事件の送付は，原裁判所の裁判所書記官が，抗告裁判所の裁判所書記官に対し，子の返還申立事件の記録を送付してしなければならない。
（反論書）

第56条　裁判長は，原審における当事者（抗告人を除く。）に対し，相当の期間を定めて，抗告人が主張する原決定の取消し又は変更を求める事由に対する当該当事者の主張を記載した書面の提出を命ずることができる。
（原審の終局決定の裁判書の引用・法第106条）

第57条　抗告審の終局決定の裁判書における理由の記載は，原審の終局決定の裁判書を引用してすることができる。
（第一審の手続の規定及び民事訴訟規則の準用・法第107条）

第58条　終局決定に対する即時抗告及びその抗告審に関する手続については，特別の定めがある場合を除き，前款の規定（第35条，第37条，第40条，第41条及び第52条第1項の規定を除く。）を準用する。

2　民事訴訟規則第173条，第177条及び第185条の規定は，終局決定に対する即時抗告及びその抗告審に関する手続について準用する。この場合において，同規則第173条第3項及び第177条第2項中「相手方」とあるのは，「原審における当事者及び手続に参加した子」と読み替えるものとする。

国際的な子の奪取の民事上の側面に関する条約の実施に関する法律による子の返還に関する事件の手続等に関する規則（抄）

第2目　終局決定に対する特別抗告（以降略）
第4節　出国禁止命令
（申立ての趣旨の記載方法・法第123条）
第77条　法第122条第2項の規定による裁判の申立ての趣旨の記載は，提出を求める旅券をできる限り特定してしなければならない。
（出国禁止命令の申立ての取下げの通知・法第123条）
第78条　出国禁止命令の申立ての取下げがあったとき（出国禁止命令事件の相手方に対し，当該出国禁止命令事件が係属したことの通知及び出国禁止命令の告知がされていないときを除く。）は，裁判所書記官は，その旨を当該出国禁止命令事件の当事者及び当該出国禁止命令事件の手続に参加した子に通知しなければならない。
（出国禁止命令の発効等の通知）
第79条　出国禁止命令が効力を生じたときは，裁判所書記官は，速やかに，その旨を外務大臣に通知しなければならない。当該出国禁止命令の効力発生後に当該出国禁止命令の申立てが取り下げられたときも，同様とする。
（法第128条第1項の申立て等・法第128条等）
第80条　法第128条第1項（法第129条第3項において準用する場合を含む。以下この条において同じ。）の申立てについては第65条第1項の規定を，法第128条第1項の規定による裁判があった場合又は当該裁判が効力を失った場合については第65条第2項の規定を準用する。
（出国禁止命令取消事件の手続・法第129条）
第81条　出国禁止命令取消事件の申立ての取下げがあった場合については，第78条の規定を準用する。
2　出国禁止命令の取消しの裁判が効力を生じた場合については，第79条前段の規定を準用する。
3　民事保全規則（平成2年最高裁判所規則第3号）第27条第1項の規定は，出国禁止命令取消事件の申立てについて準用する。この場合において，同項中「第9条第2項第2号又は第6号」とあるのは「国際的な子の奪取の民事上の側面に関する条約の実施に関する法律（平成25年法律第48号）第133条において読み替えて準用する同法第94条第2項第2号又は第3号」と，「保全命令」とあるのは「同法第122条第1項の規定による裁判」と読み替えるものとする。
（旅券提出の通知・法第131条）
第82条　外務大臣は，法第122条第2項の規定による裁判を受けた者から当該裁判に係る旅券の提出を受けたときは，その旨を出国禁止命令をした裁判所に通知しなければならない。
（子の返還申立事件の手続規定の準用・法第133条）
第83条　出国禁止命令事件及び出国禁止命令取消事件の手続については，特別の定めがある場合を除き，第2節第1款から第3款まで及び第5款の規定（第34条，第35条，第38条，第40条，第41条，第45条，第48条，第51条及び第53条の規定を除く。）を準用する。この場合において，第21条第1項中「第61条」とあるのは，「第130条」と読み替えるものとする。
第2章　子の返還の執行手続に関する民事執行規則の特則
（子の返還の強制執行の申立書の記載事項及び添付書類・法第134条等）
第84条　子の返還の強制執行（法第134条第1項に規定する子の返還の強制執行をいう。第90条において同じ。）の申立書には，民事執行規則（昭和54年最高裁判所規則第5号）第21条第1号及び第5号に掲げる事項のほか，次に掲げる事項を記載しなければならない。
一　子の氏名及び生年月日
二　確定した子の返還を命ずる終局決定（確定した子の返還を命ずる終局決定と同一の効力を有するものを含む。次項において同じ。）の表示
三　子の返還の代替執行（法第135条第1項に規定する子の返還の代替執行をいう。以下この号，次項第2号及び第3号並びに第86条第1項において同じ。）を求めるときは，次に掲げる事項
　イ　返還実施者（法第137条に規定する返還実施者をいう。以下同じ。）となるべき者の氏名及び住所
　ロ　返還実施者となるべき者が債権者と異なるときは，返還実施者となるべき者と子との関係その他のその者を返還実施者として指定することの相当性に関する事項
　ハ　子の住所
　ニ　子の返還の代替執行を求める理由
　ホ　法第136条第2号又は第3号に該当することを理由として子の返還の代替執行を求めるときは，これらの号に掲げる事由に該当する具体的な事実
2　前項の申立書には，確定した子の返還を命ずる終局決定の正本のほか，次に掲げる書類を添付しなければならない。
一　子の生年月日を証する書類の写し
二　子の返還の代替執行を求めるときは，前項第3号ロに掲げる事項についての証拠書類の写し
三　法第136条第1号に該当することを理由として子の返還の代替執行を求めるときは，民事執行法（昭和54年法律第4号）第172条第1項の規定による決定の謄本及び当該決定の確定についての証明書
第85条　削除
（子の返還の代替執行に関する通知）
第86条　子の返還の代替執行の手続における民事執行法第171条第1項の規定による決定があったときは，裁判所書記官は，速やかに，その旨を外務大臣に通知しなければならない。
2　法第140条第1項において準用する民事執行法第175条第1項又は第2項に規定する子の監護を解くために必要な行為（以下「解放実施」という。）を求める申立てがあったときは，執行官は，速やかに，その旨を外務大臣に通知しなければならない。
（解放実施に関する外務大臣との協議）
第87条　執行官は，解放実施を行うべき場所における外務大臣の立会いの方法その他の解放実施に係る手続の円滑な進行のために必要な事項について，あらかじめ外務大臣と協議することができる。

（子の返還の実施の要件等）

第88条　返還実施者は，法第141条第1項に規定する行為をする権限を第三者に委任することができない。

2　解放実施は，返還実施者が解放実施を行うべき場所に出頭したときに限り，行うことができる。

3　返還実施者は，執行官が解放実施によって子の監護を解いたときに限り，法第141条第1項に規定する行為をすることができる。

第89条　削除

（執行事件の記録の正本等の様式及び閲覧等・法第143条）

第90条　子の返還の強制執行に係る事件の記録の正本，謄本又は抄本の様式及び当該事件の記録の閲覧，謄写若しくは複製又はその正本，謄本若しくは抄本の交付については，第24条から第26条までの規定を準用する。

（民事執行規則の準用等）

第91条　民事執行規則第158条の規定は解放実施を求める旨の申立書について，同規則第159条の規定は法第140条第1項において準用する民事執行法第175条第3項の申立てについて，同規則第160条の規定は法第140条第1項において準用する民事執行法第175条第6項の申立てについて，同規則第161条から第164条までの規定は解放実施について準用する。この場合において，同規則第158条第1項第5号中「法第175条第3項」とあるのは「国際的な子の奪取の民事上の側面に関する条約の実施に関する法律（平成25年法律第48号）第140条第1項において準用する法第175条第3項」と，同項第6号及び第2項第4号並びに同規則第160条第1項中「法第175条第6項」とあるのは「国際的な子の奪取の民事上の側面に関する条約の実施に関する法律第140条第1項において準用する法第175条第6項」と，同規則第158条第2項中「法第174条第1項第1号」とあるのは「国際的な子の奪取の民事上の側面に関する条約の実施に関する法律第135条第1項に規定する子の返還の代替執行の手続における法第171条第1項」と，同項第3号及び同規則第159条第1項中「法第175条第3項」とあるのは「国際的な子の奪取の民事上の側面に関する条約の実施に関する法律第140条第1項において準用する法第175条第3項」と，同規則第161条第1項中「債権者及び」とあるのは「返還実施者，債権者及び国際的な子の奪取の民事上の側面に関する条約の実施に関する法律第140条第1項において準用する」と，同条第3項中「人事訴訟法（平成15年法律第109号）第34条第1項若しくは第2項又は家事事件手続法（平成23年法律第52号）第58条第1項若しくは第2項（同法第93条第1項及び第258条第1項」とあるのは「国際的な子の奪取の民事上の側面に関する条約の実施に関する法律第79条第1項又は第2項（同法第107条第1項」と，「第60条第1項（同法第93条第1項及び第258条第1項」とあるのは「第81条第1項（同法第107条第1項」と，同条第4項中「協力」とあるのは「協力又は国際的な子の奪取の民事上の側面に関する条約の実施に関する法律による子の返還に関する事件の手続等に関する規則（平成25年最高裁判所規則第

5号）第87条の規定による協議」と，同規則第162条中「次条」とあるのは「国際的な子の奪取の民事上の側面に関する条約の実施に関する法律による子の返還に関する事件の手続等に関する規則第91条第1項において準用する第163条」と，同規則第163条第3号中「債権者又はその代理人が法第175条第9項」とあるのは「返還実施者，債権者又は国際的な子の奪取の民事上の側面に関する条約の実施に関する法律第140条第1項において準用する法第175条第6項の代理人が国際的な子の奪取の民事上の側面に関する条約の実施に関する法律第140条第1項において準用する法第175条第9項」と読み替えるものとする。

2　解放実施を求める旨の申立書には，返還実施者の氏名，生年月日及び住所並びに日本国内における居所及び連絡先を記載し，子の生年月日を証する書類の写しを添付しなければならない。

第3章　家事事件の手続に関する特則

第1節　子の返還申立事件に係る家事調停の手続等

（子の返還の申立ての取下げの擬制の通知・法第147条）

第92条　法第147条の規定により子の返還申立事件について申立ての取下げがあったものとみなされたときは，裁判所書記官は，遅滞なく，その旨を当該子の返還申立事件が係属していた裁判所に通知しなければならない。

第2節　面会その他の交流についての家事審判及び家事調停の手続等に関する特則

（申立書の記載事項の特則）

第93条　法第6条第1項に規定する外国返還援助の決定若しくは法第17条第1項に規定する日本国面会交流援助の決定を受けた者又は子の返還の申立てをした者が，子との面会その他の交流の定めをすること又はその変更を求める家事審判又は家事調停の申立てをするときは，当該家事審判又は家事調停の申立書に当該各決定を受けた旨又は子の返還の申立てをした旨を記載しなければならない。

（申立て等の通知）

第94条　前条の家事審判又は家事調停の申立てがあったときは，裁判所書記官は，速やかに，その旨を外務大臣に通知しなければならない。当該申立て（家事事件手続法（平成23年法第52号）第272条第4項又は第286条第7項の規定により家事審判の申立てがあったものとみなされた場合にあっては，その申立て。以下この条において同じ。）に係る審判（審判に対する即時抗告がされた場合にあっては，同法第91条第2項の審判に代わる裁判）が確定したとき又は当該申立てに係る家事審判事件若しくは家事調停事件が裁判によらないで終了したときも，同様とする。

（住所等表示部分の閲覧等に関する規定の準用・法第149条）

第95条　子との面会その他の交流の定めをすること又はその変更を求める家事審判の申立てに係る事件の記録中の住所等表示部分に関する家事事件手続法第47条第3項の申立てについては，第25条の規定を準

用する。

2　子との面会その他の交流について定め，又はその変更について定める審判書又は調停調書の正本に基づく強制執行の申立てに係る事件の記録中に法第5条第4項（第2号に係る部分に限る。）の規定により外務大臣から提供を受けた情報が記載され，又は記録されたものがある場合における当該事件の記録の正本，謄本又は抄本の様式及び当該事件の記録の閲覧，謄写若しくは複製又はその正本，謄本若しくは抄本の交付については，第24条から第26条までの規定を準用する。

　　第4章　雑則

（審理の状況についての説明の求めの方式・法第151条）

第96条　法第151条の規定による説明の求めは，書面でしなければならない。

（本案事件が係属する裁判所に対する通知・法第152条）

第97条　子の返還申立事件が係属する裁判所の裁判所書記官は，遅滞なく，子の返還申立事件が係属した旨を当該子の返還申立事件に係る子についての親権者の指定若しくは変更又は子の監護に関する処分についての審判事件（人事訴訟法第32条第1項に規定する附帯処分についての裁判及び同条第3項の親権者の指定についての裁判に係る事件を含む。）が係属する裁判所（当該子の返還申立事件の記録上判明しているものに限る。次項において「本案事件が係属する裁判所」という。）に通知しなければならない。

2　子の返還申立事件が終了したときは，裁判所書記官は，遅滞なく，その旨を本案事件が係属する裁判所に通知しなければならない。

　　附　則

この規則は，法の施行の日から施行する。

事 項 索 引

執筆者一覧

（令和2年1月31日現在）

家庭の法と裁判
FAMILY COURT JOURNAL

お得な 定期購読 料金のご案内

通常定価

1,800円 × 6回
合計 **10,800円** (税別)

▼

1年定期（年6冊）

9,720円 (税別)

送料無料！ 4・6・8・10・12・2月発売

- 上記料金の適用は、当社への直接お申込みまたは富士山マガジンサービスからのお申込みに限ります。
- 当社への直接お申込みの場合、お支払い方法は、郵便局、コンビニ払いのみとなります。
  ※お申込み受付後に払込用紙を送付いたします。

定期購読のお申込は
日本加除出版営業部まで ▶

TEL 03-3953-5642
FAX 03-3953-2061

HP www.kajo.co.jp
富士山マガジンサービスからのお申込となります

 日本加除出版

〒171-8516　東京都豊島区南長崎3丁目16番6号
TEL(03)3953-5642　FAX(03)3953-2061（営業部）
営業時間：月〜金（祝日は除く）9：00〜17：00

www.kajo.co.jp
ツイッターID:@nihonkajo

「家庭の法と裁判」申込書

■発行回数：年6回（4・6・8・10・12・2月）各号1,800円（税別）

FAX 03-3953-2061 （日本加除出版） 送料無料！

特別価格！定期購読

▼お申込日

| | 年 | | 月 | | 日現在の最新号より | | 冊 |

・定期購読をご希望の方は、上記記入欄にお申込日とご希望冊数をご記入ください。
・次年度以降は、手間要らずな自動継続で年間6号お届けします。

号外・最新号・バックナンバーのご案内

家庭の法と裁判号外（2020年2月刊） 改正民事執行法における新たな運用と実務	1,800円 ＋税	冊

号数・内容	定価	冊数	号数・内容	定価	冊数
19号（2019年4月刊）[特集] 相続法改正と実務	1,800円＋税	冊	**22号**（2019年10月刊）[対談] 加害者臨床と更生	1,800円＋税	冊
20号（2019年6月刊）[特集] ハーグ子奪取条約の運用状況と課題	1,800円＋税	冊	**23号**（2019年12月刊）[特集] 被虐待児の社会適応	1,800円＋税	冊
21号（2019年8月刊）[特集] 少年事件と責任能力,医療観察法	1,800円＋税	冊	**24号**（2020年2月刊）[特集] 養育費,婚姻費用の改定標準算定方式・算定表	1,800円＋税	冊

1～18号をご注文の場合は下記にご記入ください。
1～18号の内容については日本加除出版ホームページにてご案内しております！

| バックナンバー | | 号を購入 | 1,800円＋税 | 冊 |

■請求書の送付時期について

定期購読	初年度は申込月の月末。次年度以降は毎年4月末に一年間分の請求書を送付いたします。（※雑誌とは別送）
最新号・バックナンバー	雑誌と同送いたします。

販促：204440

●太枠内を必ずご記入ください。※の項目は必ずご記入ください

| ■お申込日 | 年 | 月 | 日 |

ご送付先	※フリガナ	個人購入・法人購入 ← どちらかに○をしてください。
	※お名前	TEL※　　　　　　　　　　FAX
		E-mail（メールニュース希望の場合）
	会社名(部署名)・事務所名	
	勤務先・自宅 ← どちらかに○をしてください。	
	〒	
	※ご住所	

※ご記入いただいた個人情報は、商品の発送、お支払いの確認などの連絡および弊社からの各種ご案内(刊行物のDM、アンケート調査など)以外の目的には利用いたしません。

ご不明な点がございましたら、弊社営業部（TEL:03-3953-5642）までお問合せください。

日本加除出版

〒171-8516　東京都豊島区南長崎3丁目16番6号
TEL(03)3953-5642　FAX(03)3953-2061（営業部）　www.kajo.co.jp
営業時間：月 ～ 金（祝日は除く）9:00 ～ 17:00

改正民事執行法における新たな運用と実務
―債務者財産の開示・情報取得手続と子の
　引渡しの強制執行を中心に―
（家庭の法と裁判号外）

2020年2月14日　初版発行

編　集　家 庭 の 法 と
　　　　裁 判 研 究 会

発行者　和 田　　裕

発行所　日 本 加 除 出 版 株 式 会 社
本　　社　郵便番号 171-8516
　　　　　東京都豊島区南長崎3丁目16番6号
　　　　　Ｔ Ｅ Ｌ　（03）3953 - 5757（代表）
　　　　　　　　　　（03）3952 - 5759（編集）
　　　　　Ｆ Ａ Ｘ　（03）3953 - 5772
　　　　　Ｕ Ｒ Ｌ　www.kajo.co.jp
営 業 部　郵便番号 171-8516
　　　　　東京都豊島区南長崎3丁目16番6号
　　　　　Ｔ Ｅ Ｌ　（03）3953 - 5642
　　　　　Ｆ Ａ Ｘ　（03）3953 - 2061

組版・印刷　㈱郁文　／　製本　牧製本印刷㈱